Bischoff · Grundlagen und Praxis des Rechtschreibunterrichts

B. Wickel

ERGEBNISSE AUS DER ARBEIT

DER NIEDERSÄCHSISCHEN LEHRERFORTBILDUNG

25

Grundlagen und Praxis des Rechtschreibunterrichts

von Paul Bischoff

unter Mitarbeit von
Richard G. E. Müller
Walter Henze
Arnold Lämmel

1792

Ehe wag's Dann wag's

HERMANN SCHROEDEL VERLAG KG

Hannover · Dortmund · Darmstadt · Berlin

Ergebnisse aus der Arbeit der Niedersächsischen Lehrerfortbildung
Verantwortung und Redaktion:
Artur Dumke, Regierungsdirektor a. D.
Dr. Rolf Hauer, Ministerialdirigent

25: Grundlagen und Praxis des Rechtschreibunterrichts

Die Autoren der Beiträge sind:

Richard G. E. Müller, Dr., o. Professor an der
Pädagogischen Hochschule Ruhr, Abt. Hagen

Walter Henze, Dr., o. Professor an der Pädagogischen Hochschule Niedersachsen, Abt. Hannover

Arnold Lämmel, Realschullehrer a. D., Hannover

Paul Bischoff, Rektor, Bad Harzburg

4., neu bearbeitete Auflage 1975

ISBN 3-507-00732-0

Herstellung: Friedrich Wilhelm Crüwell KG, Dortmund 754

INHALT

Paul Bischoff

A. EINFÜHRUNG

Der Rechtschreibunterricht ist ein Teil des Deutschunterrichts, und im Rahmen der Gesamtbildungsaufgabe der Schule nimmt er nur einen verhältnismäßig kleinen Platz ein; jedenfalls steht ihm nicht viel mehr zu. Dennoch verwenden wir viel Zeit für ihn, oft zu viel Zeit. Weil heute wie früher die Ergebnisse in keiner natürlichen Relation zu dem Zeit- und Kraftaufwand stehen, ruft dieser Unterricht weiterhin Unzufriedenheit, Unwillen und nicht selten Verzweiflung hervor, und zwar bei Schülern wie bei Lehrern.

Die beste Lösung wäre natürlich eine amtliche Vereinfachung der Rechtschreibung. Sie würde zwar keineswegs den Inhalt dieser Schrift überflüssig machen, ihn aber doch reduzieren, die didaktischen Anstrengungen verringern und damit im Schulleben wertvolle Kräfte für andere und sicher bedeutendere Aufgaben freimachen. Es lohnt sich also, als Lehrer für eine vernünftige Rechtschreibreform einzutreten. Aber selbst wenn es eines Tages gelänge, die Pläne für eine „gemäßigte Kleinschreibung" oder sogar die sogenannte „Kleine Rechtschreibreform" zu verwirklichen, wären die Hauptprobleme des Rechtschreibunterrichts, die vor allem in der Normlautuntreue unserer Buchstabenschrift liegen, nicht aus der Welt geschafft.

Der Ausgangspunkt unserer Erörterungen über den Rechtschreibunterricht muß aber noch die zur Zeit gültige Rechtschreibung mit all den bekannten Schwierigkeiten bleiben. Wir sollten jedoch nicht unter dem Eindruck eines auf uns Lehrer ausgeübten Lehrzwanges arbeiten. Ein solcher Unterricht ist von vornherein zum Scheitern verurteilt. Eine der ersten Voraussetzungen für jeden unterrichtlichen Erfolg ist die positive Einstellung des Lehrers zu seiner Aufgabe.

Mit dem Rechtschreibunterricht übernimmt die Schule eine *sprachlich-lebenspraktische* und eine *erzieherische* Bildungsaufgabe. Indem wir die Schüler die Rechtschreibung im Zusammenhang des gesamten Deutschunterrichts lehren, wird Rechtschreiberwerb zugleich auch Förderung der Sprachkompetenz sein. Im Hinblick auf das praktische geistige Leben ist die Rechtschreibung ein Mittel zum Zweck, eine Kulturtechnik, von deren Beherrschung die Fortbildung des einzelnen nicht selten abhängig ist. Mit der Lehre der Rechtschreibung geben wir unseren Schülern gleichsam eines jener Werkzeuge in die Hand, deren sie bedürfen, um in einer Kulturgemeinschaft bestehen zu können. Damit ist der sprachlich-lebenspraktische Bildungswert der Rechtschreibung gekennzeichnet. Ihren erzieherischen Wert finden wir – soweit es sich um den größeren Teil der lautlich und logisch erfaßbaren Fälle handelt – in der komplizierten Gestalt der Rechtschreibung selbst. Er wird wegen der geringen oder langsamen Fortschritte oft resignierend übersehen. Die Rechtschreibung kann letztlich nur durch Konzentration, Sorgfalt im Sprechen und Schreiben, durch Willen und Ausdauer erlernt werden. Das eigentliche Lernen erfolgt durch Überwinden von Widerständen, und an solchen Widerständen und Schwierigkeiten bilden sich auch allgemeine seelische Kräfte, die das Kind für seinen geistigen Fortschritt braucht. Es kommt allerdings darauf an – und das ist über die Bestrebungen um eine Rechtschreibreform hinaus unsere didaktisch-methodische Aufgabe –, daß diese Widerstände für das einzelne Kind weder zu groß noch zu gering werden.

Diese Schrift bemüht sich um den einfachsten, kürzesten und im Erfolg nachhaltigsten methodischen Weg. Anders ausgedrückt: Es geht darum, im Rechtschreibunterricht *mit einem Minimum an Kraft-, Zeit- und Materialaufwand möglichst ein Maximum an Schülerleistung zu erzielen.*

Die Gesamtbildungsaufgabe der Schule hat sich in den letzten Jahren immer stärker verzweigt, und die Erfüllung der Einzelaufgaben ist dadurch komplizierter geworden. Um nicht der ungeheuren Last der Vielspältigkeit zu erliegen, müssen wir versuchen, jeden Ballast einer Komplizierung unserer Arbeit abzuwerfen. Das gelingt uns am ehesten, wenn wir mit beiden Füßen in der Wirklichkeit des heutigen Lebens und der heutigen Schule stehen, wenn unser Handeln von einem realistischen Idealismus gesteuert wird, und zwar mit dem Blick auf die kommende Generation. Dann werden wir kritisch, aber zugleich auch aufgeschlossen genug sein, um in der Didaktik und Methodik das Bleibende vom Vorübergehenden und das Primäre vom Sekundären zu unterscheiden, und darüber hinaus mit eigener Kraft das leisten, was gegenwärtig und künftig unseren Schülern am dienlichsten ist. Die Besinnung auf das Wesentliche der Gesamt- und Einzelaufgabe hilft uns dabei weiter. Es kommt auf die *drei Hauptfaktoren im Bildungsprozeß* in der Schule an und auf das Bemühen, diese in gebührendem Maße zu beachten, nämlich auf das *Kind* als Individuum und zugleich als Glied einer Gemeinschaft, auf die *Sache* als Bestandteil unserer Kulturgüter und schließlich auf den *Lehrer* als Vermittler und Erzieher. Aus ihnen erwächst die methodische Aufgabe. Die beste

Methode, wenn es sie überhaupt gibt, wird immer die sein, die diesen drei Faktoren im Bildungsprozeß gleichermaßen und weitestgehend gerecht wird, dabei aber immer den Menschen über die Sache stellt. Je mehr bei der Beschäftigung mit einem einzelnen Unterrichtsfach dieser Grundsatz geprüft und beachtet wird, desto einfacher wird sich uns der Weg zu den gesteckten Zielen erschließen, und wir halten uns von der erwähnten Komplizierung unserer Arbeit frei. Das gilt für alle Unterrichtsfächer und deshalb auch für den Rechtschreibunterricht, wenn wir ihn hier einmal als Fach bezeichnen wollen.

Wir Lehrer entnehmen unsere didaktische und methodische Aufgabe einerseits den Bildungs- und Lernzielen, andererseits aber auch der Eigenart unserer Kinder in den verschiedenen Entwicklungsphasen und ihren individuellen Anlagen. Bei allen unterrichtlichen Absichten sind wir gleichsam an die empirischen Tatsachen des kindlichen Seelenlebens gekettet. Hier stellt uns die *Psychologie* gewisse Bedingungen, von deren Beachtung der Erfolg unseres Unterrichts wesentlich abhängt. „Erst dann, wenn dem Erzieher die psychologische Durchdringung einer vorgegebenen pädagogischen Situation selbstverständlich geworden ist und wenn sie überall mit genügender Tiefe geschieht, kann damit gerechnet werden, daß ihm die Kindespsychologie zum notwendigen Mittel pädagogischer Erkenntnis und Leistungssicherung wird."[1] (Siehe Kapitel B I!)

Die Unterrichtsfächer unserer Schule haben den Sinn, die Schüler mit den verschiedenen Kulturgütern vertraut zu machen. Der Lehrer übernimmt dabei die Rolle des Vermittlers zwischen dem Schüler und der Welt des objektiven Geistes. Streng genommen, sind alle Kulturgüter reiner Selbstzweck. In dem Augenblick aber, da sie in den Bildungsprozeß eingeschaltet worden sind, werden sie in Bildungsgüter umgewandelt und dienen der Schule als Mittel zum Zweck. Zu ihnen hin und durch sie zugleich vollzieht sich unter Mitwirkung des Lehrers als Vermittler der Bildungsvorgang. Dieser Vermittlungsauftrag kann nur dann erfüllt werden, wenn wir neben der Berücksichtigung der Kindespsychologie auch die eigentümliche Struktur und die Eigengesetzlichkeit eines bestimmten Bildungsgutes beachten und unsere didaktisch-methodischen Maßnahmen darauf einstellen. Hierzu ist die gründliche Kenntnis vom *Wesen der Sache*, des Lehrgegenstandes, nötig.

Im Falle des Rechtschreibens ist nun diese Sache zunächst zweierlei: einmal die *gesprochene Sprache* als Wesensmerkmal menschlichen

[1] O. Kroh, Entwicklungspsychologie des Grundschulkindes. 22. Aufl., S. 51

Daseins und als Medium zum Zwecke der Kommunikation, zum anderen die *eigentümliche schriftliche Fixierung* unserer Sprache, die aufgrund einer langen Entwicklung ihre Eigengesetzlichkeit erhielt und uns in der Gestalt der heute gültigen Rechtschreibung gegenübertritt. Deshalb werden wir bei der Betrachtung der Sache unseren Blick auf das Wesen der Sprache und des Sprachunterrichts richten und dann auf die Eigentümlichkeiten der Rechtschreibung eingehen. Die Sprache ist ein akustisches Symbolsystem für gedankliche Inhalte. Die Schrift wiederum ist ein graphisches Symbolsystem für die Lautsprache. So gesehen, hängen gesprochene und geschriebene Sprache eng miteinander zusammen. Aber weil sie in der Entwicklung der Menschheit nacheinander auftraten und die Schrift eine seltsame, von der gesprochenen Sprache abweichende Entwicklung durchmachte, müssen wir diesen Gegebenheiten methodisch gerecht werden. Dazu ist die getrennte Betrachtung beider Teilgebiete unserer Sprache und die Erforschung der von dieser Seite her bestehenden Bedingungen zweckmäßig. (Siehe Kapitel B II und III!)

Schließlich dürfen wir nicht außer acht lassen, daß für die richtige schriftliche Fixierung unserer Sprache die graphischen Symbole selbst und die Handhabung dieser Symbole, der *Schreibvorgang*, von Bedeutung sind. Wir werden uns also noch im weiteren dem Verhältnis von Schreiben und Rechtschreiben zuwenden. (Siehe Kapitel B IV!)

Aus diesen psychologischen und sachlogischen Bedingungen werden sich Konsequenzen ergeben, die zu didaktisch-methodischen Grundsätzen führen. Dabei wird sich erweisen, daß der Rechtschreibunterricht nicht einseitig sein darf, sondern sowohl *sprach-* und *sachinhaltlichen* wie *speziell rechtschreiblichen* Gesichtspunkten gerecht werden muß. (Siehe Kapitel C I und II!)

Die Kenntnis der Lernfähigkeit des Kindes auf den verschiedenen Bildungsstufen und das Studium der Sachstruktur führen zu der Erkenntnis, daß im Falle des Rechtschreibunterrichts der Lehrer in seiner Vermittlerrolle durchaus nicht immer die zentrale Stellung einnimmt, ja, einzunehmen braucht, die ihm in früheren Zeiten eingeräumt wurde oder die er sich selbst einzuräumen für notwendig hielt. Im weiteren Verlauf der methodischen Schlußfolgerungen werden wir nämlich auf die notwendige *Differenzierung* unseres Rechtschreibunterrichts kommen (siehe Kapitel C III!), die zwangsläufig zu einer *Aktivierung* der Schüler, zu einer sinnvollen und planmäßigen Eigentätigkeit führt. Dadurch läßt sich auch der bisher immer noch verschwenderische

Zeit- und Kraftaufwand einschränken, und wir gelangen zu einer *Rationalisierung* unserer Arbeit, die heute mehr denn je erforderlich ist. (Siehe Kapitel D IV und V!) Indem wir den Rechtschreibunterricht rationalisieren, weisen wir ihm jenen kleinen Platz zu, den er, wie wir eingangs sagten, im Rahmen der Gesamtbildungsaufgabe einzunehmen hat. Wir entlasten Schüler und Lehrer und bewahren uns trotz aller intensiven Beschäftigung mit diesem einen Teilbereich des Deutschunterrichts den Blick auf das Ganze unserer Aufgabe in der Schule.

B. PSYCHOLOGISCHE UND SACHLOGISCHE BEDINGUNGEN FÜR DEN RECHTSCHREIBUNTERRICHT

Richard G. E. Müller

I. Psychologische Bedingungen des Rechtschreibens

Bei aller Erziehung haben wir es nicht nur mit einer einseitigen Aktion des Erziehers zu tun, sondern mit einem Interaktionsverhältnis. Das Einwirken des Erziehers ruft nämlich bei dem Kind ebenfalls Aktionen hervor. Das Kind reagiert entweder auf die Aufforderungen, indem es nachdenkt, antwortet, schreibt, liest und sein Verhalten allgemein gemäß den Erwartungen des Lehrers einrichtet, oder es kommt den Einordnungs- und Leistungsforderungen nicht nach, weil es nicht gehorchen will.

Die Psychologie kann aus spezifisch sozialpsychologischem Aspekt heraus das Beziehungsverhältnis Lehrer-Kind klären und deuten. In der Schule spielt nun der Unterrichtsstoff eine besondere Rolle. Planmäßig wird versucht, das Kind zu einer lernenden Auseinandersetzung mit der Sache zu motivieren und den Stoff didaktisch und methodisch so zuzubereiten, daß es zu einem größtmöglichen Bildungseffekt im Kinde kommt. Zur Psychologie des Lehrers und des Kindes tritt die Psychologie des Unterrichtsstoffes, in unserem speziellen Fall des Rechtschreibens und des Rechtschreibunterrichts. Es ergibt sich so das bekannte Interaktionsdreieck Kind-Lehrer-Sache.

Rechtschreiben gehört in den Bereich der sprachlichen Bildung, speziell des Deutschunterrichts. Die Schriftsprache ist fixierte Sprache. Graphische Symbole und Symbolreihen stehen für Laute oder Lautkomplexe. Lesen ist Sinnentnahme aus Symbolen – und Schreiben (bzw. Rechtschreiben) Sinndarstellung oder -fixierung in Symbolen. Lesen und Schreiben setzen so ein Symbolbewußtsein voraus.

Nach *Karl Bühler* [1] sind die Vorstufen der Sprache biologisch älter und reichen tiefer in die Stufenreihe der Tiere hinab als die Anfänge des Denkens. Das instinktive Lautmaterial aller menschlichen Sprachen ist das Lallen, das eine Funktionalisierung der Sprechwerkzeuge bewirkt und im ersten Lebensjahr des Kindes lange Zeit bedeutungsfrei erscheint. Das Lallen ist bei den Kindern aller Völker gleich. Die ersten bedeutungshaltigen Worte sind noch lallwortähnliche Lautverbindungen und haben starken affektiven Charakter. Sie drücken eine innere Zuständlichkeit aus. Nach *Stern* [2] stellt z. B. das Wort „Mama" einen „Einwortsatz" dar, mit dem das Kind Verschiedenes meinen kann. Die „nötige Bedeutungsschärfe" des Gemeinten erzielt das Kind durch zusätzliche Gebärden und durch den Tonfall, der auch den affektiven Hintergrund anzeigt. Karl Bühler spricht hier von der *Kundgabefunktion* des Wortes. Wenn ein Laut oder ein Wort dazu geeignet ist, im Hörer ein bestimmtes Verhalten auszulösen, so nennt Bühler diese Funktion *Auslösung*. Die Funktionen der Kundgabe und Auslösung hat die menschliche Sprache mit den Schreien und Rufen der Tiere gemeinsam. Ihre dritte Grundfunktion, die bisher bei keinem Tier beobachtet wurde, nennt Bühler *Darstellungsfunktion*. Der Mensch kann mit Hilfe der Sprache Gedanken und Sachverhalte darstellen, die Welt geistig bewältigen und sich Kulturgehalte aneignen. Stellen Kundgabe und Auslösung die soziale Funktion der Sprache dar, so zeigt die Darstellung die kulturelle Funktion.

Nach Auffassung der russischen Reflexologie, begründet durch *Pawlow* (siehe *Birjukow* [3]), stellt die Sprache ein sogenanntes *zweites Signalsystem* dar. Das erste Signalsystem, das wir mit den Tieren gemeinsam haben, besteht aus allen *un*bedingten Reizen, auf die wir mit *un*bedingten Reflexen antworten. Das ist der Fall bei unmittelbaren Reizeinwirkungen auf Auge, Ohr oder Haut, aber auch bei inneren Reizen, wie etwa Hunger, Durst, Schmerz. Das zweite Signalsystem ist das der *be*dingten Reize und der *be*dingten Reflexe. Das gesprochene oder gelesene Wort stellt eine bedingte Reizursache dar; die Sprache ist also eine bedingt-reflektorische Tätigkeit. So gesehen, könnte man die *geschriebene S*prache als ein Signalsystem *dritter* Ordnung bezeichnen, weil das Lesen dieser Schriftsprache als Reizquelle, die Sinnentnahme – sowie das Niederschreiben aus gedanklichem Vorentwurf oder aus Vorsprechen heraus – wiederum bedingte Reflextätigkeiten hervorrufen.

Die Entwicklung der Sprache ist weitgehend von der Beschaffenheit der mitmenschlichen Umwelt abhängig. Kinder aus geistig regen Familien entwickeln sich in sprachlicher Hinsicht in der Regel schneller. In einer kulturell durchformten Gesellschaft stellt das Erlernen der Schriftsprache für jeden Menschen das bedeutsamste Ereignis in seiner geistigen Entwicklung dar (*Hansen* [4]). Bis in das Schulalter hinein ahmt das Kind die Sprache nach; es reflektiert noch nicht darüber. Die Objektivierung der Sprache stellt beim Kinde einen Entwicklungs- und einen Lernprozeß dar, der in der Schule durch systematische Übung gefördert wird. Die Schrift soll die nacheinander erklingenden und daher schnell verklingenden Lautkomplexe sichtbar machen und festhalten und darüber hinaus einen Sinn vermitteln. Die einzelnen Schriftzeichen geben aber keine Sinnbilder wieder, sondern sind Buchstaben. „Wir haben eine *Buchstabenschrift*. Um ihr Prinzip zu durchschauen, müssen die gedanklichen Ganzen in Bedeutungseinheiten oder *Wörter* gegliedert und diese nach ihrem *Lautbestand* aufgespalten und dementsprechend beim Schreiben aus Buchstaben aufgebaut werden" (*Hansen*).

Rechtschreiben, d. h. richtig schreiben, ist nur durch planvolles und systematisches Lernen möglich. Unter *Lernen* im weitesten Sinne versteht man den Erwerb von neuen, also nicht ererbten Verhaltenstendenzen und Handlungsbereitschaften oder angeborenen Reaktionsschemata. Das Tier reagiert und agiert im Rahmen seines angeborenen Instinktschemas und einer ihm auf den Leib zugeschnittenen Umwelt mit „angeborenem Verhalten" (*Tinbergen* [5]) oder „arteigenen Triebhandlungen" (*Lorenz* [6]), „angeborenen Fähigkeiten" und „instinktiven Handlungen" (*Dougall* [7]). Das heißt: Das Tier reagiert auf bestimmte „Schlüssel- oder Signalreize" (*Tinbergen* [8]), welche es wahrnimmt und „auf die im Organismus besondere Antworten und Einwirkungen vorgeformt sind" (*von Uexküll* [9]). Der Mangel an angeborenen Instinkten und Fähigkeiten wird beim Menschen ausgeglichen durch seine „unendliche Lernfähigkeit" (*Roth* [10]). Wenn das Tier akzentuiert das „Instinktwesen" ist, so der Mensch das „Gehirnwesen".

Von den *Intelligenzfunktionen* sind beim Erlernen des Rechtschreibens hauptsächlich beteiligt das Wahrnehmen (die Beobachtung), die Aufmerksamkeit, die Konzentration, die Auffassung, das Vorstellen, das Denken und das Gedächtnis, wobei wir bedenken müssen, daß die Möglichkeit des Einsatzes dieser Funktionen graduell nach der Anlage mehr oder weniger vorgezeichnet sein kann, aber auch von Reifungs- und Prägungseinflüssen abhängig ist.

„Die Wahrnehmung ist die Erkenntnis, die wir von einem Gegenstand oder seinen Veränderungen durch gegenwärtige und direkte Berührung erhalten . . ." (*Piaget* [11]). In die *Wahrnehmung* fließen sowohl aktuelle, unmittelbare Empfindungen als auch frühere Erfahrungen ein (*Rohracher* [12]), denn wir haben es beim Wahrnehmungsvorgang oder -prozeß nicht nur mit einer bloßen passiven Rezeptivität, einem pathischen Hingegebensein, sondern auch mit einem aktiven Geschehen zu tun, weil die Wahrnehmungsgehalte unseren Interessen entsprechen, also ausgewählt und durch die Nachwirkung früherer

Sinneseindrücke gefärbt werden. – In bezug auf das Rechtschreiben ergibt sich, daß die Sinnesfunktionen für die optische und akustische Wahrnehmung, also Gesicht und Gehör als physiologische Apparate, intakt sein müssen, daß aber der eigentliche Wahrnehmungsakt, die psychische Umsetzung des Gesehenen und Gehörten, eine individuelle Umsetzung und Transposition in die eigene Welt darstellt. Insofern hat jede Wahrnehmung personeigenen und persongebundenen Charakter.

Das kritische Wahrnehmen als aktive und gerichtete psychische Tätigkeit nennen wir *Beobachten.* Hier werden Aufmerksamkeit und Konzentration für eine planmäßige Sinneswahrnehmung eingesetzt. Diese konzentrative Beobachtung richtet sich beim Lesen und beim Rechtschreiben auf das ganzheitliche und sinnerfassende Wahrnehmen und das schriftliche Reproduzieren des ganzen Wortes, der Silben und der Einzelbuchstaben. Der konzentrativ gewonnene Wahrnehmungs- und Beobachtungsgehalt wird „apperzipiert", d. h., er löst einen geistigen, einen gerichteten Lernprozeß aus, während es beim en-passant-Wahrnehmen lediglich zu einer flüchtigen, mehr unbewußten Registrierung kommt.

Apperzeption ist hier gleichzusetzen mit *Auffassung.* Von *Leibniz* her, über *Herbart, W. Wundt* bis hin zu *W. Stern* kann man definieren: Auffassen ist der Akt, durch welchen ein Wahrnehmungsinhalt angeeignet, zu einem Bilde verarbeitet und mit dem früheren Vorstellungsbestand der Psyche verbunden wird. Die Zuverlässigkeit des Wahrnehmens und Auffassens unterliegt sehr stark der Entwicklung. Nach *Werner* [13] entwickelt sich die kindliche Wahrnehmung (und im Zusammenhang damit das kindliche Denken) vom „Ganzheitlich-Ungegliederten" zum „Differenziert-Gegliederten". Das hat auch die Gestaltpsychologie (von der gleich noch zu sprechen sein wird) nachgewiesen, so u. a. *Volkelt* [14], nach dessen Ansicht alles Wahrnehmen vom diffusen Ganzen in aktualgenetischen Prozessen zum Zergliederten geht.

Zur Zuverlässigkeit des differenzierten Wahrnehmens, zur kritischen Beobachtung und genauen Auffassung gehört der Einsatz von *Aufmerksamkeit* und *Konzentration.* Aufmerksamkeit bezeichnet die Fähigkeit, das Interesse einer zu bearbeitenden oder zu bedenkenden Sache, einem Vorgang oder einer Person zuzuwenden. Unter Konzentration versteht man die willentlich zusammengefaßte Aufmerksamkeit, die besonders aktive, intensive, bewußte und dauerhafte Zuwendung einem engen Aufmerksamkeitsfeld gegenüber. – Das Kleinkind zeigt infolge seiner Antriebsgebundenheit eine stark fluktuierende Aufmerksamkeitseinstellung; es läßt sich durch wechselnde Reize schnell ansprechen und ablenken. Erst mit dem 7./8. Lebensjahr entwickelt sich eine „willkürliche Aufmerksamkeit" (*Kroh* [15]), und damit erhöht sich auch die Konzentrationsfähigkeit. Viele Rechtschreibfehler der Schulanfänger z. B. sind daher auf eine noch labile Aufmerksamkeit und eine mangelhafte Konzentration zurückzuführen.

Mit in den Bereich der Auffassung gehört die Vorstellungsgabe. *Vorstellen* ist die Fähigkeit, sich innerlich etwas darzustellen, was nicht direkt sichtbar oder wahrnehmbar ist. Der Anschauungsgehalt kann aber in der Vorstellung mehr oder weniger nachwirken. Die vorstellungsmäßige Reproduktion der Schreibweise eines Wortes kann dann entweder mehr diffus, verschwommen oder mehr deutlich, klar und plastisch sein. Eine spezielle Form der Vorstellungsgabe ist das *räumliche Vorstellungsvermögen*, das eine Rolle spielt, wenn wir uns die Kürze oder Länge eines Wortes von links nach rechts im optischen Wortbild oder motorischen Schreibvollzug vergegenwärtigen. Ein mangelhaftes räumliches Vorstellungsvermögen zeigt sich z. B. in der Raum- und Lagelabilität und in der Orientierungsunsicherheit bei den Legasthenikern, die an einer isolierten Unfähigkeit oder Schwäche leiden, Lesen und Rechtschreiben zu lernen; sie verwechseln oft rechts-links, oben-unten und vorn-hinten.

Das *Denken* nun stellt ein zielbewußtes, logisches Ordnen der Wahrnehmungs-, Vorstellungs- (und auch Phantasie-) Gehalte dar. Das logische Denken umfaßt u. a. das Vergleichen, das Herstellen von Beziehungen, das Erfassen des Wesentlichen, das Unterscheiden, das Kombinieren und das Schließen-Können und Urteilen, in unserem Fall z. B. das Urteil über die richtige Schreibweise eines Wortes.

Die *Entwicklung des Denkens* ist nach *Piaget* [16] im Sinne einer Überschichtung niederer Denkformen durch höhere zu verstehen. Die ersten Denkhandlungen in der frühen Kindheit (ca. ab 0;9) zeigen sich in der Form einer zielgerichteten Koordination von Wahrnehmung und Bewegung, einem „Werkzeugdenken" im hantierenden, probierenden und experimentierenden Umgang mit den Dingen. Piaget spricht davon, daß hier eine „senso-motorische Intelligenz" wirksam sei. Im Nachahmungsvollzug, durch Akkomodation erlernt das Kind die Wortzeichen und ihre Bedeutung, d. h. ihre Symbolfunktion. – Das Werkzeug- und vorbegriffliche Denken dominiert bis zum 4. Lebensjahr. Bis zu etwa 7 Jahren entwickelt sich dann über zunächst einfache Analogiebildungen ein anschauliches Denken. Es wird bis zum 11./12. Lebensjahr durch logisch-konkretes Denken überformt. Erst danach wird der Jugendliche zu formal-schlußfolgerndem Denken fähig. – Es muß aber darauf hingewiesen werden, daß die Entwicklung des Denkens und die Entwicklung der Sprache zwei voneinander abhängige, sich gegenseitig bedingende und aufeinander wirkende Prozesse darstellen. – In einer neueren Untersuchung hat Rudolf *Müller* [17] die Meinung, daß erst Kinder des höheren Schulalters zu logischem Regeldenken fähig seien, bestritten. Er wies experimentell nach, daß schon Kinder des 2. Schuljahres zur Anwendung von Rechtschreibregeln fähig sind, weil das deduktive Denken bei ihnen bereits entwickelt ist.

Das *abstrakte Denken* beginnt sich erst in der Vorpubertät zu entwickeln. Bis dahin vermag sich das Denken des Schulkindes nur schwer über das anschaulich Gegebene zu erheben. Es gelingt den Kindern noch kaum, das Einzelne der Erscheinung unter den Gesichtspunkt des Allgemeinen zu stellen. Das Denken ist zudem immer noch gefühlsbetont, auf die eigene Person bezogen und an den Bedürfnissen des praktischen Lebens ausgerichtet. Die Begriffe werden umschrieben, ge- und erklärt aus den Erfahrungen des täglichen Umgangs mit ihnen. Dieses „natürliche" oder auch „volkstümliche" Denken (*Hillebrand* [18]) ist gegenüber dem wissenschaftlichen konkret, praktisch, zweck- und situationsgebunden. Oftmals wird im Rechtschreibunterricht das kritisch-kausale Denken zu früh gefordert und „gedrillt". Viele Kinder werden auf diese Weise überfordert und „schalten ab". Ihr Denken bleibt oberflächlich, und das Gelernte wird bald wieder vergessen.

Eine wesentliche Rolle beim Erlernen des Rechtschreibens spielen Merkfähigkeit und Gedächtnis. Bei der *Merkfähigkeit* handelt es sich um das Behaltenkönnen von neuem Gedächtnisstoff. Sie ist vermindert bei geringer Anteilnahme, bei Uninteressiertheit oder Zerstreutheit, bei Ermüdung, Konzentrationsschwäche, bei zu kurzer Einwirkung eines Eindrucks und bei Ablenkung durch andere Eindrücke. Hirngeschädigte Kinder leiden oft unter einer krankhaften Merkschwäche, die meist mit allgemeinen Denkstörungen zusammenhängt. – Bei dem *Gedächtnis* (oder dem Erinnerungsvermögen) handelt es sich um die Fähigkeit, sich Vergangenes wieder zu vergegenwärtigen und Erlerntes zu reproduzieren. Eine Gedächtnisschwäche ist in der Regel an eine allgemeine Intelligenzschwäche gebunden. Hier ist das begriffliche Ordnungssystem, in welches das Erlernte

normalerweise eingereiht wird, wenig strukturiert und differenziert. – Vor einiger Zeit hat jedoch *von Bracken* [19] darauf hingewiesen, daß man Gedächtnis nicht mehr als ein Kriterium von Intelligenz ansehen kann, da selbst „Imbezille, also Personen mit sehr niedriger Intelligenz, . . . ein überdurchschnittliches Gedächtnis" haben können.
Schubenz und *Buchwald* [20] haben als Ergebnis ihrer Untersuchungen zur Lese-Rechtschreibe-Schwäche mitgeteilt, daß für gehäufte Lese- und Rechtschreibfehler eine Schwäche im Gedächtnis oder im Behalten verantwortlich sei, die sie „Speicherungsschwäche" nennen. Das Speicherungssystem, also das Gedächtnis, hält die eingelagerten Materialien oder die Informationseinheiten um so sicherer verfügbar, je besser gelernt worden ist. Bei Schulanfängern ist die Verfügbarkeit ihres Sprechmaterials beim Lesen und Schreiben noch eingeschränkt. Sie sind daher auch unsicher in den kleinsten Spracheinheiten, den Buchstaben, und das um so mehr, je weniger häufig die einzelnen Buchstaben in der deutschen Sprache auftreten. Positiv ausgedrückt heißt das: Je öfter ein Buchstabe vorkommt, um so sicherer ist er verfügbar.
Nachdem wir die am Erlernen des Rechtschreibens wesentlich beteiligten Intelligenzfunktionen beschrieben haben, soll noch auf den spezifischen Zusammenhang von Rechtschreiben und Intelligenz eingegangen werden (*Müller* [21]). Wodurch sich der intellektuell höher begabte, d. h. besser ausgerüstete Mensch vom Durchschnitt unterscheidet, läßt sich nicht leicht feststellen, weil die Intelligenzleistung ein Produkt aus Anlage, Reifen, Lernen, Erfahrungen, Lebensschicksal, dem augenblicklichen In-der-Welt-Sein und der momentanen psychophysischen Verfassung ist. Nach *Busemann* [22] äußert sich eine höhere intellektuelle Begabung in „ungewöhnlicher Befähigung zu jener Leistung, die man in gestalt-psychologischer Betrachtungsweise das ‚Umstrukturieren' einer Gegebenheit nennt". Im Schulunterricht fällt der in dieser Richtung besonders befähigte Schüler durch die „Gelenkigkeit" der Auffassung und des Denkens auf. – Wenn man also die Fähigkeit zur „Umstrukturierung" (siehe auch *Kemmler* [23]) als dominierendes Kriterium für Intelligenz ansieht, so stehen Rechtschreiben und Intelligenz nur in einem sehr niedrigen Zusammenhang. Infolge der oft vorzufindenden Unlogik und der vielen willkürlichen Ausnahmen in den Regeln für die deutsche Rechtschreibung kann das logische, kombinierende, kritische, schlußfolgernde, urteilende, produktive und problemlösende Denken nicht hilf- und erfolgreich genug eingesetzt werden. *Kemmler* ist der Meinung (auf Grund der von ihr

durchgeführten Faktorenanalysen), daß es einen Faktor „Rechtschreiben" gibt, „der auf eine eigene – wenn auch selbst wieder komplex zusammengesetzte Fähigkeit Lesen und Rechtschreiben schließen läßt". Dieser Faktor ist unabhängig vom Sprachverständnis und der individuellen Sprachentwicklung. Es kann jemand eine hochdifferenzierte Sprache beherrschen, aber ein schlechter Rechtschreiber sein, dem es lästig ist, die Fülle seiner Gedanken in dem Medium Schreiben zu fixieren. Andererseits kann jemand wenig Sprachverständnis oder sprachliche Gewandtheit (als einen nach dem Faktorenanalytiker *Thurstone* hervorragenden Intelligenzfaktor) besitzen und dennoch völlig fehlerfrei schreiben, weil er Trainingsausdauer besitzt. Ja, es gibt Beschränkte und in Einzelfällen sogar Debile, die ein regelgerechtes Rechtschreiben erlernen.

Es muß noch auf eine wichtige somatische Grundfunktion hingewiesen werden, nämlich auf die *Motorik*. Die erste größere experimentell-psychologische Untersuchung zur Aufhellung der seelischen Vorgänge beim Rechtschreiben stammt von *Lay* (zit. bei *Hillebrand* [24]). Er fand, daß nicht nur die sensorischen Vorstellungen (Klangbild und Schriftbild), sondern auch die motorischen Sprechbewegungs- und Schreibbewegungsvorstellungen eine bedeutende Rolle spielen. Man weiß, daß sowohl Kinder als auch Erwachsene, die unsicher in der Schreibung eines Wortes sind versuchen, den Schreibbewegungsvorgang zu reproduzieren, um so Schriftbild und Schreibspur zu koordinieren.

Wie lernt das Kind nun das Rechtschreiben? Es gibt verschiedene Lerntheorien. *Thorndike* übertrug die Erkenntnisse von Tierversuchen zum Lernen auf den Bereich des menschlichen Lernens. (Vgl. für das Folgende *Correll* [25]). Er benutzte Problemkäfige, aus denen sich die Tiere (z. B. Katzen) befreien konnten, wenn sie einen bestimmten Mechanismus bedienten, der nach und nach komplizierter wurde. Bei der Frage nach den Bedingungen für eine Lernaktivität stieß Thorndike auf die große Bedeutung der *Motivation* für das Lernen. Die erfolgreichsten Versuchstiere waren diejenigen, welche für die Befreiung aus dem Käfig ein starkes Motiv hatten, sei es, daß sie entweder großen Hunger verspürten oder zu ihren Artgenossen strebten. Erfolglose Versuchstiere waren dagegen diejenigen, deren Bedürfnisse mehr oder weniger befriedigt waren. Auf das Lernen in der Schule übertragen, bedeutet dies, daß die Schüler eine Motivation erfahren müssen, wenn sie Lernanstrengungen entwickeln und Lernhindernisse überwinden sollen. – Nun ist die Motivation für das Rechtschreibenlernen nicht so leicht herzustellen. Es gibt zwar ein durch Nachah-

menwollen erzeugtes *Schreib*bedürfnis (Schreibkritzeln des Kleinkindes), aber kein primäres Rechtschreibbedürfnis. Wir können nur sekundäre Motivationen schaffen, indem wir z. B. gute Rechtschreibleistungen loben oder den Kindern klar machen, daß Rechtschreiben Voraussetzung für Berufs- und Lebenserfolg ist.
Thorndike fragte weiter nach den Gesetzmäßigkeiten des Lernens überhaupt und fand das Prinzip von Versuch und Irrtum („trial and error"). Die Tiere versuchten zunächst, durch zufällige Bewegungen (Probierbewegungen) aus dem Käfig heraus und an die Futterquelle zu gelangen. Unter diesen Bewegungen war dann schließlich eine, die zum Erfolg führte. Das Prinzip von trial and error wenden wir Menschen auch an. Wenn wir z. B. vor einer schwierigen und unübersichtlichen, völlig ungewohnten Situation oder Aufgabe stehen und vorläufig nicht ein noch aus wissen, probieren wir mehrere Lösungsversuche durch, bis wir *die* Lösung und *den* Weg finden. – Auf das Rechtschreiben übertragen bedeutet das: nach mehreren Falschschreibungen erzeugt das endlich richtig geschriebene Wort ein Erfolgserlebnis und wird nun richtig behalten.
Die dritte Frage für *Thorndike* war, nach welchem Gesetz die Befestigung des Erlernten – als einer Assoziation zwischen Reiz und Reaktion – erfolge, also die Frage nach dem Lernen im engeren Sinne. Gelang es den Tieren bei Wiederholung des Versuchs, sich leichter und schneller zu befreien oder mußte das Lernen jedesmal von neuem begonnen werden? Es zeigte sich, daß die Zeit für die Anwendung von trial and error mit der Zahl der Versuchswiederholungen ständig kürzer wurde. Die Bewegung, die zur Lösung der Bedürfnisspannung, also zum Erfolg führte, wurde immer enger mit der Situation assoziiert und schließlich automatisch vorgenommen.
Aus den soeben skizzierten Erkenntnissen formte *Thorndike* seine beiden entscheidenden Lerngesetze: das Frequenzgesetz und das Effektgesetz.
Das *Frequenzgesetz* besagt, daß ein Konnex zwischen einem Stimulus (Reiz) und einer Reaktion durch Wiederholung verstärkt, durch mangelnde Repetition aber geschwächt wird. Übung und Training führen also zur Festigung des Konnexes und damit zum Lernfortschritt. – Das Frequenzgesetz muß aber insofern eingeschränkt werden, als die reine Übung im Sinne einer dauernden Wiederholung unter den gleichen Bedingungen nicht immer einen Lernfortschritt bewirkt. Wenn der Lehrer im Rechtschreibunterricht also übt, so sollte er immer wieder neue Bedingungen in der Methodik und im Aufbau der Übungen

schaffen und im Schüler neue und lustbetonte Motivationen erzeugen. Nach dem *Effektgesetz* wird die Verbindung außerdem verstärkt, wenn die Reaktion für das Individuum zu einem befriedigenden Resultat – von Thorndike „positiver Nacheffekt" genannt – führt. Negative Nacheffekte demgegenüber schwächen den Konnex, d. h. Mißerfolgserebnisse setzen die Anstrengungsbereitschaft herab. Wenn ein Kind in seinen Bemühungen um die richtige Schreibweise frustriert wird, kann es die Enttäuschungen aber auch mit größerem Lerneifer kompensieren. Die Widerstände, das Noch-nicht-Gekonnte, werden hier zum Motiv für eine erhöhte Anstrengungsbereitschaft.

Lewin (siehe *Correll* [25]) ergänzte das Effektgesetz von Thorndike. Er fand heraus, daß Erfolgserlebnisse nicht nur verstärkend auf den Konnex wirken, sondern zugleich das „Anspruchsniveau" heben und die Selbst- und Selbstwertgefühle stärken. Durch das Setzen neuer und höherer Ziele bleibt die Motivation ständig wirksam.

Während im menschlichen Leben das trial-and-error-Verhalten vornehmlich bei der Meisterung von Fremdsituationen und -aufgaben angewandt wird, besteht das menschliche Lernen wesentlich doch in einem Einsicht-nehmen-Können, in der Möglichkeit, eine Situation zu überschauen, so daß die Beziehungen zwischen den einzelnen Faktoren oder Elementen einer Situation oder Aufgabe ihm sofort einleuchten oder ein „Aha-Erlebnis" *(Karl Bühler)* zur Folge haben. Das Phänomen der urplötzlichen Erfassung der Struktur einer Aufgabe hat die Gestalt- und Ganzheitspsychologie entscheidend erhellt und erklärt. Danach kann Lernen allgemein – und Lesen und Rechtschreibenlernen speziell – als *Gestaltwerdungs- und Strukturierungsprozeß* bezeichnet werden. Am Anfang eines jeden echten Lernvorganges steht nämlich ein auf Mangel an Einblick beruhendes Betroffensein, eine aus der Unklarheit hervorgehende spannungsgeladene Fragesituation, aus der sich – aus dem Drange nach Erkenntnis – allmählich die klare, die Sache durchschauende Einsicht entwickelt (*Hillebrand* [26]). Die Anfangs- und Ausgangslage ist also erfüllt mit einer spannungsgeladenen Unruhe anhand von Ahnungen, Vermutungen und Annahmen, aus denen sich zunächst bestimmte „Vorgestalten" entwickeln. Der Erkenntnisdrang geht aber weiter in Richtung auf die erstrebte Einsicht, die „Endgestalt". Nach *Wertheimer* [27] werden Operationen wie Gruppierung, Differenzierung (Sonderung), Zentralisierung vorgenommen, bis in der vollkommenen Struktur (Gestalt) die strukturelle Wahrheit erfaßt wird.

Der Begriff Struktur bezeichnet eine gefügehafte Gliederung von übergeordneten, wesentlichen, primären und bestimmenden sowie von unwesentlichen, sekundären und untergeordneten Teilinhalten oder Elementen eines Sachganzen. Die primären Teilinhalte vermitteln einen Gesamt- und Ganzheitseindruck. – Ein *Wort* ist als Reizgebilde aus einzelnen Buchstaben zusammengesetzt, als Wahrnehmungsgegenstand aber stellt es ein einheitliches Gefüge mit Ganzheitseigenschaften dar. Die tachistoskopische Untersuchung des Leseprozesses (*Ehrenstein* [28]) ergibt, daß überwiegend aufgrund der gröberen Gesamtform der Wörter als Ganzheiten gelesen wird. Eine vage Gesamtform, ein grauer, eine bestimmte Gestalt nur andeutender Streifen führt nach sehr frühen Untersuchungen von *Catell* (1886) und *Erdmann* und *Dodge* (1898) schon zu richtigen Lesungen. Das bedeutet, daß an der Hervorbringung des Leseerfolges die einzelnen Buchstaben sehr ungleichmäßig beteiligt sind. Es gibt determinierende Buchstaben, die sich von den anderen dadurch unterscheiden, daß ihr Einfluß für die Bildung der Gesamtform relativ groß ist. Die Unterschiede von Ober- und Unterlängen sowie zwischen Majuskeln und Minuskeln liefern wichtige Gliederungsmomente der Wörter. – Wie weit der normale Leseprozeß von einem bloßen Addieren der Buchstaben entfernt ist, wird deutlich, wenn wir ein uns bekanntes Wort, das etwa aus Großbuchstaben der deutschen gotischen Schrift zusammengesetzt ist, lesen wollen. Hier fällt uns das Strukturieren insofern schwer, als jeder einzelne der großen Buchstaben für sich genommen bereits eine Gestalt hohen Niveaus darstellt (z. B. das Wort 𝔊𝔄𝔑ℨℌ𝔈ℑ𝔗).

Schon im 1. Lebensjahr erkennt das Kind manche Dinge an ihren Formen wieder. Im 2. Lebensjahr kann es bereits Bilder im Bilderbuch, Photographien und Umrißzeichnungen deuten. Wenige charakteristische Linien genügen, um z. B. Stuhl, Tisch, Hund, Pferd oder Mann richtig zu bezeichnen (vgl. *K. Bühler* [29]).

Bunte Bilder sind für das Kind zunächst nichts anderes als bunte Papierstücke, nach denen es greifen und die es zerreißen kann. Später erkennt das Kind das Dargestellte und behandelt die Bilder von Dingen genauso wie die Dinge selbst. In einer dritten Phase unterscheidet es dann erst zwischen Bild und Wirklichkeit; die Darstellungsfunktion der Bilder geht ihm auf. Durch experimentelle Untersuchungen wurde bewiesen, daß nur Kinder, die schon sprechen können, die Bilder nach ihrem Sinngehalt erkennen, d. h., daß dem Kind also ungefähr zur gleichen Zeit der Darstellungswert von Sprache und Bild aufgeht.

Immer wieder überraschend ist die Tatsache, daß Kinder ihre Bilderbücher häufig verkehrt herum anschauen. Sie erkennen Bilder von Menschen, Bäumen, Häusern usw., die um 90 oder 180° gedreht sind, ebenso schnell und richtig wie in der aufrechten Lage. Dem entspricht, daß in Zeichnungen des Kleinkindes, aber auch noch des Schulanfängers, die Dinge im Raum nicht selten verkehrt herum wiedergegeben werden. Menschen und Tiere, Wagen mit Rädern usw. stehen auf dem Kopf. Auch zeigt sich bei frühen Schreibversuchen des Kindes gelegentlich so eine *Raumverlagerung* (*Burckhardt* [30]). Daneben findet man außerdem noch eine andere Verkehrtheit der Orientierung, nämlich die Spiegelschrift.

Alle diese Erscheinungen weisen darauf hin, daß das Kind von Anbeginn an gestalthaft wahrnimmt und daß es aus gestaltbestimmenden Elementen die Ganzheit einer Figur oder die Form eines Gegenstandes ergänzt. Die Tendenz zur Verganzheitlichung ist eine Urtendenz, und alle Gegenstände haben Komplexcharakter.

Die Erkenntnisse der Gestalt- und Ganzheitspsychologie haben sich in der Schule insofern in einer Ganzheitspädagogik niedergeschlagen, als wir, zumindest in der Grundschule, von erlebnisgebundenen Sacheinheiten ausgehen und aus ihnen Teil- und Unterganze ausgliedern. Im Erstleseunterricht führten die gestalt- und ganzheitspsychologischen Erkenntnisse zur Anwendung der Ganzsatz- und Ganzwortmethode, zur sogenannten analytisch-synthetischen Methode. Im Schreibunterricht werden die Wortbilder zunächst abgemalt. Um die Strukturierung, Analyse und Differenzierung des Wortbildes vorzubereiten, ist es wichtig und richtig, von der gemischten Antiqua als Ausgangsschrift auszugehen, was neuere Untersuchungen von *Meis* [31], *Weinert, Simons* und *Essing* [32] bestätigen.

Nach *Bleidick* [33] ist das Prinzip des Lesens die *Gliederung:*
Lesen ist Durchgliedern;
Leseschwäche ist Gliederungsschwäche;
Lesenlernen ist Gliederungshilfe.
Entsprechend können wir sagen:
Rechtschreiben ist Durchgliedern;
Rechtschreibeschwäche ist Gliederungsschwäche;
Rechtschreibenlernen ist Gliederungshilfe.

Die Ausgliederung kann sich nach der bekannten Trias von *A.* und *E. Kern* [34] im Nach- und Nebeneinander von *optischer, akustischer und motorischer Analyse* vollziehen. Da aber Sprache und Ausdruck, Wortklang und Wortbild, Sprechsprache und Schriftsprache nicht kongruent sind, müssen Training und Regeldenken sowie das Einprägen der Ausnahmen – angepaßt an die Stufen des Denkens und an das Verständnisniveau der Kinder – von vornherein mit einbezogen werden.

Abschließend seien zusammengefaßt die Faktoren und Bedingungen genannt, die das Erlernen des Rechtschreibens erschweren oder im Einzelfall unmöglich machen können. – Eine spezielle Lese-Rechtschreibeschwäche stellen die literale und verbale Legasthenie dar. Unter *Legasthenie* verstehen wir eine „spezielle und aus dem Rahmen der übrigen Leistungen fallende Schwäche im Erlernen des Lesens (und indirekt auch des selbständigen orthographischen Schreibens) bei sonst intakter oder (im Verhältnis zur Lesefähigkeit) relativ guter Intelligenz" (*Linder* [35]). Beim literalen Legastheniker besteht eine Buchstabenblindheit, beim verbalen Legastheniker eine Schwäche im Zusammenziehen von Vokalen und Konsonanten zu Silben. – Die Ursachen der Schriftsprachestörungen sind höchstwahrscheinlich in einer Funktionsstörung, einer Alteration, einer Insuffizienz oder einem sonstigen Defekt des Gehirns zu suchen.

Allgemeine (oder sekundäre) *Lese-Rechtschreibschwächen* können – in Abhebung von der speziellen Legasthenie – verschiedenste Ursachen haben. Manche Kinder lernen deshalb schlecht lesen und rechtschreiben, weil sie intelligenzschwach und die beim Rechtschreiben beteiligten Intelligenzfunktionen nach Anlage, Entfaltung und Entwicklung hinter der altersgemäßen Norm zurückgeblieben sind. Die Rechtschreibschwäche liegt hier im Rahmen einer allgemein herabgesetzten und begrenzten Lern- und Leistungskapazität mit folgenden Kardinalsymptomen: schlechte Beobachtungsfähigkeit, herabgesetzte Denkfähigkeit, Differenzierungsschwäche, fluktuierende Aufmerksamkeit und demgemäß Konzentrationsschwäche. Intrapsychisch stehen im Vordergrund Überforderungs-, Mißerfolgs- und Versagenserlebnisse, welche Minderwertigkeitsgefühle erzeugen, die sich bis zum Minderwertigkeitskomplex verdichten können. – Eine infolge unzureichender intellektueller Leistungsfähigkeit geschwächte Lese- und Rechtschreibfertigkeit kann auch in einer anlagemäßig vorgegebenen Entwicklungshemmung (Retardation) der ganzen Persönlichkeit begründet sein, d. h., die psycho-physische Entwicklung hinkt hinter der Altersnorm her.

Die *neurotoide Lese-Rechtschreibeschwäche* entsteht durch Umweltschäden, besonders durch Vernachlässigungen, *Frustrationen* und Hemmungen. Vielfach wurden die seelischen Grundbedürfnisse solcher Kinder nur mangelhaft befriedigt und auch ihre äußere Versorgung vernachlässigt. Diese Kinder sind ängstlich, trotzig, gesperrt und allgemein schulunlustig. – *Verwöhnte Kinder*, die unselbständig sind und nicht gelernt haben, Widerstände selbst zu meistern, zeigen sich in der Schule meist verträumt, unkonzentriert, verspielt, vergeßlich und hilflos. Bei den Schulaufgaben wird schon bei geringen Schwierigkeiten kapituliert, und auch Lesen und Schreiben werden abgebrochen, wenn der Sinn nicht sofort entnommen werden kann und ein fehlerfreies Diktat nicht sogleich gelingt. – Daß *Kinder aus einem Verwilderungs- und Verwahrlosungsmilieu*, die äußerlich und innerlich entordnet sind, nur wenig leisten und viele Rechtschreibfehler machen, leuchtet ohne weiteres ein.

Für das Erlernen des Rechtschreibens kann der *Dialekt* eine hemmende Rolle spielen. Thüringische Lehrer z. B. berichten, daß sie in ihren weniggegliederten Landschulen ohne die Begriffe „hartes t" und „weiches d" nicht auskommen. Kinder, welche in Umgebungen leben, in denen ständig Dialekt gesprochen wird, müssen das Hochdeutsche in der Schule zunächst als eine quasi Fremdsprache empfinden. Die Dialektsprache, nicht die Hochsprache, ist ihre *Mutter*sprache.

Busemann [36] hat auf einen speziellen Sprachdefekt hingewiesen, den er „dysphasische" Schwäche nennt. Mit *Dysphasie* bezeichnet man einen mehr oder minder schweren Mangel der Rede oder des Redeverständnisses, der die Leistung des Darstellens von Gedanken in sprachlichen Zeichen sowie die des Verstehens sprachlicher Zeichen betrifft; hier sind auch Mängel des inneren Sprechdenkens eingeschlossen. Die betroffenen Kinder fallen durch eine verwaschene, also unartikulierte Sprechweise auf, sie lassen Anfangssilben und Wortendungen fort. In der Lebenslaufanalyse ist festzustellen, daß diese Kinder alle sehr spät das Sprechen gelernt haben.

Ein Lese- und Rechtschreibeversagen kann auch *organische Ursachen* haben: z. B. Encephalitiden (Gehirnentzündungen) jeglicher Genese, Hirntumoren, psychomotorische Krämpfe in epileptoiden Anfallsleiden und die kurzfristigen Absencen (als Bewußtseinstrübungen).

Lernfreude, Lese- und Schreibbereitschaft sind außerdem von der allgemeinen körperlichen Konstitution abhängig. Sogenannte *asthenische Kinder* sind aufgrund einer konstitutionellen Schwäche sowohl körperlich als auch psychisch leicht überfordert. Das trifft auch für chronisch kranke und rekonvaleszente Kinder zu. Es ist darum ratsam, gerade im Rechtschreibunterricht eine Überforderung – z. B. durch die Anhäufung schwieriger Wörter – zu vermeiden.

Eine besondere Gruppe bilden die *nervös störbaren Kinder,* welche erhöht erregbar sind, nie still sitzen und sich nur sehr kurzfristig konzentrieren können. Es fehlt ihnen an Selbstkontrolle und Selbststeuerung. Oft stehen sie unter dem Druck einer ständig erhöhten Erwartungs- und Leistungsangst. Dadurch kann es beim Lesen und Rechtschreiben zu einem Stupor, einem totalen Versagen, gekoppelt mit ungerichteten Leerlaufhandlungen und Übersprungbewegungen (Nägelbeißen, Kratzbewegungen, Zucken mit den Beinen) kommen.
Schon dieser kurze Überblick läßt auf eine *Vielzahl von Rechtschreibeschwächen* schließen. Jeder Fall ist individuell gebunden. Schwäche, Versagen und Insuffizienz sind in die Gesamtperson mit ihrer ganz spezifischen Innen- und Umweltsituation eingebettet und nur von dorther verständlich. Deshalb ist es richtig, eine *individuelle Fehlerbehandlung* vorzunehmen. *Bischoff* [37] zeigt uns in seinen Schriften und Rechtschreiblernmitteln einen empfehlenswerten neuen methodischen Weg zur Linderung und Behebung von Rechtschreibschwierigkeiten.
Darüber hinaus ist eine durchgreifende Reform unserer Rechtschreibung notwendig, wie sie zuletzt auf dem Frankfurter Grundschulkongreß gefordert wurde. Unter der Leitung von *B. Weisgerber* wurden 10 Thesen zur Reform der Rechtschreibung und des Rechtschreibunterrichts aufgestellt. Eine wichtige These fordert, daß die Rechtschreibung von „unnötigen, aus der Sprache nicht zu rechtfertigenden Schwierigkeiten" entlastet werden muß. „Das gilt besonders für: Groß- und Kleinschreibung, Zusammen- und Getrenntschreibung, Schreibung des s-Lautes, Schreibung von Fremdwörtern, Zeichensetzung (Komma). Darüber hinaus muß auch das Problem der Kennzeichnung langer und kurzer Vokale einer Lösung näher gebracht werden."

Literaturhinweise

1. Bühler, K. — Abriß der geistigen Entwicklung des Kindes. (7. Aufl.) Heidelberg 1949, S. 60 f.
2. Stern, W. — Psychologie der frühen Kindheit. (7. Aufl.) Heidelberg 1952, S. 120.
3. Birjukow, D. — Der Mythos von der Seele. Leipzig-Jena 1959, S. 94 f.
4. Hansen, W. — Die Entwicklung des kindlichen Weltbildes. (2. Aufl.) München 1949, S. 431 f.
5. Tinbergen, N. — Instinktlehre. (3. Aufl.) Berlin-Hamburg 1964, S. 3.

6. Lorenz, K. — Über tierisches und menschliches Verhalten. Aus dem Werdegang der Verhaltenslehre. Gesammelte Abhandlungen Bd. II. München 1965, S. 70 f.
7. Dougall, W. Mac. — Aufbaukräfte der Seele. (Aus dem Englischen). (2. Aufl.) Stuttgart 1947, S. 56 f.
8. Tinbergen — siehe 5., S. 26.
9. von Uexküll, J. und G. Kriszat — Streifzüge durch die Umwelten von Tieren und Menschen. (rde Nr. 13) Hamburg 1956. Vorwort von A. Portmann, S. 9.
10. Roth, H. — Pädagogische Anthropologie. Bd. I: Bildsamkeit und Bestimmung. Hannover-Berlin-Darmstadt-Dortmund 1966, S. 115.
11. Piaget, J. — Psychologie der Intelligenz. (3. Aufl.) Zürich-Stuttgart 1967, S. 61.
12. Rohracher, H. — Einführung in die Psychologie. (4. Aufl.) Wien-Innsbruck 1951, S. 102 f.
13. Werner, H. — Einführung in die Entwicklungspsychologie. (4. Aufl.) München 1953, S. 85 f.
14. Sander, F. und H. Volkelt — Ganzheitspsychologie. Grundlagen, Ergebnisse, Anwendungen. München 1962, S. 119 f. und 123 f.
15. Kroh, O. — Entwicklungspsychologie des Grundschulkindes. (11./12. Aufl.) Langensalza 1935, S. 143.
16. Piaget — siehe 11., S. 135 ff.
17. Müller, Rudolf — Deduktives Denken bei achtjährigen Kindern. Eine experimentelle Untersuchung zum Rechtschreibtraining. Zeitschrift für experimentelle und angewandte Psychologie XIII/1966, S. 274.
18. Hillebrand, M. J. — Psychologie des Lernens und Lehrens (2. Aufl.) Bern/Stuttgart 1962, S. 77 f.
19. Von Bracken, H. — Humangenetische Psychologie. In: Humangenetik, Band I/2. Stuttgart 1969, S. 416.
20. Schubenz, S., und R. Buchwald — Untersuchungen zur Legasthenie. I: Die Beziehung der Legasthenie zur Auftretenshäufigkeit der Buchstaben des Alphabets in der deutschen Sprache. Zeitschrift für experimentelle und angewandte Psychologie XI/1964, S. 155 f.
21. Müller, Richard G. E. — Rechtschreiben und Intelligenz. Welt der Schule 23/1970, S. 299 f.
22. Busemann, A. — Höhere Begabung. Ratingen 1955, S. 49 f.
23. Kemmler, L. — Erfolg und Versagen in der Grundschule. Göttingen 1967, S. 175.
24. Hillebrand, M. J. — Kind und Sprache. Teil I: Grundschulalter. (3. Aufl.) München 1965, S. 102.
25. Correll, W. — Lernpsychologie. (2. Aufl.) Donauwörth 1963, S. 25 ff.
26. Hillebrand, M. J. — siehe 18., S. 48 f.
27. Wertheimer, M. — Produktives Denken. (Aus dem Englischen). (2. Aufl.) Frankfurt/M. 1964, S. 221.
28. Ehrenstein, W. — Probleme des höheren Seelenlebens. München/Basel 1965, S. 124 f.

29. Bühler — siehe 1.. S. 86 f.
30. Burckhardt, H. — Über Verlagerung räumlicher Gestalten. Neue Psychologische Studien 7/1943.
31. Meis, R. — Schreibleistungen von Schulanfängern und das Problem der Anfangsschrift. Göttingen 1963.
32. Weinert, F., H. Simons und W. Essing — Schreiblehrmethode und Schreibentwicklung. Weinheim/Bergstraße 1966.
33. Bleidick, U. — Lesen und Lesenlernen unter erschwerten Bedingungen. Essen 1966, S. 116 f.
34. Kern, A. und E. — Lesen und Lesenlernen. (3. Aufl.) Freiburg/Br. 1956.
35. Linder, M. — Über Legasthenie bei intelligenten und schwachbegabten Kindern. Pro Infirmis 1951.
36. Busemann, A. — Psychologie der Intelligenzdefekte. München/Basel 1959, S. 396 f.
37. Bischoff, P. — Individuelle Behandlung von Rechtschreibfehlern. Wolfenbüttel, 4. Auflage 1974.
Der Rechtschreibunterricht. In: E. Wolfrum, Taschenbuch des Deutschunterrichts. Esslingen 1972, S. 133 f.
Rechtschreibarbeitshefte (für 2.–9. Schuljahr). Mehrere Auflagen, Wolfenbüttel.
Rechtschreibkarteien (für 2.–9. Schuljahr). Mehrere Auflagen. Wolfenbüttel.
Rechtschreibmerkhefte (für 2.–9. Schuljahr). Mehrere Auflagen. Wolfenbüttel.
Rechtschreibtaschenbuch für Schule und Beruf. Wolfenbüttel 1974.

Walter Henze

II. Sprache und Sprachunterricht
(Sprachdidaktische Bedingungen)

1. Daß der Schüler lernt, seine Muttersprache richtig zu schreiben, ist eine Teilaufgabe der Sprachförderung, die bisher meist als *muttersprachlicher Unterricht* bezeichnet wurde und für die neuerdings oft auch die Bezeichnung *primärsprachlicher Unterricht* verwendet wird. Im Fächerkanon unserer Schulen ist dieser Sprachunterricht mit dem literarischen Unterricht zusammengefaßt unter der Bezeichnung *Deutschunterricht;* es hat den Anschein, als ob – trotz vieler Reformversuche – diese Verbindung von Sprach- und Literaturunterricht in dem einen Schulfach auch weiterhin bestehen bleiben wird.

2. In der Theorie und Praxis des *primärsprachlichen Unterrichts* vollzieht sich seit einigen Jahren eine grundlegende Neuorientierung, die etwa um die Mitte der 60er Jahre einsetzte und vor und nach 1970 so intensiviert und beschleunigt wurde, daß man von einer didaktischen Revolution sprechen könnte. Von den didaktischen Konzeptionen, die vor zehn Jahren galten, trennt uns heute ein breiter und tiefer Graben. Zwar gibt es heute noch viele Meinungsverschiedenheiten und ungeklärte Fragen; aber der Prozeß der Neuorientierung ist doch schon so weit fortgeschritten, daß in allen Bundesländern die Richtlinien überarbeitet und der neuen Konzeption angeglichen werden und daß viele Verlage Lehrbücher anbieten, in denen die neue didaktische Theorie konkretisiert und für die Unterrichtspraxis aufgearbeitet wird. Das Modell, das in diesem Beitrag skizziert wird, ist in dem Arbeitsmittel zur Sprachförderung SPRACHE UND SPRECHEN (Lit.-Verz. Nr. [7]) konkret ausgearbeitet.

Es gibt mehrere Ursachen für die didaktische Neuorientierung des primärsprachlichen Unterrichts. Ich nenne und erläutere als die wichtigsten: ein verändertes Selbstverständnis der Gesellschaft, neue Erkenntnisse der Lerntheorie und die Entwicklung der modernen Linguistik.

Die Veränderung im Selbstverständnis der Gesellschaft besteht vor allem darin, daß wir seit der Mitte der 60er Jahre immer mehr von der harmonisierenden Auffassung von Staat und Gesellschaft abrücken, die in den ersten beiden Nachkriegsjahrzehnten vorherrschte und die durch die Formel „Miteinander – Füreinander" charakterisiert wurde. Heute verstehen wir Demokratie nicht mehr so harmonisierendpartnerschaftlich, sondern beziehen auch die Auseinandersetzung zwischen widerstrebenden Interessen, die auch hart und kämpferisch sein kann, mit ein; immer ungeduldiger wird in dieser zweiten Nachkriegsphase gefordert, die Demokratisierung über das bisher Erreichte hinaus weiterzuführen, und Ton und Klima der Auseinandersetzung sind erheblich rauher geworden.

Der Sprache wurde in beiden Phasen eine entscheidende Funktion gegeben, und die Sprachdidaktik spiegelt in ihrer Entwicklung das jeweilige Demokratieverständnis. Zwischen 1945 und 1965 war Sprache vor allem das Mittel der partnerschaftlichen Verständigung, des ausgleichenden *Gesprächs*. Das ist deutlich abzulesen in der wohl wichtigsten sprachdidaktischen Konzeption jener ersten Phase, in Erika Essens „Methodik des Deutschunterrichts" (zuerst 1955): *Arbeit an der Verwirklichung der menschlichen Gemeinschaft in der Sprache* ist eine der drei *Grundformen für den muttersprachlichen Unterricht;* für die Zielvorstellungen sind Formulierungen bezeichnend wie: *Erziehung des Kindes zu Gesprächsgemeinschaft* und *Partnerschaft in Sprache;* folgerichtig werden in der Systematik die konfliktbestimmten Formen des Sprachhandelns wie Diskussion und Debatte dem Oberbegriff *Gespräch* untergeordnet, der an Ausgleich und Harmonie orientiert ist.

Die Kritik an Erika Essens Konzeption setzte in der zweiten Hälfte der 60er Jahre ein, zum Beispiel bei Hans-Georg Herrlitz 1966 [5], bei Peter Nusser 1969 [6] u. a. Jetzt fordert man eine neue Sprachdidaktik, in der Sprache als Instrument auch der kämpferischen Auseinandersetzung und der Konfliktlösung zur Verfügung gestellt werden soll. Diese Entwicklung hat seitdem kräftig zugenommen; in der Theorie und auch in der Praxis des primärsprachlichen Unterrichts richtet sich das Interesse auf Probleme wie: Sprache als Instrument der Herrschaft, der Manipulation, oder Sprache als Instrument der Kritik und der Emanzipation.

Die Neuorientierung der Sprachdidaktik ist notwendig, weil sie die Veränderungen im Selbstverständnis der Gesellschaft aufnimmt. Aber dieser Prozeß wird überlagert und durchkreuzt durch „klassenkämpferische" Tendenzen und durch Bestrebungen, die Sprachförderung als ideologische Waffe auszunützen. Sprachdidaktische Diskussionen werden darum oft zu ideologischen Kämpfen, wie etwa die gegenwärtige Auseinandersetzung um die „Hessischen Rahmenrichtlinien für die Sekundarstufe I" in zumeist bestürzender Weise zeigt. Die Konservativen, die alles Neue verdächtigen (vor allem, wenn es mit

Politisierung und Linguistisierung zu tun hat), und die Radikalen, die kurzschlüssig „klassenkämpferisch" argumentieren, polarisieren sich immer mehr und hindern beide, daß der Sprachunterricht so modernisiert wird, wie es unserer Zeit entspricht.
Von der Lerntheorie sind wichtige Impulse für die Neuorientierung der Sprachdidaktik gekommen, vor allem durch die Forderung, von genau definierten Lernzielen auszugehen und den Weg zu diesen Zielen durch Operationalisierung vorzustrukturieren. Vergleicht man die Lernzielangaben moderner Richtlinien und Lehrbücher mit denen, die noch vor zehn Jahren galten, dann stellt man fest, wie viel präziser und konkreter jetzt das Ziel, das erwartete Endverhalten der Schüler, umschrieben wird; zugleich zeigt sich, daß die oben dargestellte Veränderung sich nachdrücklich auf die Terminologie und die Inhalte der Sprachdidaktik ausgewirkt hat.
Auch die Forderung der Lerntheorie nach besseren Möglichkeiten der Erfolgskontrolle hat eine zuerst beunruhigende, dann aber wohltuende Wirkung auf die Fachdidaktiken ausgeübt. Für den primärsprachlichen Unterricht werden Beobachtungsblätter entwickelt, die es ermöglichen, genauer als bisher zu messen, welche sprachlichen Mittel dem einzelnen Schüler zur Verfügung stehen und welche ihm durch eine gezielte Förderung zur Verfügung gestellt werden müssen; die Präzisierung der Lernziele ist dafür eine wichtige Voraussetzung.
Die Entwicklung der modernen Linguistik hat die fachwissenschaftlichen Grundlagen der Sprachdidaktik so radikal verändert, daß alle, die mit der Theorie und Praxis des Deutschunterrichts zu tun haben, von Grund auf umlernen müssen. Die *Sprachinhaltsforschung*, die seit den 20er Jahren die deutsche Sprachwissenschaft und Sprachdidaktik beherrscht hat, wird seit knapp zehn Jahren abgelöst durch Ansätze, die man unter der Sammelbezeichnung *Linguistik* zusammenzufassen pflegt (Teilbereiche sind u. a.: Sozio-Linguistik, Psycho-Linguistik, Pragma-Linguistik, Generative Transformations-Grammatik).
Die Ablösung der Sprachinhaltsforschung durch die moderne Linguistik hat sich (in der Fachwissenschaft wie in der Didaktik) vor und nach 1970 mit einer außerordentlichen Heftigkeit vollzogen; dabei ist es zu Polarisierungen gekommen, die nicht nötig waren. „Alte" und „neue" Sprachwissenschaft standen sich als Gegner oder sogar als Feinde gegenüber, und in einer überraschenden, willkürlichen Sprachregelung wurde *Sprachwissenschaft* zum Namen für die bisherige Richtung und *Linguistik* für die neue. Leo Weisgerber stellte 1970 die vorwurfsvolle Frage: *Muß die LINGUISTIK die SPRACHWISSENSCHAFT bekämp-*

fen? [9]. In jüngster Zeit klingt diese Polemik ab, und das Verhältnis zwischen der bisherigen und der neuen Sprachforschung wird besonnener und differenzierter gesehen. So schreibt Karl-Dieter Bünting in einer der jüngsten Veröffentlichungen zum Thema *Linguistik und Deutschunterricht* [2], es gebe zwei Arten, den Namen *Linguistik* zu verwenden, eine engere, in der nur die neuste Entwicklung gemeint sei und in der das Wort ein *Kampfbegriff* sei, und eine weitere, die *die Sprachwissenschaft insgesamt* meine, also unter Einbeziehung der langen Tradition dieses Faches; Bünting erklärt, er wolle den Namen in der zweiten, umfassenden Bedeutung verwenden (S. 7 f.). Diese Ent-Polarisierung im Sprachgebrauch und in der Methodik wird sicher der Fachwissenschaft und der Didaktik gut tun. Aber wenn man heute von *Linguistisierung* des Deutschunterrichts spricht, dann meint man doch wohl nur die Neuorientierung der Sprachdidaktik an den jüngsten Entwicklungen in der Sprachforschung.
Es ist nicht möglich, hier die Entwicklung der modernen Linguistik genauer darzustellen. Es ist wohl auch nicht nötig, denn es stehen zu diesem Thema gute und leicht zugängliche Veröffentlichungen zur Verfügung, wie zum Beispiel die Taschenbuch-Ausgabe des *Funk-Kolleg Sprache* [3] und das schon erwähnte Taschenbuch von Bünting und Kochan [2]; die Lehrerbände zu SPRACHE UND SPRECHEN geben die notwendigen sachanalytischen Informationen am konkreten Unterrichtsbeispiel. Ich beschränke mich daher darauf, hier in Thesenform aufzuzählen, welches die wichtigsten Veränderungen unserer fachwissenschaftlichen Grundlagen sind und wie sie sich auf die didaktische Reflexion und auf die Praxis der Sprachförderung auswirken.

a) Sprache als Kommunikationsmittel

Ein so kompliziertes Phänomen wie Sprache läßt sich auf mehrere Weisen definieren, die alle ihre Berechtigung haben. Wer Sprache erforschen oder Sprachunterricht geben will, muß sich für eine (oder mehrere) dieser Definitionen entscheiden, und er hat damit schon wichtige Weichen gestellt. In der Phase der „Sprachinhaltsforschung" stand die Definition „Sprache als Schlüssel zur Welt" im Zentrum der Forschung und der Didaktik. Jetzt interessiert Sprache unter dem Aspekt ihrer kommunikativen Funktion. Auch das ist nicht die einzige Möglichkeit, Sprache zu definieren (denn sie hat noch andere Funk-

tionen, und andererseits verfügen wir neben Sprache noch über andere Zeichensysteme, um Kommunikation zu üben); aber es ist diejenige, die für unser heutiges „erkenntnisleitende Interesse" vordringlich wichtig ist.
Sprache als Kommunikationsmittel zu erforschen und im Unterricht zu vermitteln, das ist die Leitidee, die sich in den letzten Jahren durchgesetzt hat. Dabei ist zwar der Begriff *Kommunikation* auch zu einem modischen Schlagwort gemacht worden, aber er ist andererseits durch neue Veröffentlichungen präzisiert worden, so zum Beispiel durch das wichtige Buch von Watzlawick, Beavin und Jackson über *Menschliche Kommunikation* und ihre „Formen, Störungen Paradoxien" [8]. Hier wird Kommunikation als *Informationsaustausch* (S. 30) mittels Zeichensystem gleichgesetzt mit menschlichem Verhalten überhaupt; Watzlawick und seine Mitautoren bezeichnen Kommunikation als *eine Conditio sine qua non menschlichen Lebens und gesellschaftlicher Ordnung* (S. 13) und verstehen *Kommunikationstheorie als Erklärung menschlichen Verhaltens* (S. 30). Daraus ergeben sich einige *Axiome* oder *einfachste Eigenschaften der Kommunikation*, die in dem besonders lesenswerten 2. Kapitel dargestellt werden, so zum Beispiel die Feststellung von der *Unmöglichkeit, nicht zu kommunizieren*, weil ja *alles Verhalten in einer zwischenpersönlichen Situation Mitteilungscharakter hat, d. h. Kommunikation ist.* Ein weiteres, für die Sprachdidaktik besonders wichtiges Axiom ist die Unterscheidung zweier Aspekte, die sich in jeder Kommunikation finden (S. 53 ff.): der *Inhaltsaspekt* vermittelt die „Daten" im Informationsaustausch, der *Beziehungsaspekt* betrifft die Art, wie Sprecher und Hörer die Beziehung zwischen sich sehen, und weist an, wie die „Daten" aufzufassen sind. Die Erkenntnisse, wie sehr der *Beziehungsaspekt* den *Inhaltsaspekt* bestimmt und welche Folgen es haben kann, wenn der *Beziehungsaspekt* von den Kommunikations-Teilnehmern unterschiedlich verstanden oder gar nicht bewußt gemacht wird, sind sehr wichtig und nützlich für die Sprachförderung in der Schule.
Kommunikation als *Informationsaustausch* zu erklären, kann zu dem Mißverständnis führen, daß man verbale Kommunikation einengt auf die informative Funktion der Sprache. Dieses Mißverständnis ist in den letzten Jahren so oft aufgetreten, daß Klaus Baumgärtner in seiner Einführung zum Taschenbuch *Funk-Kolleg Sprache 1* [3] davor warnt, die Funktion von Sprache so einzuengen (S. 19); er nennt einige Beispiele dafür, was Sprache außer *Sachverhalte bezeichnen und mitteilen* noch leisten kann: *Fragen stellen; Antworten geben; Sach-*

verhalte behaupten und anzweifeln; Sachverhalte leugnen; Sachverhalte unterstellen; Sachverhalte bewerten; wünschen, bitten, befehlen; erlauben, bedauern, drohen; Vermutungen anstellen; Möglichkeiten und Notwendigkeiten behaupten; Ursachen und Gründe nennen; Zwecke, Folgerungen und Bedingungen angeben. Diese unsystematische und unvollständige Sammlung macht schon deutlich, wie vielfältig die kommunikativen Funktionen der Sprache sind. Es geht vor allem darum, neben der informativen Funktion der Sprache auch die appellative zu berücksichtigen, die in der Welt von heute, besonders in den Bereichen Werbung und Politik, eine zentrale Bedeutung hat und in der Schule bis vor wenigen Jahren zu wenig oder gar nicht beachtet worden ist. Appellativer Sprachgebrauch orientiert sich nicht an den Werten, die bisher in Richtlinien für den Deutschunterricht ausschließlich vorgeschrieben wurden, nämlich *Wahrhaftigkeit* und *Echtheit;* er will vielmehr wirksam sein, das Verhalten des Adressaten verändern. Das kann in kooperativer Form geschehen (z. B.: einladen, auffordern, entschuldigen, trösten usw.) oder als direkte Beeinflussung (überreden, werben, aufrufen) oder in der härtesten Form als Kampf (Auseinandersetzung, Kritik, Polemik usw.). Der systematische curriculare Aufbau von SPRACHE UND SPRECHEN kann als konkretes Beispiel dafür dienen, wie durch die Schuljahre diese Fülle kommunikativer Funktionen von Sprache zum Ziel und Inhalt der Sprachförderung gemacht werden kann.

Ob und wie man die appellative Funktion der Sprache einbezieht oder aus der Schule fernhält, das ist sicher eine politische Entscheidung. Wer die Demokratie will, muß die Fähigkeit zum appellativen Sprachgebrauch intensiv fördern; wer bequeme Untertanen will (in der Schule und in der Gesellschaft), muß sie weglassen. Hier liegt wohl eine der Erklärungen dafür, daß in der deutschen Sprachwissenschaft und Sprachdidaktik dieser Problemkreis jahrzehntelang vernachlässigt wurde; die gegenwärtige Neuorientierung soll dieses Versäumnis korrigieren.

Wir haben nun schon einige Jahre Erfahrungen sammeln können mit der Entwicklung und der Erprobung des neuen Modells. Dabei hat sich ergeben, daß wir Gefahr laufen, in eine neue Einseitigkeit zu verfallen und die Erforschung der Sprache und die Sprachförderung in der Schule ausschließlich unter dem Aspekt der verbalen Kommunikation zu betreiben. Es gibt aber Formen des Sprachgebrauchs, die nicht primär und nicht ausschließlich kommunikative Funktionen haben. Wer zum Beispiel mündlich oder schriftlich mit der Sprache spielt, oder wer *fabuliert*, muß das nicht unbedingt für einen Hörer oder Leser tun, sondern kann Freude daran haben, sprachlich kreativ zu sein. Je entschiedener wir die Leitidee „Sprache als Kommunikationsmittel" befolgen, desto wichtiger wird es, sie vor einem unangemessenen Alleinherrschaftsanspruch zu schützen und als Komplementärwert die Arten des Sprachgebrauchs zu fördern, die nicht oder nur bedingt kommunikative Funktion haben; SPRACHE UND SPRECHEN bietet in jeder Altersstufe eine Fülle von konkreten Beispielen dafür.

b) Sprachgebrauch als soziales Handeln

Jede Verwendung von Sprache, ob mündlich oder schriftlich, ob produktiv (reden, schreiben) oder rezeptiv (hören, lesen) erfolgt zwischen mindestens zwei Menschen (die Sonderform des Monologs ist kein grundsätzliches Gegenbeispiel), also in einer kleineren oder größeren sozialen Gruppe. Sprachgebrauch oder „verbale Interaktion" ist eine besonders wichtige Form, soziale Beziehungen zwischen Individuen herzustellen und zu beeinflussen. Sprachliches und soziales Verhalten sind so aufeinander bezogen, daß man sie heute oft als identisch bezeichnet. Die moderne Linguistik hat daraus die Konsequenz gezogen, daß sie sich der Soziologie besonders verbunden fühlt und mit ihr eng zusammenarbeitet; mit der neuen *Sozio-Linguistik* ist die interdisziplinäre Verknüpfung von Sprachforschung und Soziologie institutionalisiert. Die Sprachwissenschaft der Gegenwart geht davon aus, daß Sprache nur dann hinreichend erklärt werden kann, wenn man den sozialen Kontext berücksichtigt; die *kommunikative Situation* wird jetzt sehr aufmerksam berücksichtigt und spielt eine zentrale Rolle; die Soziologie ihrerseits hat entdeckt, daß man das soziale Verhalten des Menschen nicht hinreichend erforschen kann, wenn man die wichtigste soziale Interaktion, den Sprachgebrauch, wegläßt und so tut, als wären die Menschen stumm.

Der Fragenkatalog. mit dem sich die Sozio-Linguistik beschäftigt, ist groß und kann hier nur angedeutet werden: ob jemand spricht (zum Beispiel jemanden anspricht, von sich aus ein Gespräch anbahnt) und wie er das tut (zum Beispiel mit welcher Anrede, in welcher Sprachschicht), das ist weitgehend abhängig von den sozialen Beziehungen zwischen ihm und dem Adressaten; wenn zum Beispiel zwei Menschen im gleichen Zimmer sitzen und einer der beiden möchte, daß das Fenster geöffnet wird, dann kann er das auf sehr verschiedene Weise

verbalisieren, je nachdem, welche Art von sozialer Rollenverteilung zwischen beiden besteht. „Würde es Ihnen was ausmachen, wenn ich mal ein Fenster öffne?" „Machen Sie bitte mal das Fenster auf!" „Mensch, ist das eine Luft hier! Fenster auf!" Das ist nur eine kleine Auswahl aus einer großen Skala von Möglichkeiten.
Der Sprachgebrauch wird beeinflußt durch die kommunikative Situation und durch die sozialen Rollen der Sprachbenutzer; andererseits werden die sozialen Beziehungen beeinflußt durch den Sprachgebrauch. Daraus hat sich in jüngster Zeit vor allem das Problem des „schichtenspezifischen Sprachverhaltens" und der „Sprachbarrieren" ergeben, das unten in Abschnitt d) erörtert wird.
Für die Sprachdidaktik ergeben sich aus dieser sozio-linguistischen Sichtweise wichtige und grundlegende Änderungen der Ziele, Inhalte und Verfahren der Sprachförderung. Die kommunikative Situation ist Anlaß und Bedingung jeden Sprachgebrauchs (SPRACHE UND SPRECHEN kann das an zahlreichen Beispielen illustrieren), und sie stellt zugleich die Kategorien zur Erfolgskontrolle: Sprachgebrauch ist um so besser, je mehr er der jeweiligen Situation angemessen ist.
Symptomatisch für die Entwicklung der Sprachwissenschaft und der Sprachdidaktik ist ein Prozeß, den Kochan in seinen Hauptphasen nachgezeichnet hat ([2] S. 137–148): der Begriff *Sprachkompetenz* von Noam Chomsky ist von Kritikern wie Habermas, Badura, Wunderlich und Hymes weitergedacht und durch den Begriff *soziale Kompetenz* ergänzt worden, und beide Begriffe werden heute zusammengefaßt als *kommunikative Kompetenz*. Das ist eine gute Leitidee für die Erforschung der Sprache (einschließlich ihres sozialen Kontextes) und für die Sprachförderung in der Schule (die immer auch soziale Erziehung ist).

c) Spracherwerb als Sozialisation

Wenn sich die Definition von Sprache ändert, von der man ausgeht (s. o., unter *a)*), ändert sich auch die Bedeutung des Spracherwerbs. Für die Sprachinhaltsforschung bedeutete der Erwerb der Muttersprache, daß das Kind hineinwächst in die Gemeinschaft derjenigen, die das gleiche *muttersprachliche Weltbild* haben, also die gleiche Art, *Welt* wahrzunehmen, zu fühlen, zu denken und zu handeln; die Schule hatte die Aufgabe, diesen Prozeß zu fördern. Für die Linguistik bedeutet Spracherwerb das Kernstück der *Sozialisation*, also des Prozesses, durch den der einzelne immer mehr fähig wird, sich in sozialen Gruppen zu anderen zu verhalten. In der ersten Sozialisationsphase erwirbt das Kind die *Primärsprache* in einer Weise, die von den Zufälligkeiten seiner sozialen Herkunft abhängig ist und die den Anforderungen der modernen Gesellschaft meist nicht genügt; in der Schule, der zweiten Sozialisationsphase, soll durch den *primärsprachlichen Unterricht* dieser Prozeß systematisch fortgesetzt und intensiviert werden, mit dem Ziel, die *kommunikative Kompetenz* (als Synthese von Sprachkompetenz und sozialer Kompetenz) so weit wie möglich zu fördern. Damit wird primärsprachlicher Unterricht zu einem Politikum (Kochan, [2], S. 123), und zwar nicht in dem kurzschlüssigen Sinne, daß hier politische Inhalte, Parteimeinungen vermittelt würden, sondern in dem elementareren Sinne, daß hier mitentschieden wird, wie der Schüler später zu sozialem und politischem Verhalten fähig sein wird, das heißt: wie gut oder wie schlecht unsere Demokratie funktioniert.

d) Schichtenspezifisches Sprachverhalten

Das Interesse der „Sprachinhaltsforschung" konzentrierte sich auf die Frage, wie der einzelne geprägt wird durch das *muttersprachliche Weltbild* seines Volkes. Die Sprachdidaktik übernahm diesen Aspekt und ergänzte ihn durch die Frage nach altersspezifischen Besonderheiten des Sprachgebrauchs. In der heutigen Linguistik ist dagegen die Frage vordringlich, wie Sprachgebrauch und Zugehörigkeit zu einer sozialen Schicht zusammenhängen und sich wechselseitig beeinflussen; für die Sprachdidaktik ergeben sich daraus zahlreiche neue Inhalte und Lernziele.

Der Engländer Basil Bernstein hat einen wichtigen, bis heute wirkenden Impuls gegeben durch seine Theorie vom *elaborierten* (entfalteten) und *restringierten* (eingeschränkten) Sprach-Code: Angehörige der Unterschicht lernen in ihrem Milieu in der ersten Sozialisationsphase eine restringierte Sprache und sind dadurch in der Schule und in der Gesellschaft benachteiligt, weil dort der elaborierte Code als Maßstab gilt.

Auf diese Theorien reagierte die Sprachdidaktik schnell, mit dem Gefühl, hier ein großes Versäumnis nachholen zu müssen: Sprachunterricht in der Schule soll die sozial bedingten Unterschiede gezielt ausgleichen, indem er durch *kompensatorische* Lernverfahren den Zugang zum anderen Code ermöglicht. Aber dann nahm die Diskussion eine überraschende Wendung: der *kompensatorische Unterricht* geriet ins Kreuzfeuer der Kritik, an der Bernstein selbst sich beteiligte mit einem polemischen Aufsatz *Vom Unfug des kompensatorischen Unterrichts* [1]. Gegenwärtig hat sich die Diskussion zugespitzt zu der Polarisierung zweier Auffassungen, die sich in schroffem Gegensatz gegenüberstehen: *Defizit* oder *Differenz?* Die *Defizit*-Theorie besagt, daß Schüler der Unterschicht etwas nachzuholen haben in ihrer sprachlichen Entwicklung; die *Differenz*-Theorie dagegen sagt, daß die Sprache der Unterschicht zwar anders, aber nicht weniger wertvoll sei als die „elaborierte" der Mittelschicht; also dürfe die Schule nicht verändernd in das schichtenspezifische Sprachverhalten dieser Schüler eingreifen.

In jüngsten Veröffentlichungen, zum Beispiel im *Funk-Kolleg Sprache* [3] und bei Bünting – Kochan [2], scheint die Differenz-Hypothese sich als Sieger durchzusetzen, und wer noch Gedanken äußert, die an die Defizit-Theorie erinnern, wird manchmal als unsozial und reaktionär bekämpft. Aber es bleibt die Frage, wieweit hier politische Gesichtspunkte stärker sind als sachliche, und es bleibt fraglich, ob die Polarisierung beider Auffassungen nicht schon im Ansatz falsch ist und den Ausweg aus dem gegenwärtigen *Dilemma* (Kochan, [2], S. 157 f.) versperrt. Beide Theorien haben wohl recht und unrecht. Die Vertreter der Differenz-Theorie haben recht, wenn sie fordern, die Sprechweise der Unterschicht anzuerkennen, in der Schule zu akzeptieren und nicht etwa abzuschaffen; es gibt viele kommunikative Situationen, in denen dieser Code angemessener ist als der elaborierte. Die Vertreter der Defizit-Hypothese haben recht, wenn sie sagen, daß Sprachförderung in der Schule da sei, um den Schülern zusätzliche sprachliche Mittel zur Verfügung zu stellen, damit sie möglichst vielen kommunikativen Situationen sprachlich gewachsen sind. Den Schülern der Unterschicht den Zugang zum „elaborierten" Code vorzuenthalten, erscheint mir unsozial und unmenschlich. Aber im Augenblick ist eine Lösung dieses Konflikts noch nicht sichtbar, sondern die Diskussion verharrt in dem unfruchtbaren Dilemma.

e) Neue Beschreibungsmodelle

Zu den wichtigsten und meistdiskutierten Resultaten der modernen Linguistik gehören die neuen Modelle zur Beschreibung des Sprachsystems, die als *Dependenzgrammatik* und als *Generative Transforma-*

tionsgrammatik bezeichnet werden; sie sind im *Funk-Kolleg Sprache* [3], bei Bünting – Kochan [2], in den Lehrerbänden zu SPRACHE UND SPRECHEN [7] und an vielen anderen Stellen erläutert. Ihr Einzug in die Schule hat sich bereits seit einigen Jahren vollzogen, wenn auch unter Protest von verschiedenen Seiten: manche Schulpraktiker wehren sich gegen diese Seite der „Linguistisierung" des Unterrichts, weil sie meinen, hier werde nur eine neue, komplizierte Terminologie eingeführt, die nicht mehr sei als eine modische Erscheinung, und manche Fachwissenschaftler kritisieren, daß die Modelle nicht „rein", sondern didaktisch vereinfacht oder auch miteinander vermischt in die Schule gebracht werden. Es läßt sich aber zeigen, daß diese Modelle einen wirklichen Fortschritt darstellen, weil es mit ihnen möglich wird, einiges schärfer zu erklären als bisher. Und es liegt auf der Hand, daß eine pädagogische Grammatik etwas anderes ist als das „reine" Modell der Fachwissenschaft. Der Grammatikunterricht wird sich noch mehr als bisher diesen Modellen anschließen, vorausgesetzt, daß der Lehrer bereit ist, selbst noch einmal zu lernen, und daß die Modelle sorgfältig umgesetzt werden in das, was für die Schüler nachweisbar nützlich ist.

3. Wie ein modernes Modell der Sprachförderung im primärsprachlichen Unterricht aussieht, soll hier knapp zusammengefaßt werden. Ich kann mich dabei kurz fassen, denn vieles ist schon im Abschnitt 2 gesagt worden, und die bisher vorliegenden Bände von SPRACHE UND SPRECHEN (mit den ausführlichen Lehrerbänden) geben eine konkrete Anschauung davon, wie die hier genannten Thesen realisiert werden.

1. Moderne Sprachdidaktik versteht sich als *Didaktik der sprachlichen Kommunikation* (Kochan, [2], S. 108). Das sprachliche Training im Unterricht ist immer auf eine kommunikative Situation bezogen, aus der auch das Ziel und der Maßstab zur Erfolgskontrolle abzuleiten sind. Dabei ist es wichtig, im curricularen Aufbau die verschiedenen kommunikativen Funktionen der Sprache angemessen zu berücksichtigen.

2. Der Leitbegriff *Kommunikation* hat den Vorrang, aber keinen Alleinherrschaftsanspruch. Er wird ergänzt durch Sprachspiele, Fabulieren und andere Formen des kreativen Umganges mit Sprache.

3. Der *mündliche Sprachgebrauch* wird quantitativ und qualitativ stark aufgewertet, entsprechend seiner Bedeutung außerhalb der Schule. Er ist etwas grundsätzlich anderes als die bisherige *Sprecherziehung;* sein Ziel ist das situations-angemessene Sprechen als soziale Interaktion.

4. Der bisherige Aufsatzunterricht mit seinen „Stilformen" wird abgelöst durch Training des *schriftlichen Sprachgebrauchs*, der sich an den realen Schreibanforderungen unserer Welt orientiert und darauf zielt, daß der Schüler lernt, so zu schreiben, wie es der jeweiligen Situation (dem Anlaß, dem Adressaten usw.) gemäß ist; dazu kommen die Arten des Schreibens, die am Begriff der Kreativität orientiert sind.
5. Die Reflexion über Sprache bedient sich der neuen Modelle der Sprachbeschreibung und hilft dem Schüler, die sprachlichen Mittel aus größerer Distanz zu benutzen, bewußter anzuwenden und damit den kommunikativen Situationen besser gerecht zu werden.
6. Der Text, der bisher nur im Literaturunterricht analysiert wurde, ist auch Gegenstand der Sprachförderung im engeren Sinne; der Schüler lernt, wie Texte gefügt sind und wie sie mit der kommunikativen Absicht in Beziehung stehen.
7. Für den Rechtschreibunterricht ergeben sich aus der Neuorientierung der Sprachdidaktik zahlreiche neue Probleme, zum Beispiel: welche Bedeutung hat die Schreibweise eines Wortes für die kommunikative Funktion der Sprache? Welche Zusammenhänge bestehen zwischen der Rechtschreibleistung und der Schichtenzugehörigkeit? Wieweit ist es berechtigt, dem Schüler Normen zu vermitteln, wieweit können diese Normen zugleich im Bewußtsein des Schülers relativiert werden? Diese Probleme werden im Rechtschreibunterricht zwar besonders augenfällig, aber sie betreffen in Wirklichkeit alle Teilbereiche des primärsprachlichen Unterrichts und sind nur im Zusammenhang mit ihnen zu lösen.

Literaturhinweise

1. Bernstein, Basil — Der Unfug mit der „kompensatorischen Erziehung". In: betrifft erziehung, 1970, Heft 9.
2. Bünting, Karl-Dieter und Detlef C. Kochan — Linguistik und Deutschunterricht. Kronsberg/Ts. 1973 (= Scriptor Taschenbücher, S 4).
3. Funk-Kolleg Sprache — Eine Einführung in die moderne Linguistik. 2 Bände. Frankfurt/Main 1973.
4. Henze, Walter — Sprachwissenschaft und Sprachpädagogik. In: Taschenbuch des Deutschunterrichts. Hsg. Erich Wolfrum. Esslingen 1972.

5. Herrlitz, Hans-Georg — Vom politischen Sinn einer modernen Aufsatzrhetorik. In: Gesellschaft, Staat, Erziehung, 11. Jg. 1966.

6. Nusser, Peter — Zur Didaktik der freien Rede im Deutschunterricht. In: Die Deutsche Schule, 1969, S. 320–331.

7. -----,----- — Sprache und Sprechen. Arbeitsmittel zur Sprachförderung. Hsg. Detlef C. Kochan und Dorothea Ader, Johann Bauer, Walter Henze, Hannover (Schroedel), 2. Schuljahr 1971, 3. Schuljahr 1972, 4. Schuljahr 1973, 5. Schuljahr 1972, 6. Schuljahr 1973, 7. Schuljahr 1974.

8. Watzlawick, Paul, und Janet H. Beavin, Don D. Jackson — Menschliche Kommunikation. Formen, Störungen, Paradoxien. 3. Aufl. Bern 1972.

9. Weisgerber, Leo — Muß die LINGUISTIK die SPRACHWISSENSCHAFT bekämpfen? In: Linguistische Berichte, 1970, Heft 9.

Paul Bischoff

III. Die Eigentümlichkeiten der deutschen Rechtschreibung und das Problem ihrer Vereinfachung (Eigengesetzliche Bedingungen)

a) Schrift und Rechtschreibung im Werden und Wandel

In unserem technisierten Zeitalter sind wir kaum noch in der Lage, alle Erfindungen zu verfolgen und geistig zu verarbeiten. Wenn wir aus der Vergangenheit Erfindungen nennen, denken wir meistens an die Dampfmaschine, an das Flugzeug und vielleicht neuerdings an Raumschiffe. Wir denken aber kaum daran, daß die meisten dieser Errungenschaften gar nicht zustandegekommen wären, wenn es nicht zwei großartige Erfindungen gegeben hätte, von denen wir noch nicht einmal die Erfinder kennen: das Rad und die Schrift. Bekanntlich bildet das Rad die Grundlage fast aller Maschinen, und die Schrift hat es ermöglicht, die gesprochene Sprache gegenständlich und zeitlos zu machen.

Schon lange vor der Schrift existierte in der primitiven Kunst die Darstellung bestimmter Gegenstände oder Lebewesen aus der Umgebung des Menschen. Diese Darstellungen waren aber, wie es auch heute noch in der entwickelten Kunst der Fall ist, mehr Selbstzweck, also mehr Freude am Phänomen der Bilder selbst. Irgendwann wurde dann einmal entdeckt, daß man solche Bilder auch zum Zwecke der Verständigung oder der Mitteilung benutzen konnte. Von da an können wir von einer Schrift, in diesem Falle von einer *Bilderschrift*, sprechen. So hat man z. B. in Mexiko an einem Felsen, an dem ein Pfad vorüberführte, etwa folgendes Bild gefunden: eine kletternde Bergziege und unmittelbar daneben einen Reiter, der mit seinem Pferd auf dem Rücken liegt. Das Bild sollte doch sicher heißen: Bergziegen können diesen Weg ohne Gefahr begehen, während ein Reiter mit seinem Pferd abstürzen würde. Im Grunde genommen, haben wir solche Bilderschriften heute auch noch: Verkehrszeichen und manche Bildreklame. Zu dieser Gruppe der Bilderschrift gehören auch die Stammesabzeichen der Indianer (heute haben wir auch noch Länder- und Städtewappen), ferner bildliche Darstellungen von Sprichwörtern, wie sie bei den Sudannegern vorgekommen sind. Es gab bei all diesen Bilderschriften aber kein festes System. Für jeden neuen Fall wurde ein entsprechendes Bild neu erfunden. Die Bilderschriften können wir deshalb als Vorstufen der eigentlichen Schrift bezeichnen.

Die Schrift im heutigen Sinne, nämlich als graphisches Symbolsystem für gesprochene Worte verstanden, beginnt in der Zeit, da man für das einzelne Wort ein bestimmtes Zeichen erfand und damit in die Methode der graphischen Verständigung eine gewisse Ordnung brachte. Man nimmt heute an, daß der Ursprung unserer Schrift in Mesopotamien zwischen Euphrat und Tigris liegt. Dort fand man bei Ausgrabungen auf Tontafeln die bekannten Keilschriften, in denen immer ein Zeichen ein bestimmtes Wort, einen bestimmten Begriff, darstellte. Wir sprechen deshalb von einer *Begriffsschrift*. Viele solcher Begriffsschriften entstanden etwa 3000 bis 1000 Jahre vor Christus unabhängig voneinander (die sumerische in Mesopotamien, die ägyptische in Ägypten, die elamische am unteren Tigris, die indische im Tal des Indus, die kretische auf Kreta, die hethitische in Kleinasien und die chinesische in China). Japan hat die chinesische Schrift übernommen.

Aus den Begriffsschriften haben sich dann die *Silbenschriften* entwickelt. Bei den griechischen und ägyptischen Hieroglyphen ist man teilweise im Zweifel, ob es sich nicht sogar schon um eine Konsonantenschrift handelte, bei der die Vokale nicht dargestellt wurden. So näherten sich die Schriften mehr und mehr dem Alphabet. Bei den Phöniziern fand man dann zur besseren Unterscheidung der Silben und Konsonanten auch schon Darstellungen von Vokalen.

Die Griechen unternahmen schließlich den Schritt zur *Lautschrift*, indem sie für jeden Laut ein bestimmtes Zeichen setzten. Es entstand das griechische Alphabet. Daraus entwickelte sich später das lateinische und auch das kyrillische Buchstabensystem: Während das lateinische Alphabet die Grundlage für die mittel- und westeuropäischen Schriften wurde, entwickelte sich das kyrillische Schriftsystem vorwiegend in Osteuropa. Eine Lautschrift stellt eine hohe Kulturleistung dar, so daß sie geradezu als Gradmesser der kulturellen Entwicklung eines Volkes angesehen werden kann.

Die Alphabete bestanden im Altertum ausschließlich aus *Majuskeln*, Großbuchstaben. Dies war bedingt durch den Schreibgrund: Die Buchstaben wurden in Stein gemeißelt. Aus den Majuskeln entwikkelten sich durch den Übergang zum Pergament und zur Wachstafel sowie durch die vermehrte Schreibtätigkeit und den Zwang zu größerer Eile zunächst Zwischenstufen, dann die karolingischen *Minuskeln*, die kleinen Buchstaben, die am Hofe Karls des Großen entstanden. Alles wurde jetzt nur noch klein geschrieben. Lediglich Anfangsbuchstaben von Büchern oder auch von Seiten erhielten ein sehr schön

verziertes Initial in einem Großbuchstaben. Eigentlich fast eine ideale Schrift! Wir dürfen heute mit Recht neidvoll auf die Zeit des Mittelalters zurückblicken, da es noch keine Schwierigkeiten der Schreibung gab. Wer damals richtig sprach, ein Wort in seine Laute zerlegen konnte und von diesen Lauten die Schriftzeichen beherrschte, der konnte auch richtig schreiben. Wie schön wäre es, wenn wir heute noch unseren Kindern in der Schule sagen könnten: Schreibe, wie du richtig sprichst! – Wir fragen uns, warum es bei diesem zweifellos hohen Entwicklungsstand der Schrift nicht geblieben ist.
Ursprünglich schrieb man nur in lateinischer Sprache. Als man jedoch daran ging, den Lautbestand der deutschen Sprache in den erwähnten karolingischen Minuskeln der lateinischen Sprache auszudrücken, ergaben sich bereits die ersten Schwierigkeiten. Sie lagen aber nicht in der Schrift selbst, sondern darin, daß die althochdeutsche Sprache, die mit dem lateinischen Alphabet dargestellt wurde, Laute hatte, wofür es in der lateinischen Sprache keine Lautzeichen gab. Es mußten Hilfsdarstellungen gefunden werden. Da man im Lateinischen z. B. keine Längenzeichen verwendete, verdoppelte man im Deutschen einfach die Buchstaben, um ihre Länge auszudrücken *(erstoont = erstaunt* oder *liip=lieb).* – Man hatte keine Unterscheidung zwischen den geschlossenen und den offenen *e-* und *o-Lauten.* Man behalf sich beispielsweise damit, das *ä* auch mit *e* zu bezeichnen *(gesti = gäste),* für *ch* stand nur ein *h* zur Verfügung (für *nacht* wurde also *naht* geschrieben), das *pf* wurde durch *ph* dargestellt *(phlaster = pflaster).*
Aber nicht nur die Übernahme eines *fremdsprachlichen Lautzeichensystems* führte zu gewissen Schwierigkeiten, sondern auch die im Laufe der Zeit innerhalb unserer Sprache sich ergebenden *Lautverschiebungen.* So spaltete sich die ursprünglich einheitliche deutsche Sprache zunächst in die beiden großen Gruppen des Ober- und Niederdeutschen und später in verschiedene Dialekte, die wir heute noch in ähnlicher Gestalt kennen. Diese Dialekte wichen im Laufe der Zeit teilweise von dem Ursprünglichen so weit ab, daß eine Verständigung unter den einzelnen Volksstämmen oft sehr schwer war. Die Schreibung der althochdeutschen und auch noch der mittelhochdeutschen Sprache paßte sich mit ihren Zeichen allen lautlichen Veränderungen jeweils an. Sie wurde also zu einer *Dialektschrift.* – Als man in den kaiserlichen und landesherrlichen Kanzleien etwa im 12. und 13. Jahrhundert beabsichtigte, die Gesetze und Erlasse möglichst weiten Bevölkerungsschichten verständlich zu machen, bemühte man sich um eine Schrift, die sich zwangsläufig über den jeweiligen Dialekt hin-

wegsetzte und somit beträchtliche Abweichungen von der Lautsprache mit sich brachte. Mit der Erfindung der Buchdruckerkunst schließlich kam das Bedürfnis auf, die gedruckten Schriften allen Volksstämmen zugänglich zu machen. (Die Schriften Luthers trugen einen großen Teil dazu bei.) Dadurch bildete sich eine über allen Mundarten stehende *Schriftsprache*, die zwangsläufig ihren phonetischen Charakter verlieren mußte.

Bei den sprachlichen Veränderungen während der Übergangszeit vom Mittelhochdeutschen zum Neuhochdeutschen hielt die Schreibung aus vorwiegend historischen Gründen nicht mehr Schritt. So wurde phonetisch z. B. das mittelhochdeutsche *di-ep* (geschrieben *diep*) zum neuhochdeutschen *diip* (geschrieben *Dieb*). Abgesehen von der Veränderung des *p*-Lautes wurde das e, obgleich nicht mehr mitgesprochen, beibehalten und ihm Dehnungscharakter verliehen. Aus *bevelhen* wurde *befehlen*, aus *gemahel Gemahl*, so daß auch das nicht mehr gesprochene *h* blieb und zum Dehnungszeichen wurde. In vielen Wörtern blieben solche und andere Buchstaben erhalten, obgleich sie ihre Daseinsberechtigung nach den fortlaufenden sprachlichen Veränderungen längst verloren hatten. Während die ersten Abweichungen der Schreibung von der gesprochenen Sprache im wesentlichen auf die mundartlichen Unterschiede zurückzuführen waren, übte von nun an die *Tradition* auf die Entwicklung unserer Schreibung einen weiteren nicht gerade günstigen Einfluß aus.

Aber noch nicht genug der seltsamen Entwicklung unserer Schreibung: Es wurden in dieser und in der folgenden Zeit auch solchen Wörtern Dehnungszeichen verliehen, bei denen keinerlei historischer Bezug Veranlassung dazu gab (mittelhochdeutsch: *sun*, neuhochdeutsch: *Sohn*). Ähnliches ereignete sich bei der Mitlautverdoppelung. Durch diese aufkommende Willkür steigerten sich die Schwierigkeiten derartig, daß die völlige Beherrschung der Rechtschreibung immer schwieriger, ja, fast unmöglich wurde. – Männer wie Gottsched, Klopstock und Adelung betonten im 18. Jahrhundert, unsere Schrift sei und bleibe eine Lautschrift. Gegen die *Willkür* in unserer Rechtschreibung traten sie vergebens auf. Sie wollten aber die überkommenen Schreibweisen nicht einfach verbannen. Daraus erklären sich das *etymologische* und *historische* Prinzip, die neben dem phonetischen in der heutigen Rechtschreibung wirksam sind. Die Regel, *Lämmer* mit *ä* zu schreiben, weil es von *Lamm* kommt, ist in dieser Zeit entstanden. Man wollte die Etymologie des Wortes sichtbar machen. Historisches Prinzip bedeutet, daß einige überlieferte

Schreibformen einfach beibehalten wurden. So sind *behende, Eltern, fertig* historische Formen, obwohl sie zu *Hand, alt* und *Fahrt* hätten gestellt werden können. Ihre Etymologie wurde nicht erkannt oder nicht berücksichtigt.

Die Großschreibung, die ebenfalls seltsame Wege ging, entwickelte sich durch die in der Zeit zwischen dem 11. und 14. Jahrhundert sich anbahnende Verdrängung der karolingischen Minuskeln durch die gotische Schrift. Es wurden zunächst die Anfänge eines Werkes oder Kapitels groß geschrieben, dann die Absatz- und Satzanfänge, alles zu dekorativen Zwecken. Die erste Großschreibung innerhalb des Satzes wurde im 13. Jahrhundert bei dem Wort Gott vorgenommen. Zu der Zeit, als die Buchdruckerkunst aufkam, wurden auch die Namen der Päpste, Kaiser, Könige und Fürsten groß geschrieben. Von nun an entwickelte sich die Großschreibung schnell weiter, und in der heutigen Form besteht sie seit etwa 300 Jahren.

Bis zum 19. Jahrhundert hatten sich Mönche, Kanzlisten, Drucker, Sprachgelehrte mit der Rechtschreibung befaßt und je nach der Bedeutung ihres Klosters, der fürstlichen Kanzlei, des Handelskontors ihrer Druckerei, ihres Gelehrtenruhmes in einem mehr oder weniger großen landschaftlichen Bereich mit ihren Schreibformen Anerkennung und Nachfolge gefunden. An eine Einheitlichkeit der Schreibung innerhalb des deutschen Sprachraumes war bis dahin nicht zu denken.

Erst um die Mitte und dann gegen das Ende des 19. Jahrhunderts wurden die ersten Versuche einer *amtlichen Ordnung* der Rechtschreibung unternommen. Nach Bestrebungen um eine Ordnung unserer Rechtschreibung, die besonders in der Lehrerschaft aufkamen, und zwar in Hannover, in Württemberg, in Leipzig und in Berlin, kam es 1876 zu einer ersten, allerdings erfolglosen orthographischen Konferenz in Berlin. Sprachwissenschaftler, Pädagogen, Buchhändler, Buchdrucker und Verwaltungsbeamte waren zusammengekommen. Man stimmte dort z. B. den Vorschlägen *Rudolf Raumers* und *Konrad Dudens*, die willkürliche Dehnungs-h-Schreibung wegzulassen, zu, aber keine der deutschen Landesregierungen schloß sich diesem Beschluß an. Im Gegenteil, jedes Land versuchte nun, seine eigene Rechtschreibordnung herauszubringen. So wurde in Österreich 1879 ein eigenes Wörterbuch veröffentlicht, Bayern folgte mit einem eigenen Wörterbuch, und 1890 beschloß man in Preußen die sogenannte Puttkammersche Rechtschreibung, die aber nur für die Schulen gelten sollte. So war noch nicht einmal innerhalb Preußens eine einheitliche Rechtschreibung möglich. – 1901 wurde dann eine zweite orthographische Konferenz in Berlin einberufen, bei der wieder Konrad Duden eine wichtige Rolle spielte. Hier wurden die ,,Allgemeinen Regeln" beschlossen, die erstmalig für den gesamten deutschen Sprachraum einschließlich Österreichs und der Schweiz galten, und auf die die heutige Rechtschreibung im wesentlichen zurückgeht. Das erste amtliche Wörterbuch enthielt jedoch noch sehr viele Konzessionen gegenüber den einzelnen Ländern, so daß es noch unzählige Doppelformen der Schreibung gab. (Noch in den Duden-Bänden vor ein paar Jahren fanden wir die Bemerkung, in Österreich aber so, in Bayern auch so usw.).

Zusammenfassend können wir vier Gründe nennen, die zur heutigen Gestalt unserer Rechtschreibung führten:

1. die Übernahme einer fremden Schrift,
2. den Mangel an sprachlicher und politischer Einheit,
3. den Mangel an Elastizität durch starke Fixierung überlieferter Formen im Gefolge des Buchdrucks,
4. die nachträgliche Konstruktion eines Regelwerkes durch Sprachgelehrte und Behörden.

b) Analyse der deutschen Rechtschreibung in psycho-linguistischer und didaktischer Sicht

Während wir im vorigen Kapitel die geschichtliche Entwicklung der deutschen Rechtschreibung darstellten und die Gründe nannten, die zu ihrer gegenwärtigen Gestalt führten, wollen wir nun diese Gestalt näher betrachten, um daraus später die notwendigen didaktisch-methodischen Konsequenzen ziehen zu können. Wir stellen zunächst eine rein linguistische Betrachtungsweise voran. Mit ihr gelangen die Wissenschaftler zur Feststellung bestimmter Prinzipien, die heute das Wesen unserer Rechtschreibung ausmachen. Leider gibt es hierbei keine einheitliche Auffassung und auch keine Gemeinsamkeit der Definition von Begriffen. In der Tabelle auf den Seiten 48 und 49 sind die von fünf namhaften Autoren gesehenen und erläuterten Prinzipien wiedergegeben und nebeneinandergestellt.

Zunächst einmal ist festzustellen, daß drei Autoren sieben Prinzipien genannt haben und zwei nur sechs. Auffallend ist die Übereinstimmung darin, das Lautprinzip an die erste Stelle zu setzen. Doch schon die Terminologie zeigt, daß die Übereinstimmung im Grunde nur äußer-

Prinzipien der deutschen Rechtschreibung

I Beinlich	II Helmers	III Riehme	IV Kochan und Mitarbeiter	V Augst
1. **Das Lautprinzip** Unsere Schreibweise ist ihrem Wesen nach noch eine Lautschrift. Bis in die erste Hälfte der mittelhochdeutschen Zeit erhielt nur Gehörtes ein Zeichen und umgekehrt wurde jeder Buchstabe gesprochen.	1. **Das phonologische Prinzip** Z. B.: „so", „geben".	1. **Das phonologische Prinzip** Nicht Lautschrift im herkömmlichen Sinne, sondern Phonemschrift. – Das führende Prinzip in unserer Rechtschreibung.	1. **Das phonetisch-phonologische Prinzip** Ein Wort wird so geschrieben, wie es gesprochen wird; die Phonem–Graphemzuordnung bildet die Grundlage der deutschen Rechtschreibung.	1. **Das Lautprinzip** Keine Lautschrift im engeren Sinne, sondern eine annähernd phonologische Schrift, die freie oder komplementäre Lautvarianten durch einen Buchstaben oder eine Buchstabenkombination wiedergibt.
2. **Das historische Prinzip** Beibehaltung von Schriftbildern trotz Wandlung der gesprochenen Sprache, z. B. sp geschrieben, obwohl schp gesprochen; aus „sta*h*el" wurde bei „Stahl" das „stumme" h beibehalten.	2. **Das historische Prinzip** Z. B.: „Schuh", weil früher „schuoch" gesprochen, also Beibehaltung früherer Schreibweisen trotz sprachlicher Veränderung.	2. **Das etymologische (morphologische) Prinzip** Z. B. „v*ä*terlich" zu „V*a*ter"; „ga*b*" zu „Ga*b*e".	2. **Das morphologische Prinzip** In Flexionsformen und Ableitungen wird die gleiche oder ähnliche Schreibweise eines Wortes gewahrt, auch wenn verschiedene Phoneme gesprochen werden, z. B.: Hun*d* – Hun*d*es; Band – B*ä*ndchen.	2. **Das Stammprinzip** Konstanthalten eines Schriftbildes in unterschiedlicher Umgebung. Allgemein: Auslautverhärtung und Umlaut, z. B.: Ta*g* – Ta*g*es; schwe*b*st – schwe*b*en; Wal*d* – Wäl*d*er.
3. **Das ästhetische (oder pseudo-ästhetische) Prinzip** Zusätzliche willkürliche Zeichen aus finanziellen oder „Schönheitsgründen", z. B.: GOtt, unnd, Walldt; für i am Ende ein y (auch j; Verstoß des Dehnungs-h vor oder in der Nähe von Ober- und Unterlängen (jedoch nicht konsequent).	3. **Das etymologische Prinzip** Z. B.: lobt mit „b" geschrieben, obwohl „p" gesprochen; stammt von „loben" ab.	3. **Das historische Prinzip** Z. B.: früher gesprochen li-eb (also zweisilbig), heute gesprochen „lieb" (einsilbig) und trotzdem „ie" beibehalten; „ie" erhielt Charakter der Längenbezeichnung. Übertragung auf andere, die es ursprünglich nicht besaßen (z. B.: Biene, Giebel, wiegen).	3. **Das etymologische Prinzip** Ein Wort wird so geschrieben, daß seine Herkunft zu erkennen ist, besonders bei Fremdwörtern: Chor – Corps – Korps; Orthographie – Ort – Graf. Bei deutschstämmigen Wörtern: Zusammenwirken dieses Prinzips mit dem morphologischen und dem Analogieprinzip (2. und 7.).	3. **Das Homonymieprinzip** Unterscheidung lautgleicher, aber sinnverschiedener Wörter, z. B.: Laib – Leib, Ferse – Verse; du hast – du haßt (hier nur partielle Homonymie, weil Unterscheidung in anderen Flexionsformen).

4. **Das Analogieprinzip** Fast unauffällige Wirksamkeit dieses Prinzips; wir schreiben „befehlen" gemäß etwa „Fehde", obwohl das geschichtliche Schriftbild entsprechend der Aussprache „befelhen" war.	4. **Das ästhetische Prinzip** Z. B. verlangte Joh. Chr. Gottsched (1748) „sey", weil „sei" nicht gut aussehe.	4. **Das logische Prinzip** Unterscheidungsschreibung von Homonymen, um deren Bedeutungsunterschied hervorzuheben, z. B.: das – daß.	4. **Das grammatische Prinzip** Groß- und Kleinschreibung (auch substantivierte Verben usw.), Zeichensetzung und Unterscheidung von das und daß.	4. **Das ästhetische Prinzip** Aus Gründen der „Verträglichkeit" von Buchstabenfolgen Sonderschreibungen, z. B. keine Doppelschreibung von u, ck für kk, Roheit mit einem „h", „Sparschreibungen" wie „am", „in", „was" usw.
5. **Das etymologische Prinzip** Hand mit „d", weil Hän*d*e gesprochen wird; H*äu*ser von H*au*s abgeleitet. Manche Wortverwandtschaft wurde nicht oder zu spät erkannt, z. B.: Stengel zu Stange, behende zu Hand.	5. **Das analogische Prinzip** Z. B. weil in „se*h*en" nach dem historischen Prinzip das „h" erhalten blieb, wurde aus „geen": „ge*h*en".	5. **Das grammatische Prinzip** Regelungen, die durch grammatisch-syntaktische bzw. grammatisch-semantische Erwägungen bestimmt werden, z. B. Großschreibung, Getrennt- und Zusammenschreibung, Interpunktion. (Z. B.: zusammen laufen: gemeinsam; aber zusammenlaufen: gerinnen.)	5. **Das logische Prinzip** Unterscheidung von Homophonen, z. B.: Mohr – Moor, Lied – Lid.	5. **Das pragmatische Prinzip** Groß- und Kleinschreibung bei Anreden (Du, du; Ihr, ihr), zum Teil Fragen der Höflichkeit (Eure Exzellenz), zum Teil Homonymendifferenzierung („Kommen Sie/sie heute abend?"). Ferner Großschreibung von Eigennamen und namenmäßige und gattungsmäßige Unterscheidung bei nicht persongebundenen Namen.
6. **Das Unterscheidungsprinzip (logische Prinzip)** Gleicher Wortklang, andere Bedeutung: Mohr – Moor, Lied – Lid (aber nicht konsequent, z. B.: Hahn – (Wasser-) – Hahn). 7. **Großschreibung der Hauptwörter** Von J. Becherer 1596 als erstem gefordert.	6. **Das differenzierende Prinzip** Gleicher Wortklang (durch Sprachveränderung) mit anderer Bedeutung, z. B.: „Saite" (mhd.: seite) und „Seite" (mhd.: sîte). 7. **Das hervorhebende Prinzip** Die Großschreibung der Substantive.	6. **Das graphisch-formale Prinzip** Das nichtgesprochene „h" z. B., das weder aus historischen noch aus rein ästhetischen Gründen beibehalten wurde, sondern zur besseren Erfassung des Schriftbildes (Hohn, Sohn, Lohn).	6. **Das ästhetische Prinzip** Ein Wort wird so geschrieben, daß sein Wortbild „gut" aussieht, z. B.: „sp" und „st" statt „schp" und „scht". 7. **Das Analogieprinzip** Übertragung der Schreibweise gleichlautender Wörter bzw. Wortteile, die aus etymologischen Gründen eine ungewöhnliche Schreibweise erhielten, z. B. bei vielen ie-Schreibungen.	6. **Das grammatische Prinzip** Die Übertragung supra-segmentaler Elemente ins Optische: Groß- und Kleinschreibung, Getrennt- und Zusammenschreibung, Zeichensetzung.
(Literaturverz., S. 104)	(Literaturverz., S. 104)	(Literaturverz., S. 105)	(Literaturverz., S. 41)	(Literaturverz., S. 72)

lich ist: zwei Autoren nennen dieses Prinzip *Lautprinzip (Beinlich, Augst)*, zwei nennen es *phonologisches Prinzip (Helmers, Riehme)*, und ein Autor sagt *phonetisch-phonologisches Prinzip (Kochan)*. Zum Teil wird inhaltlich das gleiche gemeint, aber dies anders benannt: *Riehme* sagt phonologisches Prinzip und *Augst* Lautprinzip; beide meinen aber damit das gleiche Phänomen, obwohl die Begriffe, genaugenommen, abweichende Bedeutungen haben. Umgekehrt sprechen zwei Autoren (Beinlich, Augst) vom Lautprinzip, obwohl sie etwas Unterschiedliches damit meinen. Das gleiche gilt für den Begriff phonologisches Prinzip (Helmers, Riehme).
Der Begriff *historisches Prinzip* taucht bei den fünf Autoren dreimal auf (Beinlich, Helmers, Riehme). Bei *Beinlich* und *Helmers* ist das gleiche gemeint, bei *Riehme* zunächst auch; jedoch schließt er Vorgänge der Schriftentwicklung ein, die *Beinlich, Helmers* und *Kochan* als Analogieprinzip bzw. analogisches Prinzip aussondern (I, 4; II, 5; IV, 7).
Das *ästhetische Prinzip* findet sich bei *Beinlich, Helmers, Kochan* und *Augst* (I, 3; II, 4; IV, 6). *Beinlich, Helmers* und *Augst* meinen annähernd das gleiche, während *Kochan* zumindest mit seinen Beispielen *das* belegt, was bei *Beinlich, Helmers* und *Riehme* zum „historischen" Prinzip gerechnet wird (I, 2; II, 2; III, 3). Die von *Beinlich* und *Helmers* angeführten Beispiele haben keine Gegenwartsbedeutung mehr, so daß sie als Zeichen dieses heute noch wirkenden Prinzips unglücklich ausgewählt wurden. *Riehme* verzichtet ganz auf die Erwähnung dieses Prinzips.
Das *Analogieprinzip* heben *Beinlich* (I, 4), *Helmers* (II, 5) und *Kochan* (IV, 7) hervor. Hier kann grundsätzliche Übereinstimmung in der Deutung dieses Begriffes zwischen den drei Autoren festgestellt werden. *Riehme* und *Augst* halten es nicht für erwähnenswert.
Weitgehende Übereinstimmung besteht bei allen fünf Autoren über die Existenz des *etymologischen Prinzips*, das lediglich von *Augst* Stammprinzip genannt wird und dessen Gegenstand bei *Kochan* unter *morphologisches Prinzip* angeführt ist. *Kochan* versteht unter „etymologisch" insbesondere den Bezug auf die Herkunft von Fremdwörtern. Die von ihm angeführten Beispiele können jedoch zu Mißverständnissen führen. Er betont den Zusammenhang dieses Prinzips bei deutschen Wörtern mit dem „morphologischen" und dem „Analogieprinzip".
Wirklich völlige inhaltliche Übereinstimmung finden wir bei allen fünf Autoren zum Problemkreis des sogenannten *logischen Prinzips*. Diesen Namen verwenden *Beinlich* (als Untertitel) und *Kochan*. Die

anderen Namen für den gleichen Rechtschreibkomplex heißen *Unterscheidungsprinzip* (Beinlich, I, 6), *„differenzierendes Prinzip"* (Helmers, II, 6) und schließlich *Homonymieprinzip* (Augst, V, 3).
Unterschiede sowohl in der Bezeichnung als auch in der Abgrenzung sind zu dem *grammatischen Prinzip* festzustellen: diese Benennung wählen *Riehme* (III, 5), *Kochan* (IV, 4) und *Augst* (V, 6) und umfassen damit alle Regelungen in der Rechtschreibung, die mit grammatischen und syntaktischen Regeln korrespondieren (einschließlich der Zeichensetzung), während *Beinlich* (I, 7) und *Helmers* (II, 7) mit ihren Bezeichnungen lediglich die Großschreibung der Substantive erwähnen. Das *graphisch-formale Prinzip* wird nur von *Riehme* dargestellt und das *pragmatische Prinzip* nur von *Augst*.
Es ist festzuhalten: Manche Autoren sagen das gleiche und meinen etwas anderes, andere wieder sagen etwas anderes und meinen das gleiche. Zudem erhalten die Prinzipien bei den einzelnen Autoren einen unterschiedlichen Stellenwert, und sie werden auch in der Gewichtigkeit in verschiedenen Reihenfolgen genannt.
Es besteht kein Zweifel, daß die nun im ganzen neun Prinzipien mit sechzehn Namen mehr oder weniger stark wirksame Elemente unserer Rechtschreibung sind und daß sie in einer Rechtschreibdidaktik entsprechend berücksichtigt werden müssen. Aber es muß zugleich festgestellt werden, daß sich manche dieser Prinzipien sachlich ergänzen und überkreuzen, je nach Auslegung der geschichtlichen Entwicklung und nach der Bedeutungsbeimessung, und daß schließlich auch die verschiedenen Termini einzelner Autoren und ihre unterschiedliche inhaltliche Auffassung den Didaktiker und vor allem den Schulpraktiker vor eine schwierige Aufgabe stellen.
Zu Recht spricht *Kochan* von einem „Prinzipienwirrwarr", der es nötig hat, durch eine Reform der Rechtschreibung abgebaut zu werden. Es ist durchaus interessant, die einzelnen „Wirkungskräfte" innerhalb der Rechtschreibung nach einer linguistischen Analyse kennenzulernen; es mag in einigen Fällen für fertige oder zumindest fast fertige Rechtschreiber aufschlußreich sein, die Struktur unserer Rechtschreibung mit ihrem historischen Hintergrund und in linguistischer Schau zu „erforschen" und zu erfahren (wenn es nicht wichtigere und auch interessantere Aufgaben im Deutschunterricht einer Klasse geben sollte), aber ob sich das alles in dieser Form zur Verbesserung der Rechtschreibfertigkeit auswirkt, muß erst noch bewiesen werden. Im allgemeinen wird empirisch bestätigt, daß Einsichten in die Struktur eines Lerngegenstands den Lernerfolg quantitativ und qualitativ zu

steigern vermögen. Wenn man jedoch die neun Prinzipien der Rechtschreibung als Elemente eines Ganzen einsichtig, also die Struktur begreifbar und im Hinblick auf die Rechtschreibfertigkeit wirkungsvoll machen will, kann man sich nicht mit der linguistischen Analyse des Lerngegenstands allein begnügen, sondern muß den Lernenden mit seinen speziell auf diesen Lerngegenstand bezogenen allgemeinen und individuellen Lernfähigkeiten mit in Betracht ziehen. Erst durch eine Synthese von gegenstandstheoretischen Betrachtungen und lerntheoretischen bzw. lernpsychologischen Aspekten können wissenschaftliche Erkenntnisse didaktisch umgesetzt werden. Unter Einbeziehung dieser von der Seite des Lernenden zu sehenden Gesichtspunkte, aber auch unter Berücksichtigung allgemeiner Grundsätze der Didaktik und Methodik erscheint die Rechtschreibung als Lerngegenstand in einem etwas anderen Licht. Wir kommen zu einer Analyse in psycho-linguistischer und didaktischer Sicht, die es möglich macht, auch die gegenwärtig noch geltende Rechtschreibung für die Schüler überschaubarer und damit auch zugänglicher zu machen.
Der Ursprung und die Intention des Gebrauchs von Sprache als Kommunikationsmittel sind immer komplexe, ganzheitliche Gedankenvorgänge, die in Sätzen formuliert und in Wörtern ausgesprochen werden, wobei weder für den Sprecher noch für den Hörer eine Analyse der Lautkomplexe in die kleinsten Bestandteile zum Zwecke der Verständigung erforderlich wäre. Natürlich müssen gedankliche Absichten und sprachliche Realisierung im einzelnen übereinstimmen, damit es nicht zu Mißverständnissen kommt. Es geht aber stets um das Informationsganze, dessen umfassender Lautkomplex aus einzelnen Sätzen besteht, die wiederum aus einzelnen Wörtern gebildet werden. Zwar sind, linguistisch gesehen, die Wörter einer Sprache nicht unbedingt die kleinsten sinnvollen, bedeutungstragenden Lauteinheiten, sondern die Moneme, die wiederum in Lexeme und Morpheme aufgeteilt werden.[1] Es besteht aber doch kein Zweifel darüber, daß lernende Kinder beim unreflektierenden Gebrauch der Sprache zwischen *Wörtern* unterscheiden und beim Erwerb eines neuen Begriffs ein *Wort* als *akustisches Ganzes* auffassen und diesen Lautkomplex mit der erfahrenen oder erklärten Bedeutung assoziieren.[2] Man kann hier von einer semantisch-akustischen Assoziation sprechen. Diese Assoziation

---

[1] Es kann z. B. das Wort „holte" aufgeteilt werden in das Lexem „hol-" (also in den Teil, der im Lexikon verzeichnet ist und die spezifische Bedeutung darstellt) und in das Morphem „te", das das Tempus kennzeichnet.

ist für Vorschulkinder und Lernanfänger meist so stark, daß „das Wort als Ganzheit von Laut und Inhalt",[3] daß Inhalt und Wort als ein und dasselbe aufgefaßt werden. Solange es beim Wiedererkennen eines Wortes bleibt und damit beim Wiederverstehen eines Begriffes, spricht man vom passiven Wortschatz. Wenn das Kind aber selbst ein Wort wiederholt verwendet, es also bedeutungsrichtig (je nach Zusammenhang) benutzt, ist es in seinen aktiven Wortschatz übergegangen.

Wenn die gesprochene Sprache als akustisches Zeichensystem die Funktion der Bezeichnung von gedanklichen oder konkreten sprachganzen Sachverhalten hat, muß auch die Schrift als ein der gesprochenen Sprache zugeordnetes graphisches Zeichensystem die gleiche Funktion haben, d. h., sie hat primär einen *sprach- und sachganzheitlichen Darstellungscharakter*. Dieses Wesensmerkmal haben übrigens alle Schriften. So wie beim mündlichen Spracherwerb und beim fortschreitenden Sprachgebrauch das gesprochene Wort als akustische Einheit, als „minimale freie Form" für die Wortschatzerweiterung und die allgemeine Sprachförderung bedeutsam ist, hat auch die graphische Abbildung eines Wortes, das Schriftbild, als graphische Einheit für den Rechtschreiberwerb und für die Automatisierung des Rechtschreibens seine entsprechende Bedeutung. Dies um so mehr, als es bereits Vorschulkindern (vgl. Correll und Lückert) und erst recht Schulanfängern und Lernfortgeschrittenen gelingt, inhaltlich bekannte und sprachlich geläufige Wörter mit einem Schriftbild zu assoziieren und dieses Schriftbild nach wiederholter Wahrnehmung und Schreibung auch fehlerfrei zu reproduzieren. Dabei spielt der Strukturierungsprozeß eine wesentliche Rolle. Wir gehen darauf im Kapitel CI näher ein.

Wir halten fest: Einer der Grundzüge unserer Rechtschreibung (und nicht nur der unsrigen), der einerseits unter dem Aspekt der sprach- und sachganzheitlichen Darstellungsfunktion der Schrift und andererseits unter Berücksichtigung der strukturiert-ganzheitlichen Wahrnehmungs- und Reproduktionsfunktion beim Rechtschreiberwerb und bei der fortschreitenden Rechtschreibleistung gesehen werden muß, ist die *Existenz von Wortschriftbildern* (von graphisch strukturierten

[2] Die wissenschaftliche Definition des Begriffes „Wort" ist uneinheitlich. (Bloomfield: Wort = eine minimale freie Form; Lüdtke: Wort = kleinste Einheit, die gleichzeitig ein Komplex von Silben und Morphemen ist; Lyons: Wort = grammatische Einheit; derselbe zitiert eine „sehr bekannte Definition", Wort = „Verbindung einer bestimmten Bedeutung mit einem bestimmten Lautkomplex, der eine bestimmte grammatische Verwendungsmöglichkeit hat.") Siehe hierzu ferner: H. Hörmann, Psychologie der Sprache, S. 47; H. Arens, Sprachwissenschaft, 2. Aufl., S. 660 f.; J. Lyons, Einführung in die moderne Linguistik, 3. Aufl., S. 197 f.

[3] Leo Weisgerber, Grundzüge der inhaltbezogenen Grammatik, S. 146.

Einheiten) als Symbole für gesprochene Wörter (lautlich-strukturierte Einheiten), die ihrerseits Symbole für gedankliche oder konkrete Inhalte sind. Die Feststellung dieses Wesensmerkmals unserer Rechtschreibung hat neben anderen für den Rechtschreiberwerb und für die Automatisierung der Rechtschreibfertigkeit ganz allgemein ihre Bedeutung, darüber hinaus aber insbesondere für alle jene Schreibweisen, die sich ausschließlich auf visuelle Weise, also nur durch wiederholtes gliederndes Wahrnehmen, Einprägen und Fixieren von Schriftbildern, durch heterosensorielle Assoziation mit den entsprechenden Wortklangbildern aneignen lassen, z. B. Schreibweisen wie Fuchs, Saal, Boot; wir kommen darauf noch zurück.

Wenn wir eine Begriffsschrift hätten wie heute noch die Chinesen, erforderte diese zur Erlernung der Rechtschreibung die Speicherung unzähliger Wortschriftbilder im visuellen Gedächtnis. Zu dieser ungeheuren Gedächtnisleistung braucht es bei uns nicht zu kommen, weil wir eine Laut-Buchstabenschrift haben, deren Prinzip darin besteht, mit relativ wenigen graphischen Zeichen alle möglichen Wörter entsprechend ihrem artikulatorischen Ablauf darstellen zu können. Im Idealfall würde das eine 1:1-Entsprechung zwischen den Sprechlauten und den Buchstaben voraussetzen. Diesen Idealfall haben wir aber nicht (oder nicht mehr), wie wir im vorigen Kapitel bereits erläutert haben. Es erhebt sich die Frage, inwieweit unsere Schrift überhaupt noch lauttreu ist, oder anders gefragt: Können wir heute noch von einer Lautschrift sprechen?

Dieses Problem hat die Rechtschreibdidaktiker seit der ersten großen Untersuchung *Mohrs*, 1891, immer wieder beschäftigt. Während *Mohr* nach einer Auswertung von 10000 Wörtern aus „Werthers Leiden" festzustellen meinte, daß 68,5% unseres Schriftsystems lauttreu sei, kam *Franken*, 1928, bei seinen Untersuchungen zu einem ganz anderen Ergebnis: Er behauptet, die Lauttreue betrage nur 7%. Ein klares Ergebnis darüber, in welchem quantitativen Verhältnis die lauttreue Schreibung zur Gesamtschreibung steht, konnte es seither nicht geben, weil sich bis heute keine klare Definition des Begriffes „lauttreu" finden ließ. Die Art, wie *Mohr* und *Franken* versuchten, die für die Rechtschreibdidaktik wichtige Frage zu lösen, führte und führt uns nicht weiter. Sie hat nur von der Überbetonung des Ohres zur Überbewertung des Auges in der Rechtschreibmethodik geführt, und dieser Streit dauerte fast bis zur Gegenwart an.

Nun scheint die moderne Linguistik, in der die Trennung der früheren allgemeinen Lautlehre in Phonetik und Phonologie vollzogen wurde, zumindest von der sachlogischen Seite her, einen Ausweg anzubahnen. Allerdings wird die didaktische Umsetzung mancher (nicht immer) neuen Erkenntnisse dieser wissenschaftlichen Disziplinen durch unterschiedliche Auffassungen, aber auch durch verschieden definierte Termini erschwert. „Es wäre irreführend zu behaupten, daß es schon ein festes Lehrgebäude der deskriptiven Linguistik gibt. Während gewisse Grundprinzipien ziemlich allgemein anerkannt sind, gibt es in einigen wichtigen Punkten noch immer fast so viele Schulen wie Gelehrte."[4] Verhältnismäßig deutlich lassen sich die Aufgabenbereiche zwischen Phonetik und Phonologie (oder Phonematik) abgrenzen. *Arens*[5] definiert die Phonetik mit „Sprechaktlautlehre" und die Phonologie (Phonematik) mit „Sprachgebildelautlehre". Er leitet diese Definitionen aus den richtungweisenden Erkenntnissen *de Saussures* ab, wonach bei Sprache zwischen dem *aktuellen, subjektiven Sprechakt* einerseits und dem *objektiven Sprachgebilde* andererseits unterschieden werden müsse. Sprechakt und Sprachgebilde sind zwar Gegensätze, zugleich aber auch aufeinander angewiesen. Eine weitere Unterscheidung des Zeichensystems Sprache in „Bezeichnetes" („signifié") und „Bezeichnendes" („signifiant") bedeutet, auf den Sprechakt bezogen, einmal die konkrete Mitteilung, die unendlich sein kann, zum andern die Realisierung durch Laute, also die konkreten Lautströme, die ebenfalls unendlich sein können. Die gleiche Unterscheidung ist beim Sprachgebilde möglich: Bezeichnetes sind hier die abstrakten Regeln, die „geordnete Welt der Bedeutungen"; die Zahl der Wortbedeutungen ist endlich. Bezeichnendes ist das geordnete System, sind die Regeln, nach denen die lautliche Seite des Sprechaktes geordnet wird. Hier finden sich die Lautnormen, aus denen die Einheiten der bezeichnenden Seite des Sprachgebildes bestehen; sie sind endlich. Aus dem Bezeichnenden des Sprechaktes ergibt sich die Sprechaktlautlehre (Phonetik), und aus dem Bezeichnenden des Sprachgebildes ergibt sich die Sprachgebildelautlehre (Phonologie bzw. Phonematik). Das auf Seite 57 stehende Schema mag diese Einteilung noch verdeutlichen. Phonetik hat es also mit den konkreten physikalischen Erscheinungen zu tun. Ihre Untersuchungsmethoden sind naturwissenschaftlicher Art. Für diese wissenschaftliche Disziplin ist kennzeichnend, daß die Beziehungen zur sprachlichen Bedeutung

---

[4] H. Arens, Sprachwissenschaft, S. 732.

[5] Ebenda, S. 631f.

vollkommen ausgeschaltet werden. Diese Wissenschaft wird auch definiert „als die Wissenschaft von der materiellen Seite der Laute der menschlichen Rede."[6] Die Phonologie (Phonematik) bedient sich rein sprachwissenschaftlicher bzw. geistes- und sozialwissenschaftlicher Untersuchungsmethoden. Sie setzt sich zur Aufgabe, die Lautunterschiede herauszufinden, die gleichzeitig Bedeutungsunterschiede sind. Ferner untersucht sie, wie sich die Unterscheidungsmerkmale zueinander verhalten. Schließlich erforscht sie, nach welchen Regeln diese Unterscheidungsmerkmale miteinander zu Wörtern kombiniert werden dürfen.

Daß die Forschungsergebnisse der Phonetik für die Rechtschreibdidaktik von Bedeutung sind, ist im Grunde nichts Neues; denn jeder Schulpraktiker weiß, daß beispielsweise genaues Hören und gute Artikulation im Rechtschreibunterricht eine Rolle spielen, wenn wir etwa an die Unterscheidung ähnlichklingender Laute denken. Aber im Rechtschreibunterricht nicht hinreichend berücksichtigt und insofern neu ist die Einsicht, daß beim Vorgang des Sprechens und Hörens auch die sogenannte „Rückkoppelung"[7] mit einzubeziehen ist. „Beim Sprechen haben wir es nicht mit einem System von Lautproduktion und Lautempfang zu tun, bei dem der ‚Sender' (der Sprecher) und der ‚Empfänger' (der Hörer) vollständig getrennte Mechanismen sind. Jeder normale Sprecher einer Sprache ist abwechselnd Erzeuger und Empfänger. Beim Sprechen erzeugt er nicht nur Laute, er ‚hört' auch gleichzeitig das ‚ab', was er gerade sagt, und moduliert seine Rede, indem er unbewußt seine verschiedenen artikulatorischen Bewegungen zu dem, was er gerade hört, in Beziehung setzt und unaufhörlich neu darauf abstimmt (wie ein Thermostat, der die Wärmequelle infolge ‚Rückkoppelung' durch Temperaturablesung regelt). Wenn er jemandem anderen beim Sprechen zuhört, ist er nicht bloß ein passiver Empfänger von Lauten, die der Sprecher aussendet; er registriert die gehörten Laute (indem er das akustische ‚Signal' interpretiert) im Lichte der eigenen Erfahrung als Sprecher mit einem ‚eingebauten' System von aus dem Zusammenhang sich ergebenden Stichwörtern und Erwartungen.[8]

Es wäre nun zu prüfen, inwieweit Erkenntnisse der Phonologie didaktisch verwertbar sind. „Man darf sagen, daß die Forschungen auf dem

[6] H. Arens, ebenda, S. 633.

[7] Begriff aus der Informationstheorie. Darunter wird allgemein verstanden, „daß sich in einer Reaktion A→B→C das C mit dem A wieder in Beziehung setzt und es beeinflußt." (Wieser, zitiert in: Handbuch der Psychologie, Bd. 1, S. 660.)

[8] J. Lyons, Einführung in die moderne Linguistik, S. 114.

Gegensätze, aber zugleich aufeinander Angewiesenes: Sprechakt und Sprachgebilde. –
Ebenfalls Gegensätze: Bezeichnetes des Sprechaktes und Bezeichnetes des Sprachgebildes (Unendliches – Endliches).
Weitere Gegensätze: Bezeichnendes des Sprechaktes und Bezeichnendes des Sprachgebildes (unendliche Lautungsmöglichkeiten – endliche Lautnormen).

Sprechakt (Sprecher – Empfänger – Sachverhalt – situativ)		**Sprachgebilde** (System – Teilsysteme)	
Bezeichnetes	**Bezeichnendes**	**Bezeichnetes**	**Bezeichnendes**
konkrete Mitteilung als Ganzes – Sinn Zahl der konkreten Vorstellungen und Gedanken ist *unendlich*	konkreter *Lautstrom* artikulatorische Bewegungen und die ihnen entsprechenden Lautungen sind *mannigfaltig, unendlich*	abstrakte Regeln (keine lautlichen) – die Welt der Bedeutung – geordnet Zahl der Wortbedeutungen ist *endlich* – zählbare Anzahl von Einheiten	geordnetes System Regeln, nach denen die *lautliche* Seite des *Sprechaktes* geordnet wird Lautnormen, aus welchen die Einheiten der bezeichnenden Seite des Sprachgebildes bestehen: *endlich*
	Sprechaktlautlehre = Phonetik – hat mit konkreten physikalischen Erscheinungen zu tun (naturwissenschaftliche Untersuchungsmethoden) – *Kennzeichnend:* vollkommene Ausschaltung jeder Beziehung zur sprachlichen Bedeutung der untersuchten Lautkomplexe – also definiert als *Wissenschaft von der materiellen Seite der Laute der menschlichen Rede.*		**Sprachgebildelautlehre = Phonologie** (Phonematik) – rein sprachwissenschaftliche bzw. geistes- oder sozialwissenschaftliche Untersuchungsmethoden – Gegenstand der Untersuchung a) Welche Lautunterschiede sind mit Bedeutungsunterschieden verbunden, b) wie verhalten sich die Unterscheidungsmerkmale zueinander, c) nach welchen Regeln dürfen sie miteinander zu Wörtern kombiniert werden?

Gebiet der Phonologie weitergeführt haben und ihre Ergebnisse weniger umstritten sind, als dies auf irgendeinem anderen Gebiet des Strukturalismus der Fall ist. Auch hier liegen freilich Unterschiede in den Auffassungen und in der Terminologie vor."[9] Die wichtigsten Termini in der Phonologie sind „Phonemsystem" und „Phonem". Die Definition eines Phonems und damit auch die Unterscheidung zu einem Sprachlaut scheint trotz mancher kleiner Differenzen zwischen den einzelnen Autoren einigermaßen einheitlich möglich zu sein. Es hat sich aber gezeigt, daß „vieles selbst in der europäischen Phonologie strittig ist. Es ist dies nicht nur der Status des Phonems, d. h., ob dieses eine reale Existenz hat im Lautvorrat des Sprechers und als solches gehört wird oder nur eine (unentbehrliche) wissenschaftliche Konstruktion ist."[10] Auch „hinsichtlich des Umfangs des deutschen Phoneminventars gibt es unterschiedliche Zahlen."[11] Angesichts dieser Situation könnte man als Didaktiker geneigt sein abzuwarten, bis diese Dinge in der Wissenschaft restlos geklärt sind. Andererseits läßt sich durch Zusammenfassung der in der wissenschaftlichen Diskussion gegebenen Erläuterungen eine Definition finden, die es leichter macht, die erwähnte Prüfung auf die didaktische Verwertbarkeit hin vorzunehmen.

Wir hatten weiter oben die Frage gestellt, ob wir heute noch von einer Lautschrift im Deutschen sprechen können. Dazu ist es zunächst notwendig, sich über den Begriff „Laut" im klaren zu sein. Wir müssen unterscheiden zwischen allgemeinen Lauten, die von allen Lebewesen zum Zwecke der Verständigung in irgendeiner Form von sich gegeben werden, und den Sprach- bzw. Sprechlauten einer bestimmten, in diesem Falle unserer Sprache. Die Sprach- oder Sprechlaute unserer Sprache umfassen alle dialektal oder individuell nuancierten Sprechlaute, die in unserer Sprache überhaupt vorkommen können. Selbst die 92 Zeichen der internationalen Lautschrift IPA sind nicht in der Lage, alle diese Lautvarianten unserer Sprache zu erfassen. Noch viel weniger kann das unser Alphabet mit den nur 26 Buchstaben (ohne die Umlaute) bewältigen. Das Phonemsystem der Phonologen ist nun eine wissenschaftliche Ordnung der Sprechlaute einer Sprache unter Zusammenfassung aller nicht bedeutungsverändernden Lautnuancen auf *Abstraktionen*, auf lautliche Standardwerte oder Mittelwerte, wobei die Festlegung dieser Mittelwerte nicht willkürlich erfolgt, sondern als

[9] H. Arens, ebenda, S. 638.

[10] H. Arens, ebenda, S. 654.

[11] A. Hofer, Linguistik und Orthographieunterricht. In: W. W. Hiestand, Rechtschreibung, S. 175.

Kriterium die *bedeutungsdifferenzierende Funktion* zugrunde gelegt wird. Es erfolgte also eine Reduzierung der durch Dialekte und individuelle Varianten bedingten und nicht vollständig erfaßbaren Vielzahl von möglichen Sprechlauten auf solche Laute, durch deren Austausch mit einem anderen ein Bedeutungsunterschied hervorgerufen wird. (Beispiel: *W*and – *H*and – *L*and; *b*acken – *p*acken.) *Ein Phonem ist demnach die kleinste bedeutungsunterscheidende Lauteinheit einer Sprache.* So gesehen, können wir nicht mehr von einer Lautschrift im früheren Sinne sprechen, sondern müssen als Basis unserer Buchstabenschrift das phonologische Prinzip sehen und folglich korrekterweise von einer *Phonemschrift* ausgehen. Die Phonologie hat durch wissenschaftliche Forschung und mit der Aufstellung eines Phoneminventars die Beziehungen zwischen den Sprechlauten und Buchstaben im Deutschen auf das Verhältnis von ca. 40 Phonemen zu 26 Buchstaben verkleinert und damit auch verbessert. Im Grunde genommen, sind das keine ganz neuen Erkenntnisse; denn in der Schulpraxis ist kaum angenommen worden, daß unser Alphabet die Aufgabe hat, alle nur möglichen Sprechlautvarianten graphisch darzustellen, sondern daß es sich um die Wiedergabe von Normlauten handelt, die als Abstraktion vom Einzelwert, vom wort- und persongebundenen individuellen Laut, angesehen werden kann. Allerdings muß zugegeben werden, daß man vielerorts im Rechtschreibunterricht bei der Behandlung von Koordinationsübungen zwischen Lauten und Buchstaben von einem Quasi-1:1-Verhältnis auf der Grundlage des deutschen Alphabets ausgegangen ist.

Wenn also das deutsche Alphabet auf der Grundlage des deutschen Phonemsystems zu verstehen ist, interessieren die Beziehungen, die zwischen den Phonemen und Graphemen (Buchstaben) bestehen. In jüngerer Zeit haben *A. Hofer*[12] und *G. Augst*[13] diese Beziehungen systematisiert und in Tabellen dargestellt. Wir geben hier auf den Seiten 60 und 61 das System von *Augst* im Original wieder.

Daraus ist ersichtlich, daß die meisten Phoneme graphisch mehrfach dargestellt werden können. Es geht noch nicht hervor, daß auch umgekehrt ein Graphem durch verschiedene Phoneme wiedergegeben wird. z. B. das Graphem „g" als g, als ch und als k (Regen, wenig, weg). Nach diesem Überblick über die Abbildungsbeziehungen zwischen Phonemen und Graphemen einerseits und den Lautungsbeziehungen zwischen Graphemen und Phonemen anderseits muß man feststellen,

[12] A. Hofer, ebenda, S. 76/77.

[13] G. Augst, Deutsche Rechtschreibung mangelhaft? S. 10/11.

einfacher Vokal	einfaches Graphem	Horizontale Erweiterung		
		Doppelgraphem	Dehnungs-h	Dehnungs-e
[a]	A, a Ast, hat			
[a:]	A, a Art, Magd	(aa) Maar	ah Mahr	
([e])	–, e lebendig			
[ɛ]	E, e Eltern, Grenze Ä, ä Äste, Wälder			
[ɔ]	–, e Katze			
[e:]	E, e Erde, her	(ee) Heer	eh Reh	
[ɛ:]	Ä, ä Älchen, Bär		äh Fähre	
[i]	I, i Imker, Wind			(ie) Viertel
[i:]	(I, i) Igel, dir		(ih) ihr (Vieh)	ie wieder
[ɔ]	O, o Ort, Wort			
[o:]	O, o Ofen, vor	(oo) Moor	oh Mohr	
[œ]	Ö, ö Örter, Wörter			
[ø:]	Ö, ö Öl, schön		öh Möhre	
[ʌ]	U, u Unke, um			
[u:]	U, u Ufer, Zug		uh Kuh	
[y]	Ü, ü Ünklein, Hütte			
[y:]	Ü, ü Übel, für		üh führen	
Vokalverbindungen	Graphemverbindung			
[ai]	Ei, ei Eis, weise –, (ai) Kaiser			
[aʌ]	Au, au Auge, Maul			
[ɔy]	Eu, eu Eule, Heu Äu, äu Äuglein, Häute			

Tabelle 1: Vokale und ihre Schriftzeichen in deutschen Wörtern.
Selten gebrauchte Laute und Buchstaben(verbindungen) sind eingeklammert.

einfacher Konsonant	einfaches Graphem		Horizontale Erweiterung			
			Schärfung		Graphemverbindung	
[b]	B, b	Baum, beben	(bb)	Ebbe		
[p^h, p]	P, p	Papst	pp	Lappen		
	–, b	Laub; Herbst				
[d]	D, d	Damm, bieder	(dd)	Widder		
[t^h, t]	T, t	Tal, hat, Witz	tt	Watte	(dt)	Stadt
	–, d	Wind				
[g]	G, g	Gurgel	(gg)	Egge		
[k^h, k]	K, k	Kalk	k-k	Zuk-ker	c h	Fuchs
	–, g	Tag, flugs	c k	Zucker		
	Q, q	Quelle, bequem				
[ʔ]	–, –	säen				
	–, h	mähen				
[v]	W, w	Wauwau				
	(V)	Vase				
	–, u	Quelle				
[z]	S, s	Sitz, sausen				
[s]	–, s	was, Hast	ss	Wasser		
	–, ß	Faß				
	–, z	Witz				
[ʃ]	S, s	Spule, stehlen			Sch, sch	Schuh, Asche
[j]	J, j	Jahr, Boje				
[F]	F, f	Fach, Ruf	ff	Affe		
	V, v	Vogel (Frevel)				
[ç, χ]	–, g	König			–, ch	wach, mich
[h]	H, h	Haus, hat				
[l]	L, l	Last, Pfahl	ll	fallen		
[m]	M, m	Mal, kam	mm	Kamm		
[n]	N, n	Nuß, Kunst	nn	können		
[ŋ]	–, n	sinken			–, ng	singen
[R, r, ʁ, ɐ]	R, r	Ruf, rühren	rr	wirr		
Konsonantenverbindung						
[ks]	–, x	fix				
[ts]	Z, z	Zucker, Wurzel				

Tabelle 2: Konsonanten und ihre Schriftzeichen in deutschen Wörtern.
Selten gebrauchte Buchstaben(verbindungen) sind eingeklammert.
Verschiedene Laute eines Phonems stehen nebeneinander.
Alternative einfache Realisierungen eines Phonems in der Schrift stehen untereinander.

daß es auch keine „phonemtreue" Schreibung gibt, so daß eine voreilige Schlußfolgerung darin bestehen könnte, wieder dem Auge und dem visuellen Rechtschreiberwerb eindeutig den Vorrang zu geben.
Es verhält sich aber doch so, daß wir für die meisten Phoneme unserer Sprache überwiegend ein ganz bestimmtes Graphem haben und nur viel seltener dieses gleiche Graphem für ein anderes Phonem verwandt wird. Beispiel: Für das Phonem „*b*" haben wir das Zeichen „*b*". Wir verwenden dieses Zeichen bei *baden, binden, boxen, bauen, traben, schaben, weben, heben* . . . Und wieviel weniger wird dieses Zeichen „*b*" für ein gesprochenes „p" geschrieben *(Grab, Trab, Korb, halb...)!*
Wir haben also durchaus eine grundsätzliche Zuordnung von Graphemen zu Phonemen, so daß es trotz allem zumindest annähernd eine phonemtreue Schreibung gibt (geben, klein, warm, warten, binden, schlagen . . .).
In der modernen Linguistik hat sich neben der Phonetik und der Phonologie noch eine weitere wissenschaftliche Disziplin verselbständigt, die Einfluß auf die Rechtschreibdidaktik nehmen wird, nämlich die Morphologie. Zwar gibt es auch hier noch unterschiedliche Meinungen über die Hauptaufgabe dieses Wissenschaftszweiges und über seine Abgrenzung zu anderen, aber es läßt sich trotzdem deutlich machen, welche Erkenntnisse besonders für den Rechtschreibunterricht von Bedeutung sind. „Die Morphologie . . . bezeichnet in der Sprachwissenschaft die Lehre von den das Gesamtgebilde der Sprache bildenden Formen oder kleinsten *bedeutungstragenden* Einheiten, die man meist Morpheme nennt."[14] Morpheme, die nicht mit Silben verwechselt werden dürfen, sind zumeist eine Kombination aus mehreren Phonemen, deren akustisches und graphisches Gebilde insofern bedeutungstragend ist, als es in verschiedenen Wörtern durch das Auftreten in gleicher Form auch die gleiche Bedeutung hat, wie etwa die Bedeutung des Komparativs durch „. . . er" bei schön-er, tief-er, läng-er oder die Bedeutung der Infinitivform bestimmter Verben durch „. . . eln", wie tramp-eln, schauk-eln oder die Bestimmung bestimmter Verbformen der dritten Person Singular im Präteritum: er red-ete, wart-ete, antwort-ete. Es gibt auch Morpheme, die mit einem Phonem identisch sind, z. B. das „e" bei manchen Substantiven im Plural, z. B. Hund-e, Pferd-e, Tier-e. Hier kann in gewissen Grenzen die Wirksamkeit des Analogieprinzips beim Rechtschreiberwerb durch den Unterricht optisch und artikulatorisch gefördert werden (vgl. auch S. 94, S. 138 und S. 192).

[14] H. Arens, ebenda, S. 655.

Wir können vorläufig zusammenfassend sagen: Wir haben keine Begriffsschrift, auch keine Lautschrift im eigentlichen Sinne des Wortes, sondern eine annähernd phonologische Schrift[15], die für das Erlernen der Rechtschreibung die frühzeitige Kenntnis der Graphemfunktion als Funktion der Abbildung von Phonemen und Morphemen nötig macht. Dieser Lernprozeß setzt ein Lautbewußtsein voraus, eine Einsicht in die Konstruktion der aus Lautelementen bestehenden, bisher nur als Lautkomplexe empfundenen Wörter. Das bedeutet, „daß Laute erst erfaßt werden können, wenn das naive Sprachbewußtsein überwunden ist und das Kind die Sprache auch gegenständlich betrachten gelernt hat."[16] Entgegen früheren Auffassungen hat sich, durch vielfache unterrichtspraktische Erfahrungen gestützt, die Meinung verstärkt, daß die meisten Schüler zu dieser Lernleistung mit Hilfe eines entsprechenden Unterrichts von Anfang an fähig sind und auch die spezielle Phonem-Graphem-Zuordnung bewältigen, so daß den Schülern sowohl das Erkennen der Phonem- als auch der Graphemfunktion ermöglicht ist. Auf die methodischen Probleme und Möglichkeiten innerhalb dieses *phonetisch-phonologischen Lehr- und Lernbereichs* gehen wir in den Kapiteln C II und D III ein.[17]

Wie die Tabellen auf den Seiten 60/61 gezeigt haben, gibt es für die meisten Phoneme unserer Sprache mehrere Möglichkeiten, graphisch abgebildet zu werden. Das heißt, es gibt neben der phonologischen Schreibung zahlreiche Abweichungen von diesem Prinzip, die jedoch in den meisten Fällen durch Regeln festgelegt sind. Das Regelsystem der deutschen Rechtschreibung ist infolge seines geschichtlichen Hintergrundes leider nicht hierarchisch aufgebaut, so daß viele unterschiedliche Regelkomplexe erfaßt und voneinander völlig unabhängige Einzelregeln erlernt werden müssen. Zudem gibt es zahlreiche Ausnahmen, die den Schülern das Regellernen noch mehr erschweren. Dieses Regelsystem schließt einige der Prinzipien ein, die auf den Seiten 48/49 dargestellt sind: das etymologische oder das Stammprinzip, das grammatische (morphologische) und das pragmatische Prinzip, auch das Analogieprinzip. Es sind schon viele Versuche unternommen worden, das Regelsystem zu ordnen und damit übersichtlicher und einsehbarer zu machen. Diese Ordnungsversuche haben zumeist in Lehrbüchern ihren Niederschlag gefunden. Sie sind also vorwiegend

---

[15] Vgl. G. Augst, ebenda, S. 12.

[16] F. Dobiess, Revision des Lesenlehrens als aktuelles Teilproblem der Grundschulreform, S. 34.

[17] Siehe hierzu noch die ergänzenden Erläuterungen des Begriffs „phonetisch-phonologisch" im Anhang, S. 205 f.

von Didaktikern erstellt. In der Tat läßt sich eine Ordnung wohl nur in der Form der didaktischen Zubereitung schaffen, weil es eine natürliche und konsequent logische Struktur nicht gibt, zumal, wie wir gesehen haben, die unter linguistischem Aspekt beschriebenen Prinzipien nicht die notwendige Klarheit schaffen.
Als logisch kann zumindest eine Teilordnung bezeichnet werden, wenn sich der erste Regelkomplex als notwendige Folgerung aus dem Versagen des phonologischen Prinzips ergeben hat. Das als Auslaut zu hörende „t" des phonologisch getreu geschriebenen Wortes „halt" wird auch mit dem Buchstaben „t" versehen, während das als Auslaut hörbare „t" bei „Wald" mit „d" geschrieben werden muß. Hier reicht also das phonetisch-phonologische Lösungsmittel nicht aus. Es muß im Zweifelsfalle überlegt werden, wie die richtige Lösung zu finden ist. Wenn die Denkfunktion wirksam werden muß, sprechen wir vom Einsatz des *logischen Lösungsmittels*, das in diesem Falle etwa lauten müßte: ein stimmlos klingender Konsonant im Auslaut (hier „t") wird durch den Buchstaben des entsprechenden ähnlichklingenden stimmhaften Konsonanten dargestellt (hier durch „d"), wenn bei einer „Wortverlängerung" der stimmhafte Konsonant erklingt. Ich spreche und höre „Wald" mit „t", die Wortverlängerung (Wälder, des Waldes usw.) ergibt das d-Phonem, folglich schreibe ich auch Wald mit „d". Im gleichen Verfahren wird die mögliche Schwierigkeit bei „breit" überwunden: die Wortverlängerung (breite, breiter usw.) behält das t-Phonem, folglich wird „breit" mit „t" geschrieben. Es wird deutlich, daß die logische Lösungsmethode, hier die Anwendung der Wortverlängerung, nur dann erfolgreich sein kann, wenn die grundsätzliche Phonem-Graphem-Zuordnung bekannt und die entsprechende Normlautung beherrscht wird. Dieser unmittelbare Zusammenhang zwischen dem phonetisch-phonologischen und dem logischen Lernbereich stellt zwangsläufig diesen Regelkomplex an den Anfang des Regellernens, weil es eine echte Motivation gibt: wenn das phonetisch-phonologische Lösungsmittel nicht ausreicht, muß der Schüler eine Lösung durch Denken, durch Anwenden einer Regel, finden. Zu dem gleichen Regelkomplex gehört das Fragen nach dem Stammwort: „Häuser" wird mit „äu" geschrieben, weil es von „Haus" abstammt (oder abgeleitet wird). Auch hier wird am Ende des logischen Vorgangs, am Ende der Regel also, die richtige Schreibweise schließlich durch die phonetisch-phonologische Lösungsmethode erbracht. Im gleichen Zusammenhang mit der phonetisch-phonologischen Lernweise stehen die Regeln zur Silbentrennung und die Regeln zur

Buchstabenverdopplung der Konsonanten (häufig, aber fälschlicherweise, Mitlautverdopplung genannt). Auch die letztgenannte Regel führt auf die phonologische Basis zurück und setzt genaues Hören und normlautadäquate Artikulation voraus, nämlich die deutliche Unterscheidung von langen und kurzen Vokal-Phonemen.
Beispiel:
Nach einem langen Vokal (Selbstlaut) und nach einem Diphthong (Zwielaut) folgt nur *ein* Konsonant (Mitlaut). Nach einem kurzen Vokal (Selbstlaut) folgen meistens *zwei* Konsonanten (Mitlaute). Wenn nur *ein* Konsonant (Mitlaut), zu hören ist, wird sein Buchstabe doppelt geschrieben. (Aus kk wird ck, aus ss am Ende wird ß, aus zz wird tz.)
Beispiele:

a) das Tal; ein *langes a* ist zu hören. Hier folgt nur ein l.
b) der Schalter; zuerst ist ein *kurzes a* zu hören. Dann sind zwei Konsonanten (Mitlaute) zu hören. Es wird *kein* Buchstabe verdoppelt.
c) knallen; es ist erst wieder ein *kurzes a* zu hören. Dann ist nur der l-Laut, also nur *ein* Konsonant (Mitlaut) zu hören. Jetzt muß der Buchstabe *l* verdoppelt werden: knallen.

Aber:

d) es knallt; ein *kurzes a* ist zu hören. Dann sind wieder *zwei* Konsonanten (Mitlaute) zu hören: der l-Laut und der t-Laut. Nach dem Beispiel b) dürften wir den Buchstaben „l" nicht verdoppeln. Aber „knallt" hat das Stammwort „knallen", und da ist nur *ein* Konsonant (Mitlaut) zu hören. Also muß das „l" verdoppelt werden, deshalb auch bei „knallt".

Wir sind nach diesen Überlegungen in der Lage, das gesamte Regelwerk in zwei große Bereiche einzuteilen: einmal in den Bereich, der im Zusammenhang mit dem phonologischen Prinzip und der phonetisch-phonologischen Lösung steht, zum andern in den Bereich, der mit dem phonologischen Prinzip nichts mehr zu tun hat.

A. Rechtschreibregeln im Zusammenhang mit der phonetisch-phonologischen Lernweise	B. Rechtschreibregeln ohne Zusammenhang mit der phonetisch-phonologischen Lernw.
1. Regeln zur Abweichung von Normlautschreibungen (phonologischen Schreibungen).	1. Regeln zur Groß- und Kleinschreibung.
2. Regeln zur Silbentrennung.	2. Regeln zur Getrennt- und Zusammenschreibung.
3. Regel zur Buchstabenverdopplung der Konsonanten.	3. Regeln für besondere Einzelfälle.
	4. Regeln zur Zeichensetzung.

So weit zunächst wiederum die strukturspezifische Darstellung des Regelwerks, die zugleich in didaktischer Sicht erfolgte.
Es muß nun auch an dieser Stelle die Frage nach dem Leistungsvermögen der Schüler in den verschiedenen Altersstufen in bezug auf das Regellernen gestellt werden. Im Kapitel B I wurde bereits Generelles darüber gesagt. Hier braucht lediglich noch hervorgehoben zu werden, daß in neuerer Zeit durch experimentelle Untersuchungen von R. Müller[18] und D. Dumke[19] die Fähigkeit zum effektiven Regellernen, sogar auf deduktive Weise, bereits bei Kindern im 2. Schuljahr festgestellt wurde. Daß die Kinder dieser Altersgruppe noch nicht schwierige abstrakte Regeln erfassen können und folglich eine kindgemäße Verbalisierung von „Primitivregeln" am Anfang stehen muß, versteht sich von selbst.
Wir wenden uns nun dem vierten Grundzug (Wesensmerkmal) unserer Rechtschreibung zu.
Es gibt eine ganze Reihe von Schreibweisen, deren Lösung im Zweifelsfalle weder phonetisch-phonologisch noch logisch möglich ist (z. B. Fu*chs*, B*o*ot, *V*ater, Me*h*l usw.). Um sich diese Schreibweisen zu merken, bedarf es oft des Griffs zum Wörterbuch und eines „harten Wegs" des Einprägens. Der Erwerb dieses Teils der deutschen Rechtschreibung, zu dem traditionelle (historische) und auch willkürliche Schreibweisen gehören, ist nur durch heterosensorielle Assoziation, durch Verknüpfung des akustischen Symbols eines Sprachwortes mit dem dazugehörigen Schriftbild, möglich. So gesehen, könnte man diesen Bereich dem erstgenannten Grundzug der Rechtschreibung (S. 53) zuordnen. Aber weil die Aneignungsweise ausschließlich visuell-motorisch möglich ist, sich also keine Unterstützung durch das phonetisch-phonologische oder logische Lösungsmittel anbietet, und wegen der deshalb notwendigen besonderen Konzentration und Intensität des Einprägens bestimmter Wortschriftbilder, nimmt dieser Bereich unserer Rechtschreibung eine gewisse Sonderstellung ein. Zu ihm gehören im einzelnen die Stammwörter mit Dehnungs-h, die Schreibweisen mit x, chs, Qu (qu), V (v), dt, Th (th), Ph (ph), aa, ee, oo, langem i-Laut, die nur mit i geschrieben werden, ai, ih, bs und ps.

[18] R. Müller, Deduktives Denken bei achtjährigen Kindern. In: Zeitschrift für experimentelle und angewandte Psychologie, 8/66.

[19] D. Dumke, Training von Rechtschreibregeln im 2. Schuljahr. In: Schule und Psychologie, 1/72.

Zusammenfassung:

1. Aus dem sprach- und sachganzheitlichen Darstellungscharakter der Schrift einerseits und der Fähigkeit der Schüler zur Assoziation von durchgliederten Laut- und Schriftkomplexen als Symbole für gegenständliche oder abstrakte Inhalte andererseits ergibt sich die *Bedeutung der Schriftbilder* sowohl beim Erwerb der Rechtschreibung als auch bei ihrer späteren automatisierten Verwendung. (Visueller Lehr- und Lernbereich.)

2. Wir haben weder eine Begriffsschrift noch eine eigentliche Lautschrift, sondern eine *Phonemschrift*, deren graphische Darstellungseinheiten die Buchstaben sind. Wenn der Vorteil dieser Schrift, nämlich entsprechend der gesprochenen Sprache mit endlichen Mitteln Unendliches darzustellen, genutzt werden soll, erfordert dies die Zerlegung der Phonem- und Graphemkomplexe in ihre kleinsten Teile und die Fertigkeit zur Konstruktion neuer Phonem- und Schriftkomplexe aus diesen Teilen. Zu beidem sind die Schüler aufgrund ihrer Lerndisposition mit Hilfe des Unterrichts fähig. (Phonetisch-phonologischer Lehr- und Lernbereich.)

3. Es haben sich im Laufe der Entwicklung unserer Schrift Regelmäßigkeiten herauskristallisiert, die zu einem wenn auch mit vielen Ausnahmen versehenen *Regelsystem* führten. Ein unter sachlogischen und didaktischen Aspekten aufgebautes Regelwerk erleichtert den Schülern das Regellernen, zumal sie dazu, jeweils ihrer Entwicklungsstufe angemessen, in der Lage sind. (Logischer Lehr- und Lernbereich.)

4. Unsere Rechtschreibung enthält *traditionelle und willkürliche Schreibweisen*, die weder phonetisch-phonologisch noch mit Hilfe von Regeln erfaßbar sind, sondern einzig durch Assoziation von Wörtern mit Schriftbildern. Diese Lernleistung zur Speicherung bestimmter durchgliederter Wortschriftbilder können Schüler aller Entwicklungsstufen bei entsprechendem Training ohne weiteres erbringen. (Rein visueller Lehr- und Lernbereich.)

c) Die Aussichten auf eine Rechtschreibreform

Die Rechtschreibreformbestrebungen sind, wie wir schon an der geschichtlichen Entwicklung gesehen haben, nicht neu. Schon 1854 verlangte der Kurzschriftler *Michaelis* eine „Vereinfachung der deutschen Rechtschreibung", und 1876 gründete *W. Fricke* den „Allgemeinen Verein für vereinfachte deutsche Rechtschreibung". Die schon erwähnte „Putkammersche Reform" von 1890 brachte eine einheitliche Schreibung für Preußen und die Reform von 1901 die Beseitigung der Kluft zwischen Schul- und amtlicher Schreibung sowie eine im wesentlichen einheitliche Schreibweise für Deutschland, Österreich und die Schweiz. Diese Reformen beseitigten aber keineswegs die Schwierigkeiten der Rechtschreibung. Um 1910 machte *O. Kosog* mit seinem berühmten „Breslauer Diktat" von sich reden. Aber die durch ihn mit angeregte und von *Karstädt* 1920 geplante Reform scheiterte. 1931 entwarf der *Bildungsverband der deutschen Buchdrucker* ein 10-Punkte-Programm zur Reform der Rechtschreibung. Es blieb nur beim Entwurf.

Nach 1945 veröffentlichte *Alfred Kräbs* in der „Zeitschrift für Phonetik und allgemeine Sprachwissenschaft" unter der Überschrift „Denkschrift über die Reform und unsere Schrift und Entwurf eines einfachen phonetischen Schriftsystems für praktische Zwecke" einen recht radikalen Plan. Er ersetzt unsere gegenwärtige Schrift durch völlig neue Zeichen, die keine Unterscheidung zwischen Schreib- und Druckformen kennt, der Stenografie ähnelt und zugleich eine internationale Lautschrift darstellen soll.

Professor *Menzerat* veröffentlichte in der gleichen Zeitschrift einen Artikel über die Reform der Rechtschreibung. Er versucht, jedem Laut ein Zeichen zu geben. Da auch dieser Vorschlag Zeichen abschafft oder den nicht mehr nötigen Zeichen (z. B. *c* und *x*) neue Lautwerte zuordnet, kann sein Entwurf ebenfalls als radikal bezeichnet werden.

Der *Rechtschreibausschuß des Lehrervereins Niedersachsen* erarbeitete im Auftrage der *Arbeitsgemeinschaft deutscher Lehrerverbände* auch einen Reformvorschlag, den er selbst als gemäßigt bezeichnet, weil er keine neuen Zeichen schafft und die bisherigen in ihrer Lautdeutung nicht ändert. Es blieb beim Vorschlag.

Über noch bescheidenere Vorschläge der *Arbeitsgemeinschaft für Sprachpflege*, die diese mit Fachleuten aus dem gesamten deutschen Sprachgebiet erarbeitete, entbrannte 1954 eine heftige Pressediskussion. Der halbamtliche Auftrag dieser Arbeitsgemeinschaft wurde daraufhin verleugnet.

Wir haben hier in großen Zügen die markantesten Stationen der Reformbestrebungen angedeutet und fragen uns nur, warum nach über einem Jahrhundert, seit solche Bestrebungen laut wurden, noch nichts zur Verwirklichung der Pläne geschehen ist. Die Ursache finden wir zunächst im Gegenstand der Reformpläne selbst. Das Lager der Reformer zerfiel in die Parteien der *Radikalen* und der *Gemäßigten*. Die einen wollten eine totale Lautschrift, andere eine verbesserte, und wieder andere begnügten sich mit der Abschaffung der Großschrei-

bung. Schon allein die sehr unterschiedlichen Auffassungen über eine Reform trugen den Keim ihres Scheiterns in sich.
Aber ein weiterer Grund für das bisherige Ausbleiben einer Rechtschreibreform ist die *Traditionsgebundenheit*. Ihre nicht immer sichtbare Macht wurde von den meisten Reformern unterschätzt. Das Festhalten an dem Althergebrachten scheint eine besondere Eigenschaft des Menschen zu sein; denn selbst dann, wenn ihm bei einer Neuerung Vorteile erwachsen würden, hält er oft an dem alten fest.
Neben den mehr *emotionalen Gründen* gibt es aber durchaus auch noch *rationale*, z. B. die Überlegung, welche enormen wirtschaftlichen und finanziellen Belastungen die Durchführung einer radikalen Rechtschreibreform mit sich bringen würde. Wir brauchen nur daran zu denken, daß alle gegenwärtigen Bücher und Schriften in einigen Jahren nur noch Museumswert hätten und neu gedruckt werden müßten, daß die Schreibmaschinenfabrikation vor neuen Aufgaben stände, daß es in der langen Übergangszeit eine gewisse Anarchie der Rechtschreibung gäbe, die sich durch Verlangsamung des Schriftverkehrs sowohl im Handel als auch bei den Behörden nachteilig auswirken würde. Fachleute sind zu der Auffassung gelangt, daß eine totale Reform sicher viele Vorteile brächte, aber auch nicht zu unterschätzende Nachteile, mindestens für einen nicht geringen Zeitraum.
1956 wurde schließlich von der Ständigen Konferenz der Kultusminister und dem Bundesminister des Inneren ein *Arbeitskreis für Rechtschreibregelung* einberufen. Zu diesem Arbeitskreis gehörte auch der verstorbene *Heinrich Schwanbeck*. Der Plan, den dieser Arbeitskreis entwickelte, enthält sechs Empfehlungen zur Reform der Rechtschreibung:

„1. *Zur Groß- und Kleinschreibung*
Die jetzige Großschreibung der „Hauptwörter" soll durch die gemäßigte Kleinschreibung ersetzt werden. Danach werden künftig nur noch groß geschrieben: die Satzanfänge, die Eigennamen, einschließlich der Namen Gottes, die Anredefürwörter und gewisse fachsprachliche Abkürzungen (z. B. H_2O).

2. *Das Komma*
Das Komma soll weitgehend auf die Fälle beschränkt werden, in denen das rhythmische Empfinden des Schreibenden mit der grammatischen Gliederung des Satzes übereinstimmt.

3. *Zur Silbentrennung*
Das Schriftbild soll bei der Trennung so wenig wie möglich verändert werden. Der sogenannte Trennungsstrich ist als ein Verbindungszeichen aufzufassen, das über den Zeilenwechsel hinweg das Wort als schriftliche Einheit gegenwärtig hält. Dementsprechend sind auch die Trennungsstellen nicht in erster Linie als Sinneinschnitte zu betrachten, sondern als Artikulationsgrenzen, die im wesentlichen den Sprechsilben folgen.

4. *Doppelformen*
Rechtschreibliche Doppelformen sollen beseitigt werden. Beispiel: rekeln, räkeln — rote Bete, rote Beete (Rübe).

5. *Zur Angleichung der Fremdwörter an die deutsche Schreibung*
a) Häufig gebrauchte Fremdwörter aus lebenden Sprachen sollen wie bisher nach und nach der deutschen Schreibung angeglichen werden.
b) Bei den allgemein gebräuchlichen Fremdwörtern griechischen Ursprungs soll ph, th, rh durch f, t, r ersetzt werden. Die bisherige Schreibweise soll jedoch weiterhin zulässig sein.

6. *Zur Zusammen- und Getrenntschreibung*
Künftig sollen nur noch echte Zusammensetzungen zusammengeschrieben werden. Selbständige Satzglieder oder Gliedteile schreibt man dagegen getrennt. In Zweifelsfällen ist die Getrenntschreibung vorzuziehen.
Der Arbeitskreis beschränkt sich bewußt auf diese sechs Empfehlungen, weil sie das vertraute Schriftbild am wenigsten verändern. Ihre Durchführung erfordert deshalb vom Schreibenden keine besondere Mühe. Andererseits sind diese Änderungen gewichtig genug, um das berechtigte Drängen nach Reformen für längere Zeit zur Ruhe zu bringen.
Die unterbreiteten Empfehlungen dürften aus diesem Grunde die richtige Mitte zwischen den beiden Notwendigkeiten der Beharrung und der Entwicklung darstellen. Die anderen Fragenkreise, die noch im Zusammenhang mit dieser Schriftreform stehen, insbesondere die schriftliche Kennzeichnung der langen und kurzen Vokale (Dehnungsfrage), sollen späteren Generationen überlassen bleiben."
Das war der Stand von 1958. Wie ging es nun weiter? Zunächst gingen diese von dem erwähnten Arbeitskreis aufgrund zweijähriger Arbeit aufgestellten Empfehlungen an die Auftraggeber zurück: an

die Ständige Konferenz der Kultusminister und an das Bundesinnenministerium. Von dort aus erging der Auftrag an den Arbeitskreis, mit den übrigen deutschsprachigen Ländern, mit Österreich, mit der Schweiz und nicht zuletzt auch mit Mitteldeutschland, Verbindung aufzunehmen. Das geschah recht bald. Natürlich mußten diese Länder nun ihrerseits wieder eine Kommission zusammenstellen, die diese Empfehlungen gründlich durcharbeitete und prüfte und dann eine Stellungnahme dazu abgeben mußte. Die erste Äußerung dazu ging von den Österreichern 1962 ein. Der österreichische Arbeitskreis war sich über die Regelung der künftigen Kleinschreibung nicht einig. Es gab einige Vertreter, die für die von den Deutschen vorgeschlagene gemäßigte Kleinschreibung waren, und einige, die eine totale Kleinschreibung wollten. So gab man dazu zwei Stellungnahmen ab. Im übrigen fehlte ihnen in den deutschen „Empfehlungen" die Regelung der s-Laut-Schreibung, die sie ihrerseits als Verbesserung forderten. – Die Schweiz gab 1963 eine Stellungnahme ab, und zwar sowohl zu den deutschen als auch bereits zu den österreichischen Empfehlungen. Darin wurde eine sehr konservative Haltung der schweizerischen Fachleute deutlich. – Aus Mitteldeutschland wurde keine Stellungnahme abgegeben. Man ließ aber die bundesdeutsche Kommission wissen, daß man einer Neuregelung der Rechtschreibung aufgeschlossen gegenüberstehe.

Darauf tagte im Februar 1964 nochmals der deutsche Ausschuß für Rechtschreibregelung. Von dieser Tagung ist folgende Verlautbarung bekannt: „Der Arbeitskreis hat nunmehr beschlossen, in weiterführenden Beratungen mit den zuständigen Kommissionen aller deutschsprachigen Gebiete, die zum Teil noch unterschiedlich beurteilten Fragen, insbesondere der Zeichensetzung, der Getrennt- und Zusammenschreibung, der Groß- und Kleinschreibung einer gemeinsamen Lösung näherzubringen. Erst dann wird die geplante abschließende Rechtschreibkonferenz stattfinden."

Zu der sogenannten abschließenden Konferenz ist es leider bis heute nicht gekommen. Statt dessen wurde es um die „Wiesbadener Empfehlungen" lange Jahre recht still. Ein neuer Anstoß, die Reformgedanken wieder aufzugreifen, wurde 1969 auf dem Frankfurter Grundschulkongreß gegeben, und zwar mit den „Zehn Thesen zum Rechtschreibunterricht in der Grundschule" von Bernhard Weisgerber.[20] Die Fachschaft Deutsch der Pädagogischen Hochschulen

[20] B. Weisgerber, „Zehn Thesen zum Rechtschreibunterricht". In: Die Grundschule 2/1970.

des Landes Nordrhein-Westfalen forderte im Juli 1972 öffentlich die „gemäßigte Kleinschreibung". Auf dem Germanistentag 1973 in Trier schlossen sich die dortigen Vertreter der Resolution dieser Fachschaft an. Sie forderten noch weitere Vereinfachungen, z. B. in der Zeichensetzung, Silbentrennung und bei der s-Laut-Schreibung. Im Mai 1973 befürwortete die Ständige Konferenz der Kultusminister eine baldige Reform der Rechtschreibung in allen deutschsprachigen Ländern. Im Juni 1973 begrüßte der „Arbeitskreis Grundschule e. V." die Befürwortung der Kultusministerkonferenz und forderte die Lehrer auf, Rechtschreibfehler, die wegen der Schwierigkeiten der Groß- und Kleinschreibung von Schülern gemacht werden, ab sofort nicht mehr zu bewerten. – In jüngster Zeit ist der Gedanke der Rechtschreibreform ins Blickfeld des allgemeinen öffentlichen Interesses getreten. Es sind heftige Diskussionen zum Für und Wider einer Reform entflammt. Eine Flut von Veröffentlichungen befaßt sich mit diesem Thema, und in fast allen beruflichen und sozialen Schichten unserer Gesellschaft werden die Möglichkeiten einer Reformverwirklichung erörtert. Das Ganze ist auch zu einem empfindlichen Politikum geworden. Wenn es gelingt, diese zur Zeit noch andauernde Diskussion von Emotionen und auch vom Extremismus zu befreien, müßte es möglich sein, zu einem befriedigenden Ergebnis zu kommen.

Bis dahin aber müssen wir wohl oder übel die gegenwärtig geltende Rechtschreibung zum Gegenstand unseres Rechtschreibunterrichts machen. Wir werden später sehen, welche methodischen Konsequenzen wir aus ihren Eigentümlichkeiten zu ziehen haben.

Literaturhinweise

Arbeitskreis Grundschule e. V.	„Beginn einer rechtschreibreform durch kleinschreibung in der grundschule". In: Die Grundschule, Februar 1973.
Arens, Hans	Sprachwissenschaft. 2., durchgesehene und stark erweiterte Auflage, Freiburg 1969.
Augst, Gerhard (Hrsg.)	Deutsche Rechtschreibung mangelhaft? Heidelberg 1974.
Ders.	Morpheminventar zur nhd. Sprache (mit mehreren Spezialuntersuchungen u. a. zur synchronen etymologischen Kompetenz), erscheint 1974 im Institut für deutsche Sprache Mannheim.
Baum, Theophil	„Wie steht es um die Rechtschreibreform?" In: Mitteilungen des Deutschen Germanistenverbandes, Nr. 2, 1964.

Bierwisch, Manfred	„Strukturalismus. Geschichte, Probleme und Methoden". In: Kursbuch 5, 1966.
Brandenstein, N.	Einführung in die Phonetik und Phonologie. Wien 1950.
Duden-Beiträge	Empfehlungen des Arbeitskreises für Rechtschreibregelung, Heft 2, 1959.
Dumke, Dieter	„Training von Rechtschreibregeln im zweiten Schuljahr". In: Schule und Psychologie 1972/1.
von Essen, Otto	Grundbegriffe der Phonetik. Berlin-Charlottenburg 1969.
Gelb, Ignaz J.	Von der Keilschrift zum Alphabet. Stuttgart 1958.
Glinz, Hans	„Die Kennzeichnung des langen Vokals in der deutschen Rechtschreibung und die Möglichkeiten und Grenzen einer Vereinfachung". In: Der Deutschunterricht 7, Heft 3, 1955.
Ders.	Sprachwissenschaft heute. Stuttgart 1970.
Grebe, Paul	„Zur Reform der Zeichensetzung". In: Der Deutschunterricht 7, Heft 3, 1955.
Hager, Frithjof/Haberland, Hartmut/Paris, Rainer	Soziologie + Linguistik. Stuttgart 1973.
Hiestand, Wilhelm W. (Hrsg.)	Rechtschreibung. Müssen wir neu schreiben lernen? Weinheim 1974.
Hörmann, Hans	Psychologie der Sprache. Berlin/Heidelberg/New York 1970.
Horst, Michael	„Rechtschreibreform". In: Die bayerische schule, Heft 2, München 1969.
Hotzenköcherle, Rudolf	„Großschreibung oder Kleinschreibung? Bausteine zu einem selbständigen Urteil". In: Der Deutschunterricht 7, Heft 3, 1955.
Jäger, Siegfried	„Reform der Rechtschreibung". In: Linguistische Berichte 21, 1972.
Jensen, Hans	Die Schrift in Vergangenheit und Gegenwart. Berlin 1958.
Klappenbach, Ruth	„Die Silbentrennung". In: Der Deutschunterricht 7, Heft 3, 1955.
Knobloch, Johann	„Erneuerung der Rechtschreibung: wie und warum?" In: Muttersprache 83, 1973.
Kötter, Ludwig/Grau, Uwe	Welche Umstellungsschwierigkeiten sind bei einer Rechtschreibreform zu erwarten? Deutsches Institut für internationale pädagogische Forschung. Frankfurt 1966.
Krause, Siegfried	Leitfaden zur Sprecherziehung. Ratingen 1971.
Lyons, John	Einführung in die moderne Linguistik. München 1973.
Mangold, Max	Laut und Schrift im Deutschen. Mannheim 1961.
Martinet, André	Grundzüge der allgemeinen Sprachwissenschaft. Stuttgart 1963.
Meier, Helmut	Deutsche Sprachstatistik. Hildesheim 1964.
Mentrup, Wolfgang	Die Regeln der deutschen Rechtschreibung. Mannheim 1968.
Moser, Hugo	Groß- oder Kleinschreibung? Ein Hauptproblem der Rechtschreibreform. Duden-Beiträge Heft 1, Mannheim 1958.
Moser, Hugo	Vermehrte Großschreibung – ein Weg zur Vereinfachung der Rechtschreibung? Mannheim 1963.

Moser, Hugo — „Rechtschreibung und Sprache. Von den Prinzipien der deutschen Orthographie". In: Der Deutschunterricht 7, Heft 3, 1955.

Müller, Rudolf — „Deduktives Denken bei achtjährigen Kindern. Eine experimentelle Untersuchung zum Rechtschreibtraining". In: Zeitschrift für experimentelle und angewandte Psychologie XIII/1966.

Nickel, Horst — „Untersuchungen über den Einfluß verschiedener Formen der Stoffdarbietung und Rückmeldung auf die Rechtschreibleistungen von Volksschülern". In: Schule und Psychologie 1968/2.

Oerter, Rolf — Moderne Entwicklungspsychologie. Donauwörth 1969.

Plautz, A. — „Gedanken zur Rechtschreibreform". In: Unser Weg 1970/5.

Plickat, Hans-Heinrich — „Rechtschreibfehler und Rechtschreibreform". In: Unsere Volksschule, Heft 1, 1965.

Pomm, Hermann Peter — „Informationspsychologische Aspekte der Rechtschreibung". In: Grundlagenstudien aus Kybernetik und Geisteswissenschaft 11, Heft 2, 1970.

Rahn, Fritz — „Die geplante Reform – Betrachtungen und Vorschläge". In: Der Deutschunterricht 7, Heft 3, 1955.

von Raumer, Rudolf — „Über deutsche Rechtschreibung 1855" (S. A. aus Z. f. d. österr. Gymnasien 1855, Heft I, VII); auch: Gesammelte sprachwissenschaftliche Schriften. Frankfurt und Erlangen 1863.

Roemheld, Friedrich — „Die Längenbezeichnung in der deutschen Rechtschreibung". In: Der Deutschunterricht 7, Heft 3, 1953.

de Saussure, Ferdinand — Grundfragen der allgemeinen Sprachwissenschaft. Berlin 1967.

Siebs, Theodor — Deutsche Aussprache – Reine und gemäßigte Hochlautung mit Aussprachewörterbuch. Berlin 1969.

Wängler, H.-H. — Grundriß einer Phonetik des Deutschen. Elwert/Marburg 1960.

Weisgerber, Leo — Die Verantwortung für die Schrift. Mannheim 1964.

Ders. — „Sprache und Rechtschreibung". In: Ernst Pacolt: Beiträge zur Erneuerung der deutschen Rechtschreibung. Wien/München 1971.

Wüster, Erich — „Vereinfachung der Großschreibung durch Beseitigung willkürlicher Kleinschreibung". In: Muttersprache, Heft 8, Wien 1962.

Arnold Lämmel

IV. Schreiben - Rechtschreiben

Prof. Scheinert, ein führender Mitarbeiter des alten Deutschen Sprachvereins, äußerte einmal:
„Wer viel liest, bildet sich;
wer viel schreibt, wird rechtschreibsicher."
Was den Hinweis auf das Schreiben betrifft, so kann man ihm nur bedingt zustimmen. Es werden zwar „Vielschreiber" zumeist auch bemüht sein, keine Fehler zu machen, vor allem wenn sie ihre schriftlichen Äußerungen als Verständigungsmittel für andere auffassen. Aber statt des „vielen" Schreibens sollte es besser „richtig schreiben" heißen.

Wer richtig schreibt, macht wenig Fehler!

Es handelt sich dabei nicht nur um Rechtschreibfehler. Auch im Rechnen z. B. wird bei dem richtigen Schreiben der Ziffern die Fehlerzahl sinken, weil die Übersicht größer ist. Der Begriff „richtig" muß aber genau umrissen werden, damit man ihn voll versteht.
Vielfach ist man der Meinung, der Schüler schreibt richtig, wenn er „einwandfreie Buchstaben" schreibt, d. h., wenn er duktusgerecht schreibt. Vergleichen wir doch einmal zwei extreme Fälle:
1. Ein Kind schriebe am Ende des ersten Schuljahres in einem Tempo von 6 *Silben in der Minute* folgende Schrift:

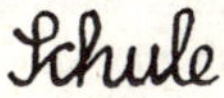

Dann wäre dies ohne Zweifel eine vorzügliche Leistung. Es schreibt also „richtig".

2. Eine Schülerin schriebe am Ende des achten Schuljahres in einem Tempo von nur 10 *Silben in der Minute* folgende Schrift:

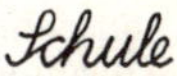

Dann werden viele Lehrer bei Betrachtung dieser Schrift sagen: „Sie ist vorzüglich." Würde aber diese Schülerin in ihrer Klasse sitzen, so wären die gleichen Lehrer verzweifelt, denn trotz der einwandfreien, sauberen Schrift würde diese Schülerin eine „Klassenbremse" sein. Sie schreibt nämlich nicht nur zu langsam (28 Silben/Min. ist Durchschnitt, bei entsprechender Übung kommt man auf 35 Silben/Min. im Klassendurchschnitt), sondern auch ihre geistige und seelische Entwicklung dürfte entsprechend verlangsamt sein.

„Richtige Schriften" müssen dem Alter angepaßt sein:
1. in der Lesbarkeit,
2. in der Sauberkeit,
3. im Gesamteindruck,
4. im Schreibtempo.

Wir können schon im ersten Schuljahr von einer „Handschrift" sprechen, denn es gibt kaum zwei Kinder, die die gleichen Schriften haben, selbst wenn diese „duktusgerecht" gelehrt würden.

Ziel der Schreiberziehung ist eine saubere, gut lesbare und flüssige Handschrift.

Ziel des Schreibens, gesamtunterrichtlich gesehen:
Der Schüler muß neben dem Schreiben der Wörter und der graphischen Gestaltung auch die übrigen Komponenten der Schreibhandlung erfassen: Beachten der Aussage, der grammatischen Richtigkeit und der Rechtschreibung. Es sollte von Anfang an darauf geachtet werden, den Schüler zu befähigen, erworbenes Wissen sachlich zu ordnen und übersichtlich zu fixieren.

a) Wie kommen wir zum natürlichen Schreiben?

1. Äußere Voraussetzungen
Es ist nicht die Aufgabe dieses Aufsatzes, eingehend auf Beleuchtung, Gestühl, Sitzhaltung und Schreibhaltung einzugehen. Aber diese Komponenten können nicht wichtig genug genommen werden, weil sie nicht nur das Schreiben, sondern auch die Rechtschreibung beeinflussen. Muß sich nämlich ein Schüler zu sehr mit diesen „Äußerlichkeiten" befassen, so wird er vom Denken, also auch von Rechtschreibung und Grammatik, abgelenkt.

Richtige Voraussetzungen schaffen – bessere Erfolge erzielen
Wer sich mit diesen Fragen intensiver beschäftigen will, sei auf folgende Veröffentlichungen hingewiesen: 1. „Grundlagen der Schreib-

erziehung" und „Schreiblehrsystem", Pelikanwerke Hannover (unentgeltlich); 2. Lämmel, „Natürliches Schreiben", Dümmler, Bonn; 3. Gamm, „Entwicklungsgemäßes Schreibenlernen", Zickfeldt, Hannover; 4. Grünewald, „Schrift als Bewegung", Beltz, Weinheim.

2. Schreiben ist ein Bewegungsablauf

Wir kommen zu keinem echten, natürlichen Schreiben, wenn wir glauben, daß man ein Wort aus Einzelelementen „addieren" könne. Beim Schreiben, aber auch in der Rechtschreibung und beim sprachlichen Ausdruck, dürfen wir nie ohne Sinn (= Unsinn!) arbeiten. So wird von Anfang an Spiel, rhythmisches Verhalten und ein sinnvoller Satz oder ein Wort dem Kinde das Schreibgerät führen. Schreiben soll dabei nicht nur ein Erlebnis festhalten, sondern muß selbst ein freudvolles Erlebnis sein! Erst wenn die Wörter so automatisiert sind, daß sie „wie selbstverständlich" (sie sind dann inhaltlich, bewegungsmäßig und rechtschreibmäßig verstanden) aus der Feder fließen, und wenn damit auch im sprachlichen Ausdruck der rechte Stil gefunden worden ist, kann man vom „rechten, flüssigen Schreiben" sprechen. Diese Graphik ist das überzeugende Verständigungsmittel und hält die eigenen Gedanken in klarer, eindeutiger Weise fest!

Siehe dazu: Reinhardt, Grundlagen und Praxis des Erstunterrichtes im Lesen und Schreiben, Bayr. Schulbuchverlag, München; Brachold, Handbuch für Schreiberziehung, Hahnsche Buchhandlung, Hannover.

b) Wie unterstützt das Schreiben die Rechtschreibung?

1. Jeder Schüler muß wirklich schreiben lernen

Das Kind kann „Wortkritzeln", wenn es in die Schule kommt. Es unterlegt seinen Kritzeleien, die in Ablauf und Richtung stark an die Schrift erinnern, einen bestimmten Sinn. Die Schule hat nun die Aufgabe – ähnlich wie im Rechen-, Sprach- und Sachunterricht –, das mitgebrachte Können mittels zweckvoller Bewegungssteuerung zur vorgeschriebenen Form zu führen.

Ecke Girlande Arkade und Acht

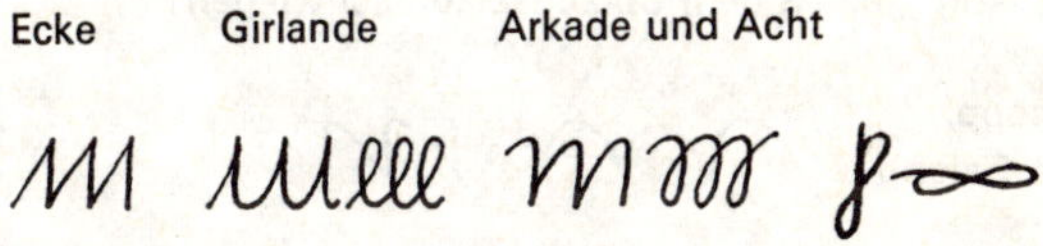

werden spielend-rhythmisch eingeführt.

Arbeitsbeispiel „Girlande" (gekürzt!)

a) Am Ort: „Ringel, Ringel Reihe" 

b) Fortlaufend: „Wir sind der Kinder dreie." 

c) Differenziert: „Wir tanzen um den Holderbusch" 

„und machen alle husch, husch, husch!" 

d) Entwicklung zum Wort:

„Und rolle, rolle ratteratt", 

„Ganz große Wogen, kleine Wogen" 

„Und Schleife, Schwung und Schleife, Schleife" 

„Ich eile in die Schule schnelle – Punkt." 

2. Beispiel (nach Brachold)

a) Ringel, Ringel, Reihe, wir sind der Kinder dreie 

b) Ringel, Ringel, Reihe, wir sind der Kinder dreie 

c) Ringel, Ringel, Reihe, wir sind der Kinder dreie 

d) Wortübung: 

Man sollte anfangs einen Vers, einen Satz oder auch nur ein Wort dieser graphischen Äußerung unterlegen, damit die Kinder nicht malen, sondern flüssig, gemäß dem Sprachablauf, schwingen!

Hopp, hopp, hopp,
Pferdchen lauf Galopp: 

Und *mei*ne *Mu*tter
macht mir *schö*nes *Mu*s: 

Aber auch Buchstaben kann man so erschwingen! Das kann einmal als „Schwungform" geschehen, ehe die Buchstaben (Lese-Analyse) bekannt sind, oder als echte Buchstabenübung durchgeführt werden.

„Wir schwingen schnell und munter": 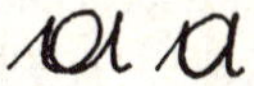

Besser ist es, zwei Buchstaben (= 2 Sätzen!) zu binden:
„Wir schwingen schnell und munter, schwingen

schnell und munter": 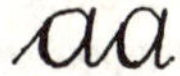

Oder „ein Auto": 

„Das Auto läuft schneller": 

Oftmals glaubt der Lehrer, diese Übungen seien nur für das erste Schuljahr bestimmt. Er wird aber bald feststellen, daß diese Sprach-Bewegungskombinationen auch im vierten, ja, im neunten Schuljahr geradezu Wunder wirken können, wenn konsequent und intensiv gearbeitet wird! Im vierten Schuljahr bügeln sich die „Gummischriften" automatisch aus, wenn flüssig gearbeitet wird. Im neunten Schuljahr erhält manche Handschrift erst durch solche Schwungübungen ihren Charakter. Kurz gesagt, ein von Anfang an auf Automatisierung gerichteter Schreibunterricht festigt nicht nur die Form und steigert die Flüssigkeit, sondern macht Kräfte für andere Aufgaben frei, die besonders auch der Rechtschreibung zugute kommen. Dazu:
„Bedeutung und Aufgabe des Schulanfangs", Schroedel, Hannover; Schreibübungshefte Nr. 1–3, Günther Wagner, Hannover.

2. Jeder Schüler muß flüssig schreiben können

Diese Forderung ist eigentlich schon erfüllt, wenn man Punkt 1 beachtet. Es soll deshalb hier nur kurz auf zwei Aufgaben hingewiesen werden:

Die Kinder müssen zum Kleinschreiben erzogen werden, weil sie kleinere Buchstaben weniger als große verformen können und ein kurzer Weg schneller bewältigt wird.

Die Kinder dürfen nicht schuljahrweise in eine Lineatur gezwängt werden, weil dies nicht den unterschiedlichen Bewegungsvorgängen entspricht, sondern die Lineaturen müssen angepaßt werden.

3. Jeder Schüler muß die Schreibschrift gut lesen können

Viele Grundschullehrer benutzen eine Schreibfibel, weil sie sagen,

daß dann die Kinder anfangs nur eine Schrift erlernen müssen, von Anfang an das (Recht-) Schreibbild optisch erfassen und damit weniger Fehler machen. Die Gründe klingen bestechend, aber sie gehen an natürlichen Gegebenheiten vorbei:
Wir wollen in der Fibel zuerst einmal „lesen" lernen.
Die Kinder wissen schon beim Schulanfang um die erste Leseschrift (Zeitung, Bücher, Werbung, Fernsehen).
Wenn Kinder etwas lesen können, wollen sie auch ihre Umwelt lesend entdecken. Aber die Schreibfibel steht – ganz anders als die Gemischt-Antiqua-Fibel – dem entgegen, weil sonst kein Buch usw. in Schreibschrift vorhanden ist.
Lesen und Schreiben sind ganz verschiedene Unterrichtsverfahren.
Das Lesen lernen die Kinder schon *vor* dem Schreiben; so sollte beides anfangs nie eng gekoppelt werden.
Wie kommen wir nun bei einer Druckfibel trotzdem zum guten Leseerfolg mit Schreibschrift?
Zuerst sollten wir einmal die Kinder nicht nur von der Wandtafel (Lehrerschrift), sondern auch aus dem Schreibheft mehr als bisher vorlesen lassen (nicht nur Aufsätze). Dann müßten in *allen* Lesebüchern, also auch auf der Oberstufe, ungefähr 12 „Schreibseiten" (im 1. und 2. Schuljahr etwa 20) vorhanden sein, damit die Kinder an entsprechenden Schriftmustern (später also auch an typischen Handschriften) die Schreibschrift lesen lernen und sich die Wortbilder einprägen. Erst wenn die Kinder im ersten Schuljahr sicher schreiben, dürfen sie zum Umsetzen von der Antiqua zur Lateinschrift angeleitet werden. Lesen, Schreiben und Rechtschreiben müssen also wohlüberlegt in die jeweils richtige Relation zueinander gebracht werden!

4. Jeder Schüler muß abschreiben können

Selbst das Abschreiben von Schreibschrift muß (in jedem Schuljahr von neuem) intensiv geübt werden, damit die Kinder Wortganze und Satzganze nicht nur lesend sinngemäß und ausdrucksrichtig wiedergeben, sondern auch schreibend entsprechend gestalten können!
Zunächst erfolgt das Abschreiben und Aufschreiben von Wörtern: Lesen eines Wortes – Abdecken dieses Wortes – Schreiben aus dem Gedächtnis – Vergleich mit dem Vorbild. Das Abschreiben von Wortbündeln (Wortblöcken) wird ebenso geübt, ferner das Abschreiben von Sätzen. Beim Abschreiben von der Wandtafel bietet die Schwenktafel eine wertvolle Hilfe. Selbst in den Oberklassen dauert das Abschreiben meist sehr lange, weil es nicht systematisch geübt wurde.

Nach dem Erlernen schreiben alle Schüler zügiger und werden rechtschreibsicher.
Ebenso wie man nicht einzelne Buchstaben üben sollte, weil dadurch die Zügigkeit verlorengeht und die Bindung nicht erlernt wird, sollte man das Schreiben auch weniger in „Schreibstunden" üben, sondern die Schreiberziehung während des gesamten Unterrichts kurz, aber intensiv pflegen.
5. Hilfen für Schreiben und Rechtschreibung
Die Erziehung zum sauberen, exakten Schreiben beginnen wir im Rechenheft. Dieses Heft bietet mit seinen Kästchen die Möglichkeit, den Schüler zu exakter Arbeit zu erziehen. Ziffern müssen immer normgenau geschrieben werden. Es empfiehlt sich, im Rechenunterricht zu Beginn eines jeden Schuljahres zwei Ziffern mit je einer Zeile üben zu lassen und eine weitere Zeile als Hausarbeit aufzugeben.

1 4 7 0 6 9 5 3 2 8 + – :

2 5 8 + 1 4 = 2 7 2

$$\begin{array}{r} 546209 \\ -285742 \\ \hline 260467 \\ \hline \end{array}$$

Es gibt keine Schmierzettel!
An Stelle geschmierter Sätze treten kurze, klare Notizen, Stichworte und farbige Skizzen. Worte, gut geordnet, gegenübergestellt, herausgehoben, bedeuten ein Stück Technik der geistigen Arbeit.

Arbeiten mit dem „Wochensatz"
Am Montag wird ein Satz aus dem Sachunterricht der vorhergehenden Woche vom Lehrer an die Tafel geschrieben und besprochen. Der Satz wird zweimal abgeschrieben. Dienstags wird der Satz nochmals nachgeschrieben und zweimal geübt. Ab Mittwoch wird der Satz je zweimal – beschleunigt – diktiert. Am Sonnabend werden die so im Laufe des Jahres erarbeiteten Sätze als Übungsdiktat gegeben. Solche Übungen ersetzen die Schreibstunde und machen gleichzeitig die Kinder rechtschreibsicher. Bei entsprechender Vorbereitung dauert die tägliche Übung nur 5 Minuten. Auch am Sonnabend sollen nicht mehr als 10 Minuten geübt werden.

Ein Alphabetheft wird eingerichtet

Auf der obersten Zeile eines Schreibheftes wird in alphabetischer Reihenfolge auf jeder Seite ein Buchstabe (Groß- und Kleinbuchstabe verbunden) geübt.

Aa Aa Aa Aa Aa Aa Aa Aa

Apfel

abends

Nach dem Schreiben des Alphabetes wird es gelernt. Danach lernen die Kinder das Aufschlagen bestimmter Seiten. (Schlage die D-Seite auf! – Wo steht sie? – Vor der E- und hinter der C-Seite.)

Das Heft wird benutzt, um schwierige Wörter aus Diktat, Aufsatz oder Sachunterricht festzuhalten und zu üben. Zuerst wird das betreffende Wort einmal auf der entsprechenden Seite eingetragen. Später werden die Wörter in Still- oder Hausarbeit mit je einer Zeile geübt.

Aber alle diese Übungen haben wenig Zweck, wenn nicht eine *tägliche Kontrolle* in den Heften durchgeführt wird und die Schüler nicht richtig zum Schreiben (nicht nur in der Schreibstunde) angeleitet werden, wenn nicht auch die *Schreibstunde eine Sprach- und Rechtschreibstunde* ist, und wenn nicht darauf geachtet wird, daß die Schüler (ihrem Alter entsprechend) im *Schreiben nicht überfordert* werden.

Durchschnittstempo in den Klassen:

1. Schuljahr	5 Silben pro Minute	Lateinische Ausgangsschrift
2. Schuljahr	7 Silben pro Minute	
3. Schuljahr	9 Silben pro Minute	
4. Schuljahr	12 Silben pro Minute	Verkehrsschrift
5. Schuljahr	15 Silben pro Minute	
6. Schuljahr	17 Silben pro Minute	
7. Schuljahr	20 Silben pro Minute	Handschrift
8. Schuljahr	24 Silben pro Minute	
9. Schuljahr	28 Silben pro Minute	

Bei intensiver Übung (Schwungübungen, Zügigschreiben usw.) können diese Werte um ca. 30% verbessert werden! Erwachsene kommen bis 55 Silben pro Minute.

Beispiel: Bei Diktaten kann man in einer Unterrichtsstunde (45 Min.)

mit 25 Minuten reiner Schreibzeit rechnen. Das ergäbe im 4. Schuljahr eine Diktatlänge von höchstens 300 Silben, im 8. Schuljahr von 600 Silben. Überhöhte Schreibanforderungen, auch bei Hausaufgaben, führen nicht nur zum Schmieren, sondern auch zu erhöhter Fehlerzahl Also: *überlegt – intensiv – konsequent!*

Das gilt besonders auch für die *Arbeit an der Wandtafel.* Hier sollte die Übungsfläche besser genützt werden, indem man grundsätzlich nicht nur ein Kind, sondern mindestens vier (besser acht) Kinder ein Wort, einen Satz oder eine Aufgabe *gleichzeitig* anschreiben läßt. Bei Sprachbüchern sollte man besonders darauf achten, daß auch auf der Oberstufe oftmals Schreibschrift verwendet wird.

Fassen wir zusammen:

Schreiben darf nicht als Unterrichtsfach, sondern muß als Prinzip gesehen werden.

Schreibunterricht kann damit nie (nur) „Schriftlehre" sein, sondern muß dem gesamten Unterricht, insbesondere dem Deutschunterricht, dienen.

Sprechen, Lesen, Schreiben müssen ebenso wie Aufnehmen durch Auge, Ohr und Geist so aufeinander abgestimmt werden, daß die Wiedergabe (Rechtschreibung, Sprachlehre, Stil, aber auch Schrift) keine Schwierigkeiten mehr bereitet.

Jedes gesunde Kind (jedes!) *kann sauber, flüssig und gut lesbar schreiben,* wenn es richtig angeleitet wird. Das muß aber immer, auf jeder Altersstufe, in jeder Unterrichtsstunde, geschehen.

Der Erfolg lohnt sich für Schüler und Lehrer: Der Schüler arbeitet freudvoller und erfolgreicher. Der Lehrer erspart sich viel Ärger und Mühe.

Literaturhinweise

Grünewald, Heinrich	Schrift als Bewegung. Deutsches Institut für Internationale Pädagogische Forschung. Studien zur Pädagogischen Psychologie, Band 7, Frankfurt 1970.
Lämmel, Arnold	Natürliches Schreiben. Bonn 1960.
Ders.	„Schreibmethode – Schreibmaterial". Sonderdruck aus: Schulreife – Schreibmethode – Schreibmaterial von E. Schwartz und A. Lämmel. Gronau (Leine).
Meis, Rudolf	Schreibleistungen von Schulanfängern und das Problem der Anfangsschrift. Göttingen 1963.

Paul Bischoff

C. GRUNDSÄTZE DES HEUTIGEN RECHTSCHREIBUNTERRICHTS

(Didaktisch-methodische Folgerungen aus den für den Rechtschreibunterricht bestehenden psychologischen und sachlogischen Bedingungen)

Das vorige Hauptkapitel hat Einblicke in psychologische und sachlogische Gegebenheiten verschafft, die als Bedingungen für die Gestaltung des Rechtschreibunterrichts gesehen werden müssen. Nun gilt es, aus diesen Bedingungen die didaktisch-methodischen Folgerungen zu ziehen.
Angesichts der sich daraus ergebenden Vielfalt der zu erfüllenden Voraussetzungen könnte es scheinen, als wenn die in der Einführung angekündigten Bemühungen um das Wesentliche, um Vereinfachung unserer Arbeit, vergeblich wären. Die berechtigten Einzelforderungen lassen sich aber durchaus konzentrieren und auf einen Nenner bringen. Jedoch müssen wir zugeben, daß sich nicht immer alles zur gleichen Zeit berücksichtigen läßt. Wir werden Akzente setzen müssen, wobei einmal die eine, ein andermal die andere Bedingung erfüllt wird. Manche Voraussetzungen wiederum können mehrfach eingehalten werden. Die Vielzahl der angemeldeten psychologischen und sachlogischen Bedingungen ist also keineswegs für unsere praktische Arbeit erschwerend, sondern sie gibt uns eine ebenso natürliche wie willkommene Möglichkeit, den Rechtschreibunterricht abwechslungsreich zu gestalten.
Im Verlaufe der nun anzustellenden schlußfolgernden Betrachtung werden sich *vier Grundsätze* herauskristallisieren, die uns als markante Richtpfeiler für die schulpraktische Arbeit behilflich sein können.

I. Der allgemeine Rechtschreibunterricht

Das Lernen des Kindes auf der Primarstufe, besonders des Schulanfängers, ist kein einfacher Prozeß, sondern erfolgt unter starker Koppelung psychischer Einzelfunktionen (Wahrnehmung, Aufmerksamkeit, Vorstellung, Denken, Fühlen, Wollen), so daß unsere Lehrmethode möglichst viele psychische Dispositionen und Personbereiche gleichzeitig anregen muß. Unser Unterricht wird also darauf eingestellt sein müssen, den ganzen kleinen Menschen in seiner Lernbereitschaft zu packen und den Lernprozeß zu einer Angelegenheit der ganzen Schülerpersönlichkeit werden zu lassen. Die Aufgaben und Anforderungen müssen den nötigen Lern- und Arbeitsanreiz in sich bergen. Durch einen regelmäßigen Wechsel der Unterrichts- und Aufgabenform wird die noch leicht nachlassende Konzentration gefördert und stets der Totaleinsatz des Kindes bewirkt. Daß hierbei die fröhliche Grundstimmung vorherrschen muß, die gelegentlich durch Spiel- und Wettkampfformen erreicht oder erhalten werden kann, versteht sich von selbst. Im Grunde genommen gelten die eben erwähnten Maßnahmen für alle Unterrichtsbereiche dieser Bildungsstufe. Weil es dem Rechtschreibstoff aber häufig an Lebendigkeit mangelt, sind diese Forderungen für den Rechtschreibunterricht besonders wichtig.

Die Schrift ist ein Symbolsystem für die gesprochene Sprache, die ihrerseits vorwiegend zum Zwecke der menschlichen Kommunikation sprach- und sachganzheitliche Darstellungsfunktion hat. Deshalb müssen wir den Rechtschreiberwerb zunächst in einem größeren sprachlichen Zusammenhang und unter Berücksichtigung des allgemeinen Spracherwerbs betrachten.

Die Erkenntnisse, daß Vorschulkinder und Schulanfänger Sprache noch als Einheit von Wort und Sache empfinden („Wortrealismus"), daß sie sich von ihrem eigenen Sprechen noch nicht distanzieren und dies noch nicht zum Gegenstand einer Betrachtung machen können, sind auch durch die moderne Entwicklungspsychologie im Grunde bestätigt. „Die generelle Schwierigkeit des Schulneulings, seine Umgangssprache zu vergegenständlichen, wird durch individuell unterschiedliches Sprachniveau vergrößert."[1] Ein Schulanfänger, der Sprache erlernt, hat weder von vornherein die Fähigkeit noch das Bedürfnis, etwa im Sinne der Phonologie über phonematische Gesetzmäßigkeiten zur Reproduktion eines gesprochenen Wortes zu gelangen. Er hat auch vorläufig kein Verlangen danach, bei der Satzbildung nach Regeln zu verfahren, sondern es ist vielmehr so, „. . . daß das Kind die sprachlichen Regeln nicht bewußt gebraucht, sie auch nicht auf Befragen formulieren könnte. Trotzdem – und vermutlich deswegen – wendet es solche Regeln rasch und sicher an."[2] Sowohl der semantische als auch der syntaktische Spracherwerb vollzieht sich in der Kleinkindheit und auch noch am Anfang der Schulzeit vorwiegend auf imitative Weise, durch Wiederholung und durch Gewöhnung an bestimmte Sprachformen.

[1] U. Bleidick, Lesen und Lesenlernen unter erschwerten Bedingungen, S. 21.
[2] R. Oerter, Moderne Entwicklungspsychologie, S. 477.

Wenn nun das Erlernen der grammatisch richtig gesprochenen Sprache und die Erweiterung des Wortschatzes zu einem großen Teil reflexionslos über Nachahmung, Wiederholung und Gewöhnung vor sich geht oder zumindest vor sich gehen kann, müßte das beim Erwerb des richtigen Schreibens auf die gleiche oder ähnliche Weise möglich sein, d. h. ebenso über die Nachahmung, Wiederholung und Gewöhnung an orthographisch richtige Schreibweisen, also zunächst **ohne Reflexion** über Schreibgesetze, ohne bewußte Anwendung von Regeln. Dies ist bis zu einem gewissen Grade auch tatsächlich der Fall. Allerdings müssen wir im Vergleich mit dem Aneignen der mündlichen Sprache hier Einschränkungen machen, die in den strukturspezifischen Wesensmerkmalen unserer Rechtschreibung begründet sind, zum Teil aber auch durch unterschiedliche Auffassungstypen bedingt werden.
Vielfältige Erfahrungen bei Experimenten und in der Unterrichtspraxis mit Lernanfängern und sogar mit Vorschulkindern (vgl. *Correll, Lückert*) haben gezeigt, daß die Kinder allgemein in der Lage sind, einer ihnen bekannten Sache-Wort-Einheit ein graphisches Symbol, ein Schriftbild, zuzuordnen, so daß für sie eine Drei-Einheit von Inhalt, gesprochenem Wort **und graphischem** Symbol entsteht, gewissermaßen eine semantisch-phonologisch-orthographische Einheit. Wenn am Anfang Wörter dargeboten werden, deren Schriftbilder überschaubar, gut strukturiert und einander nicht sehr ähnlich sind, können die Kinder diese nicht nur leicht wiedererkennen, sondern auch „nachmalen" (vgl. R. G. E. *Müller*, S. 23), dann nach mehrfacher Wahrnehmung und nach optischer Durchgliederung auch bewußt abschreiben. Wenn diese Koordinationsübung zwischen Wörtern und Schriftbildern wiederholt vorgenommen wurde, gelingt schließlich auch das Aufschreiben aus dem Gedächtnis, sobald die entsprechenden „akustischen Signale" gegeben, d. h. die betreffenden Wörter genannt werden. Dies geschieht durch heterosensorielle Assoziation. Nach *A. Kern* macht die Wortgestalt einen Abstraktionsprozeß durch: Sie gelangt in die Stufe der „Vorstellung" und wird dann zum „Schema". „Es ist nicht anschaulich gegeben oder vorstellbar, wir können auf sein Vorhandensein nur aufgrund seiner Wirkung schließen. Beim Schreiben sind für die zu schreibenden Wörter solche Wortbildschemata vorhanden, mit den gedanklichen Formulierungen stellen sie sich zur Verfügung, wir fahren dann sozusagen ‚automatisch' dem Schema nach und erhalten so das richtige Wortbild."[3] Die Abstraktion des Wortbildes bis zum

[3] A. Kern, Rechtschreiben in organisch-ganzheitlicher Schau, S. 10.

Schema wird von Anfang an durch den motorischen Akt des Schreibens gefördert. Schon bei mehrfacher Wahrnehmung einer Wortgestalt wird ein gewisser motorischer Impuls ausgelöst, der sich zunächst in eine nachahmende Bewegung umsetzt und mit zunehmender Gliederung der Gestalt und durch Übung später zum geläufigen, automatischen Schreiben wird. *Reumuth* spricht von einer „wirkungsbereiten psychischen Gestalt", die als „optisches Leitbild" die Schreibbewegung führt.[4] (Einsatz des sogenannten visuellen Lösungsmittels.) Diese Lehrmethode und diese Art des Rechtschreiberwerbs entsprechen der anfänglich noch ganzheitlichen Sprachauffassung der Schulanfänger, ihrem naiven Verhältnis zu Sprache und Schrift, und werden zugleich dem sprach- und sachganzheitlichen Darstellungscharakter der Schrift gerecht. Sie sind also durchaus kindgemäß, zumal sich mit ihnen viele Möglichkeiten der lebendigen Unterrichtsgestaltung bieten. Die auf diesen Auffassungen beruhenden und lange Jahre praktizierten Ganzheitsmethoden führten aber vielfach zu Überschätzungen des visuellen Lernvorgangs und deshalb zu Einseitigkeiten, die sich nicht selten für manche Schüler nachteilig auswirkten. Bei aller Notwendigkeit und Anerkennung der methodischen Ausrichtung auf den Sinngehalt darf nicht übersehen werden, daß es beim Rechtschreibenlernen wie beim Lesenlernen auch um eine „technisch-formale Seite des Problems" geht.[5] Schreiben ist ein sehr langsamer sukzessiver Vorgang, ist selbst bei vorangegangener visuell-ganzheitlicher Wahrnehmungsweise eine Re-Konstruktion von Schriftbildern, die nicht mit einem Wurf da ist, sondern einen Gliederungsprozeß abverlangt, der, wenn auch zügig, Element um Element wiederentstehen läßt und die Teile zu einem Ganzen fügt. Setzt das wiederum nicht die Beherrschung der Elemente, der Phoneme und Grapheme, voraus? Wie aber kann der Schulanfänger Phoneme und Grapheme begreifen, wenn er, wie allgemein bestätigt wird, zu dem dafür notwendigen distanzierten Erleben und Versachlichen der Sprache[6] von Natur aus noch nicht fähig ist? Manche Vertreter der einzelheitlichen Methoden begnügten sich mit der Bejahung der ersten Frage und fielen zum Teil in recht formale Lehrweisen zurück, die wirklich überwunden sein sollten, wie etwa das sinnlose Zusammenziehen von Konsonanten und Vokalen im „Lesestern" (ma, mi, mo usw. mit anschließendem Schreiben). Bei solchen Methoden werden die Schwie-

[4] Reumuth/Schorb, Der muttersprachliche Unterricht, S. 166 und 168.
[5] U. Bleidick, ebenda, S. 14.
[6] W. Hansen, Die Entwicklung des kindlichen Weltbildes, S. 339.

rigkeiten mancher Schulanfänger, einzelne Phoneme und Buchstaben zu einem Sprachganzen zusammenzuziehen, sicher nicht geringer, denn sie beherrschen zwar die Lautung einzelner Zeichen, nicht aber die Buchstabenfunktion innerhalb eines Wortes. Oft müssen auch zur besseren Einprägung einzelner Buchstaben als Lautsymbole allerlei künstliche Anstrengungen gemacht werden, um einen Ersatz für das fehlende natürliche Erlebnisganze eines Wortes zu schaffen. Für das Finden didaktisch-methodischer Grundsätze ist auch die Beantwortung der zweiten Frage wichtig, nämlich, wie kann das Kind zur Einsicht in das sprachliche Funktionieren an sich sinnloser Laut- und Zeichenelemente gelangen, obwohl es zu dieser Sprachdifferenzierung und -abstraktion entwicklungsmäßig noch nicht fähig ist.
Der Tatsache, daß der Lernanfänger allgemein Sprache noch nicht vergegenständlichen kann, stehen nämlich die Merkmale gegenüber, die als typisch für die Schulreife gelten und u. a. in einem gewissen „Maß an Begabung, sprachlicher Entwicklungshöhe, visueller Aufgliederungsfähigkeit und Symbolverständnis" zu sehen sind. So betrachtet, bedarf der Schüler dann nur noch der „Entwicklungshilfe zwar vorhandener, aber noch ungeweckter Fähigkeiten".[7]
Die weiter oben erwähnten Einschränkungen, die wir gegenüber einem mehr durch Nachahmung, Wiederholung und Gewöhnung möglichen Rechtschreiberwerb machten, bestehen also in der Notwendigkeit von Gliederungsprozessen, die sich sowohl auf das Wortklangbild als auch auf das Wortschriftbild beziehen und erst eine mnemische Speicherung von Wortschriftbildern und eine spätere sichere Reproduktion beim Schreiben ermöglichen. Eine solche Gliederungsfähigkeit darf aber nicht gleichgesetzt werden mit der vollkommenen Beherrschung der Buchstabenfunktion; denn für den sukzessiven Verlauf beim beginnenden Schreiben und Rechtschreiben ist diese nicht zwingend notwendig. Sie kann deshalb auch nicht für den Erstlese- und Rechtschreibunterricht als unabdingbare Voraussetzung gefordert werden. Vielmehr wächst die Einsicht in die Symbolfunktion der Buchstaben, zwar unterrichtlich gezielt, aber doch allmählich durch das fortlaufende gliedernde Lesen und Schreiben bekannter und neuer Wörter.
Wir haben eine weitere Einschränkung für einen dem Erwerb der mündlichen Sprache ähnlichen Rechtschreiberwerb genannt, nämlich die Bedingtheit infolge verschiedener Auffassungstypen. Untersuchungen von *F. Sander*[8] haben ergeben, daß es einen ganzheitlichen

[7] U. Bleidick, ebenda, S. 18.
[8] F. Sander/H. Volkelt, Ganzheitspsychologie.

Typus (G-Typus) gibt, der „mehr dem innig gefügten Ganzen gefühlsartig hingegeben" ist, „ohne Einzelnes mit Einzelnem vergleichend für sich zu erfassen". Daneben gibt es den ganzheitlich-einzelheitlichen Typus (GE-Typus), bei dem „das Ganze und die Einzelheiten harmonisch ausgewogen" sind, und schließlich finden wir auch noch einen ausgesprochenen einzelheitlichen Typus (E-Typus) vor, der „aktiv oder rational das von Haus aus lockere Ganze zergliedert und damit die Vergleichsstücke dem umfärbenden Einfluß des Ganzen entzieht."[9]
Die Entscheidung über die Wahl von Methoden oder über methodische Akzentuierungen hängt demnach neben der Rücksichtnahme auf individuelle Unterschiede in der Reifelage auch vom Auffassungstyp ab. „Manche Schüler finden den besten Zugang zum Lernen über das ganzheitliche Lesen und Schreiben, andere brauchen einzelheitlich auf die Buchstaben und Laute ausgerichtete Übungen. Bei Anwendung einer kombinierten Lehrmethode bieten Variationen in der Unterrichtstechnik und ‚Lernspiele' jedem Kind Entfaltungsmöglichkeiten und neue Motivationen, sich anzustrengen und zu lernen."[10] Was *Bleidick* zum Leselehrgang sagt, kann sinngemäß auch auf einen Rechtschreiblehrgang angewandt werden: „Der synthetische Lehrgang, der nur ausdrucksloses Syllabieren als Ergebnis des ersten Schuljahres zeitigt, hat von der Bildungsseite . . . her das Ziel verfehlt. Das analytische Verfahren, das nach sinnvollem Worteraten und gelungener Analyse den Schüler vor der schöpferischen Synthese neuer Wörter im Stich läßt, hat den technischen Grundvorgang des Lehrgangs nicht zu bewältigen gewußt."[11]
Der jahrelange Streit zwischen den „Ganzheitlern" und den „Einzelheitlern" scheint nun beigelegt zu sein. Man hat inzwischen eingesehen, daß bei einem so komplizierten und differenzierten Lernprozeß wie dem Rechtschreiberwerb jede methodische Einseitigkeit unangebracht ist. Trotz des offensichtlichen Vorteils einer kombinierten Methode für den Anfangsunterricht bleibt die zeitweilige Akzentuierung der einen oder der anderen Methode, die sich vor allem im fortschreitenden Rechtschreibunterricht als zweckmäßig erweist. Wir wollen hier weniger den Details der beiden methodischen Grundrichtungen nachgehen, die ja in der hierzu erschienenen umfangreichen Literatur ausführlich beschrieben wurden, sondern vielmehr zwei Unterrichtsarten darstellen, in denen die grundsätzlichen Schwer-

[9] F. Sander/H. Volkelt, Ganzheitspsychologie, S. 331 f.
[10] E. Schmalohr, Psychologie des Erstlese- und Schreibunterrichts, S. 99.
[11] U. Bleidick, Lesen und Lesenlernen unter erschwerten Bedingungen, S. 16.

punkte der einen oder der anderen Methode wirksam werden und darüber hinaus methodisch bisher weniger beachtete sachlogische Aspekte zur Geltung kommen.

Aus den bisherigen Überlegungen in diesem Kapitel ergeben sich ein *allgemeiner* und ein *spezieller* Rechtschreibunterricht. Wir wollen uns zunächst dem *allgemeinen* Rechtschreibunterricht zuwenden. Er übernimmt die Aufgabe, in der Grundschule für einen gesicherten Bestand von „gespeicherten" Wortbildern zu sorgen, der die Grundlage für einen mehr und mehr auf die Denkleistung gerichteten Rechtschreibunterricht der weiterführenden Schulen bildet. Es ist naheliegend, diesen „Vorrat" an Schriftbildern nicht willkürlich zu schaffen, sondern anhand eines allgemeinen *Grundwortschatzes*. Damit sind jene Wörter gemeint, die am häufigsten im Sprachgebrauch vorkommen. Einen solchen Grundwortschatz (ein „Grunddeutsch") zu ermitteln, ist schwierig und nicht unproblematisch. Die sehr anerkennenswerten und sprachhistorisch interessanten Untersuchungen von *Oehler*[12], *Meier*[13], *Wängler*[14] und *Pfeffer*[15] können im Hinblick auf den Sprachunterricht und speziell in bezug auf den Rechtschreibunterricht nicht voll befriedigen, weil sie – abgesehen von zum Teil unterschiedlichen Zielsetzungen, Strukturen und Ergebnissen – nicht mehr dem heutigen Stand entsprechen. Neue sprachwissenschaftliche Untersuchungsmethoden dürften bald gültigere Ergebnisse erbringen. Dabei wird es nötig sein, die „Sprachalter" und sozio-kulturell bedingte Unterschiede in der Schule stärker zu berücksichtigen.

Wichtiger noch als die Rangliste eines *Häufigkeitswörterbuches* sind diejenigen Wörter eines annähernd ermittelten Altersgrundwortschatzes, die *am häufigsten falsch geschrieben werden*. Diese bedürfen dann eines besonderen Trainings. *G .Glatz*[16] hat mit seiner Arbeitsgemeinschaft für Leistungsmessung in dieser Richtung einen guten Anfang gemacht, der allerdings noch der exakten wissenschaftlichen Fundierung bedarf. In seinen Testdiktaten sind die „Häufigkeitsfehler" gekennzeichnet und geben somit jedem Lehrer Hinweise für besonderes Üben.

Allgemeine Rechtschreibübungen auf der Basis des Grundwortschatzes und unter Berücksichtigung von Häufigkeitsfehlern lassen sich gut

---

[12] H. Oehler, Grundwortschatz Deutsch. Stuttgart 1966.
[13] H. Meier, Deutsche Sprachstatistik. Hildesheim 1964.
[14] H.-H. Wängler, Rangwörterbuch hochdeutscher Umgangssprache. Marburg 1963.
[15] J. A. Pfeffer, Grunddeutsch. New Jersey 1964.
[16] G. Glatz, Soltau-Testdiktate. Essen o. J.

durch tägliche Kurzdiktate in progressiver Folge durchführen (siehe S. 124), wobei die für die Kinder schwierigsten Wörter wiederholt in einem anderen Sinnzusammenhang vorkommen.

In einigen Bereichen des Deutschunterrichts der Grundschule wird heute nach wie vor die enge Anlehnung an den Sachunterricht als Prinzip herausgestellt. Gerade der moderne Sachunterricht der Primarstufe bietet ein weites Feld sprachlicher und auch rechtschreiblicher Betätigung.

Wie bei den allgemeinen Rechtschreibübungen auf der Basis eines Grundwortschatzes geht es auch beim Rechtschreibtraining in Anlehnung an den Sachunterricht um die Wege zu einer nachhaltigen Wortbildspeicherung. Für die Darbietung des Lerngegenstands, der sich bestimmte Übungsaufträge anschließen, eignen sich besonders Sachwortgruppen, die Teile eines größeren inhaltlichen Ganzen des betreffenden Sachthemas sind. Ein Wort, ein Begriff wird oft erst richtig klar im Zusammenhang mit neben- und übergeordneten Begriffen (z. B. „Moped" im Rahmen der übrigen Straßenfahrzeuge). Das einzelne Wort steht ebenso wie in einem Satz auch innerhalb einer Sachganzheit in einer eigentümlichen Beziehung zu dem übergeordneten Ganzen, so daß die Sprachförderung und damit auch der Rechtschreibunterricht von dieser Seite her methodisch mit beeinflußt werden.

Für den Rechtschreibunterricht der ersten Schuljahre und zum Teil auch noch des vierten Schuljahres ist der weit überwiegende Übungsgegenstand die lebendige Sprache des ständig sich erweiternden Wortschatzes der Kinder. Die Umwelt und die Erlebnisse der Schüler liefern den Stoff für lebensechte Rechtschreibübungen. So schließt sich der Rechtschreibunterricht, auch noch im vierten Schuljahr, an den Sachunterricht an. Durch allgemeine Rechtschreibübungen mit sinnvollen kleinen Texteinheiten, Sätzen oder Wortgruppen erlernen hier die Schüler im Rahmen eines Sachthemas die Rechtschreibung mit Unterstützung des ständigen Strukturierungsprozesses durch heterosensorielle Assoziation und gelangen hier durch Wiederholung über die Gewöhnung allmählich zur Geläufigkeit im Rechtschreiben ihres Wortschatzes und derjenigen Wörter, die sie im Sachunterricht neu hinzulernen. Nach dem bisher Gesagten läßt sich nun der erste didaktisch-methodische Grundsatz für den Rechtschreibunterricht aufstellen. Er lautet:

Beachtung psychologischer und sachlogischer Ganzheitsgesichtspunkte durch intensive allgemeine Rechtschreibübungen, die in den ersten Schuljahren dominieren, im vierten Schuljahr und in der Orien-

tierungsstufe ein Bestandteil des Rechtschreibunterrichts bleiben und in der Sekundarstufe I in beschränktem Maße den Rechtschreiberwerb bestreiten.

II. Der spezielle Rechtschreibunterricht

Wenn ein Kind nie das Lesen und Schreiben zu lernen brauchte, sondern wenn es sich nur der Klangbildschemata zu bedienen, also nur zu sprechen hätte, würde es wohl kaum zur Analyse eines Sprachwortes, zur Zergliederung in seine einzelnen Phoneme kommen. Es wäre dies auch nicht notwendig, weil dieser Vorgang für die Kommunikation unbedeutend ist. Erst das Lesen und besonders das Schreiben der Phonemschrift verlangen eine Analyse. Deshalb geht diese notwendigerweise auch vom Schriftbild aus. Wenn dem Kind die Durchgliederung mehrerer Schriftbilder gelungen ist, sind schon die ersten Ansätze einer Analyse gemacht. Bald entdeckt das Kind in den verschiedenen Wortbildern Teilgleichheiten (Silben, Morpheme oder auch schon Buchstaben), die sich mehr und mehr abheben. *B. Bosch*[1] nennt diesen Vorgang „Abstraktion des Gleichen". Er ist die Vorstufe der Analyse, die erst dort einsetzt, wo der Buchstabe nicht mehr nur „als ‚Stück' des Wortbildes bemerkt, sondern wo er in seiner spezifischen Funktion, d. h. als Repräsentant eines Artikulationsmomentes des Wortes erfaßt wird."[2] Wie die Praxis zeigt, geht die Zuordnung des Phonems zum Buchstaben nicht ohne weiteres mit dem Erkennen des einzelnen Zeichens vor sich. Offenbar erschwert die Simultangestalt des gesprochenen Wortes diesen Prozeß. Er wird deshalb meistens durch unterrichtliche Maßnahmen eingeleitet. Bosch sagt: „Das Kind muß zu der Fragestellung vordringen, warum in den einzelnen Schriftbildern Teilgegebenheiten wiederkehren, und einsehen lernen, daß die partiellen Gleichheiten in den Schriftbildern durch analoge Gleichheiten oder Ähnlichkeiten in den entsprechenden Sprachworten bedingt sind."[3]

Mit Hilfe des Schriftbildes gelingt es dem Kind dann allmählich, akustisch-phonetische Gleichheiten aufzufassen und damit die einzelnen Phoneme den entsprechenden Buchstaben zuzuordnen. Da jeder Sprechlaut nun eine gewisse Variationsbreite hat, behält er zunächst noch eine auf den Gesamtwortklang bezogene spezifische Färbung.

[1] B. Bosch, Grundlagen des Erstleseunterrichts. 2. Aufl., S. 133
[2] B. Bosch, ebenda, S. 134.
[3] B. Bosch, ebenda, S. 134.

Der nächste Schritt ist die Abstraktion des individuellen Sprechlautes zum allgemeinen Normlaut des Alphabetes, zum Phonem. Mit der Fähigkeit, den artikulatorischen Ablauf der Phoneme herauszuhören und diese in die entsprechende Buchstabenreihe zu übersetzen, hat das Kind die Buchstabenfunktion erfaßt. Es ist in der Lage, ein Wort nach seinem gegliederten Klangbild synthetisch aufzubauen. Da das Kind zur Kenntnis der Buchstabenfunktion von der Ganzheit eines Wortes über die Gegliedertheit zum analysierten Teil gelangt, wird es auch in jedem synthetisch gebildeten Wort nicht eine Summation der Einzelteile, sondern eine neue Gestalt sehen, denn Analyse und Synthese stehen in einer Korrelation zueinander.

Neben die visuelle, also reproduktive, assoziative Lernweise tritt mit der Kenntnis der Buchstabenfunktion die produktive, determinative, und zwar zunächst die phonetisch-phonologische Lernweise. Das ist die Möglichkeit, mit Hilfe des Gehörs und gut artikulierten Sprechens die richtige Schreibung zu finden. Man kann hier auch von dem phonetisch-phonologischen Lösungsmittel sprechen. Im einzelheitlichen Lehrverfahren wird dieses Lösungsmittel von Anfang an eingesetzt und angewandt. Es dominiert dort zwangsläufig gegenüber anderen Hilfen, so daß es auch meist überschätzt wurde. Beim ganzheitlichen Lehrweg tritt das phonetisch-phonologische Lösungsmittel mit der Kenntnis der Buchstabenfunktion als eine weitere Möglichkeit, die Rechtschreibung zu erlernen, meist zu spät hinzu. Sie ist eine „Hilfe von grundsätzlicher Bedeutung für das Rechtschreiben. Wenn auch der Schulanfänger der verhallenden Verlaufsgestalt des Wortklanges zunächst hilflos gegenübersteht, so erfaßt das Kind dann doch verhältnismäßig schnell selbsttätig . . . die Möglichkeiten, die in der deutschen Rechtschreibung als einer Lautschrift (trotz aller Andersschreibung) für das rechte Schreiben liegen."[4] „Es ist darum nicht möglich, das genaue Sprechen, also die Herstellung des richtigen Klangbildes, außer acht zu lassen."[5] Ein methodenintegrierendes Verfahren im Rechtschreibunterricht – wie es für das Lesenlernen beispielsweise von *D. Pregel*[6] oder ähnlich von *F. Dobieß*[7] angewandt wird – bei dem von Anfang an „Operationen" mit allen Einzelheiten unserer Sprache vorgenommen werden, scheint dem komplizierten System Rechtschreibung und zugleich dem viel-

[4] A. Beinlich, Über das Erlernen der Rechtschreibung. In: Handbuch des Deutschunterrichts, Teil 6, S. 426.

[5] Reumuth/Schorb, „Rechtschreibung". In: Der muttersprachliche Unterricht. Bad Godesberg 1966.

[6] D. Pregel, Lesen heute. Hannover 1971.

[7] F. Dobieß, Lesen lehren. Ratingen 1967.

schichtigen Prozeß des Rechtschreiberwerbs am ehesten zu entsprechen. Im Gegensatz zu einer falsch oder zumindest hinsichtlich des visuellen Rechtschreiberwerbs einseitig gehandhabten Ganzheitsmethode möchten wir besonders betonen, daß mit dem Erfassen der Buchstabenfunktion gründliche phonetisch-phonologische Übungen im Rechtschreibunterricht vorgenommen werden müssen, und dies nicht nur, weil die Kinder im Falle des Versagens oder Fehlens des visuellen Lösungsmittels durch genaues Hören oder gutes Sprechen in manchen Fällen die richtige Schreibung finden können, sondern auch und gerade, weil die sichere Anwendung der phonetisch-phonologischen Hilfe eine unerläßliche Voraussetzung für die Praktizierung eines weiteren Lösungsmittels ist, nämlich des logischen, auf das wir gleich noch eingehen werden.
Zuvor sei noch eine andere Art der Rechtschreibaneignung erwähnt, die etwa mit der Anwendung des phonetisch-phonologischen Lösungsmittels gleichzeitig wirksam wird, und zwar die rechtschreibliche *Analogiebildung*. Es handelt sich dabei um die unbewußte, aber auch bewußte Übernahme der partiellen Schreibweise eines bekannten Wortes oder mehrerer bekannter Wörter bei der Schreibung eines neuen Wortes aufgrund gewisser Ähnlichkeiten oder Gleichheiten (Ball – Stall, Schalter – Falter, Häuser – Mäuse). Die Analogiebildung spielt im Sprach- und Rechtschreiberwerb des Kindes eine bedeutende Rolle. Aber wie jeder Praktiker weiß, ist sie ebenso gefährlich wie nützlich. Infolge der Mehrdeutigkeit der meisten Phoneme und Buchstaben in unserer Schreibung kommt es vielfach auch zu falschen Analogien: stark – Sark, Gras – Spas, Bahn – Krahn usw. „Als eigener Rechtschreibweg ist die Analogiebildung mit kritischer Vorsicht zu betrachten."[8] Wir werden sie deshalb im Unterricht nur sehr bedingt fördern können, indem wir uns auf Reimformen rein phonologischer Schreibung beschränken (heben, weben, kleben). Die Analogiebildung kann aber auch gezielt trainiert werden bei der Schreibung von Morphemen (vgl. S.138). Wir kommen darauf noch im praktischen Teil und im Kapitel über die Fehlerbehandlung zurück.
Schließen wir nun wieder an den Gebrauch des phonetisch-phonologischen Lösungsmittels an. Der wunderbaren Entdeckung des Kindes, daß man mit Hilfe guten und richtigen Sprechens zur Schreibung eines Wortes gelangen und neue, bisher nicht bekannte Schriftbilder entstehen lassen kann, folgt aber sehr bald die traurige Erkenntnis, daß ein Phonem durch verschiedene Buchstaben dargestellt werden kann und umgekehrt für einen bestimmten Buchstaben mehrere Phoneme

zutreffen können (z. B. für das Phonem k ein k, ein ck, g, ch, q oder gar ein x geschrieben: Harke, Hacke, Steg, Fuchs, Quelle, Hexe – umgekehrt: der Buchstabe g als g, als ch oder als k gesprochen: Regen, wenig, weg). Hier beginnen die eigentlichen Schwierigkeiten unserer Rechtschreibung. Die Kinder bedürfen also noch einer weiteren Hilfe, dieser und später größerer Schwierigkeiten weitgehend Herr zu werden, und das ist das *logische* Lösungsmittel, bei dem die rechte Schreibung in Zweifelsfällen durch Denken und durch Anwendung von Regeln gefunden werden kann. Über den Zeitpunkt des Einsatzes dieser Rechtschreibhilfe werden verschiedene Auffassungen vertreten, wobei diese zum Teil auch in der unterschiedlichen Deutung der Begriffe „Denken" und „logisch" begründet sind. *A. Kern* möchte die logische Lösungsmethode frühestens gegen Ende des dritten Schuljahres angesetzt wissen, und zwar nur in Anfängen, während die eigentliche Hilfe durch Denken erst in der „Oberstufe" wirksam werde. Dem halten *Reumuth/Schorb* entgegen, „daß das Kind schon früher über die Groß- und Kleinschreibung, über Wortarten und auch über die Stammschreibung Bescheid wissen muß."[9] *A. Beinlich*[10] unterscheidet drei Formen des Denkens als Hilfe. Er sieht in der bewußten Analogiebildung bereits ein „schlichtes denkmäßiges Verfahren", das „betont anschaulich" ist und sich auf den „konkreten Einzelfall" beschränkt. Das „grammatisch-etymologische Denken" ist eine höhere, wenn auch noch „stark sprachlich-anschauliche Denkweise." Schließlich bildet das „weit abstraktere (logische) Regeldenken" die dritte Form der Rechtschreibhilfe durch Denken. Diese drei Formen, die zugleich Entwicklungsstufen andeuten, entsprechen weitgehend dem Stand der psychologischen Forschung über das kindliche Denken (vgl. Kapitel B I).

Wir sollten den Begriff „logisches Lösungsmittel" oder „logische Lösungsmethode" aus schulpraktischen Gründen möglichst weit fassen und in ihn alle sich nacheinander überbauende Denkformen vom Schulanfänger bis zum Entlaßschüler einbeschließen. Wir möchten deshalb jede Art des Versuchs, auftretende Rechtschreibschwierigkeiten durch irgendeine Form des Denkens zu überwinden, als Anwendung des logischen Lösungsmittels bezeichnen.

Wenn also eine Lösung auf visuellem Wege nicht möglich war, weil die Vorstellung eines Wortbildes noch fehlt, und wenn außerdem die Sicherheit der Lösung wegen der Inkonsequenz unserer an sich

8+9 Reumuth/Schorb, ebenda, S. 178.

10 A. Beinlich, ebenda, S. 426

phonologischen Schrift auch phonetisch-phonologisch nicht gegeben war, bleibt, wie wir bereits sagten, nur noch der Lösungsweg durch das Denken. Da mit der Verfügbarkeit des phonetisch-phonologischen Lösungsmittels zugleich auch die Unsicherheit dieses Verfahrens vom Kinde erkannt wird, ist annähernd auch der Zeitpunkt angedeutet, von dem an wir die Kinder in die Anwendung des logischen Lösungsmittels einweisen sollten. Natürlich werden wir uns dabei am Anfang auf leichtverständliche Hilfen beschränken, die sich im Relationsdenken (in der Wenn-dann-Beziehung) der Kinder bewegen: Wenn wir nicht wissen, wie ein Wort am Ende geschrieben wird, dann verlängern wir es (*Korb – Körbe*); oder: Wenn wir nicht wissen, wie ein Wort in der Mitte geschrieben wird, dann fragen wir, woher es stammt *(Häuser – Haus)*.

Wir sehen an dem Beispiel der Wortverlängerung, wie wichtig vorausgegangene phonetisch-phonologische Übungen sind, in diesem Falle die klare Unterscheidung des *b*-Phonems vom *p*-Phonem und die Zuordnung der richtigen Zeichen *b* und *p*. Wenn die Kinder das nämlich nicht gründlich geübt haben (ebenso *d - t, g - k, s - ß, s - z*), nützt die ganze Regel der Wortverlängerung nichts, denn sie schreiben dann auch *Körpe* entweder, weil sie das *b*-Phonem nicht richtig und deutlich sprechen, oder weil ihnen die Zuordnung von Phonem und Graphem nicht klar ist. Ebenso sind z. B. Übungen zur Unterscheidung zwischen langen und kurzen Vokalen eine Voraussetzung für die Einsicht in die Regel der Graphemverdoppelung der Konsonanten. Was kann ein Kind mit der erarbeiteten Regel „Nach einem kurzen Selbstlaut folgen zwei Mitlaute; hörst du nur einen, muß du seinen Buchstaben verdoppeln" anfangen, wenn es weder gelernt hat, einen kurzen Mitlaut noch eine Mitlautfolge aus einem Wort herauszuhören. Das logische Lösungsmittel kann nur dann voll wirksam werden, wenn die Kinder darin geübt sind, das Klangbild eines Wortes zu analysieren und die Nuancen der ähnlichklingenden Phoneme unserer Sprache zu erkennen.

Bei der Praktizierung der Ganzheitsmethode ist diese so wichtige Seite des Rechtschreibunterrichts vielerorts stark vernachlässigt oder gar bewußt ausgeschaltet worden. Das hat sich jedesmal in den späteren Klassen bitter gerächt. Selbst in den obersten Klassen sind dann vielfach noch elementare Fehler aufgetreten. Deshalb sollten wir von Anfang an für gründliche Übungen im Lautieren, Syllabieren und Synthetisieren sorgen.

Wenn wir in unserem Unterricht die psychologischen, vor allem aber die in der Eigengesetzlichkeit unserer Rechtschreibung begründeten

Bedingungen erfüllen wollen, werden wir neben dem Training der Schriftbildauffassung auf die Eigentümlichkeiten unserer Schrift und auf Rechtschreibklippen sowie auf die erforderlichen Hilfen hinweisen müssen. Es sind also bereits sehr früh Übungen nach rein rechtschreiblichen Gesichtspunkten notwendig. Ich möchte diese Art der Rechtschreibvermittlung den *speziellen Rechtschreibunterricht* nennen, in dem die Kinder mit der Anwendung des phonetisch-phonologischen, mit dem Gebrauch des logischen Lösungsmittels und mit der Schreibung, die sich weder phonetisch-phonologisch noch logisch finden läßt, im Schwierigkeitsgrad den Altersstufen entsprechend, mehr und mehr vertraut gemacht werden. (Ähnlichklingende Phoneme, Endlautschreibung, Buchstabenverdoppelung der Konsonanten, Dehnungsschreibung, leichte und schwierige Großschreibung, Zeichensetzung usw.) Solche speziellen Übungen sollten möglichst nicht im Rahmen eines Sachthemas („Auf dem Bahnhof" usw.) vorgenommen werden. Entweder kommen dabei diese Übungen zu kurz – das geschieht immer dann, wenn man Häufungen bestimmter Rechtschreibfälle vernünftigerweise nicht übertreibt –, oder es ballen sich die Schwierigkeiten derart, daß der Text nur noch ein einziger sprachlicher Krampf ist. Einerseits aus Gründen der Übungsintensität, andererseits aber auch aus sprachästhetischen Gründen werden wir auf eine Verkleidung spezieller Rechtschreibübungen durch einen sinnganzen Text verzichten müssen. Dennoch sind solche Aufgaben durchaus sinnvoll. Hier liegt der Sinn darin, die Kinder durch konzentrierte Übungen fähig zu machen, in Rechtschreibzweifelsfällen selbst die Lösung zu finden. Wir kommen darauf noch im praktischen Teil zurück.

In dem Maße, wie der allgemeine Rechtschreibunterricht von der ersten bis zur letzten Klasse mehr und mehr abnimmt, nimmt der spezielle Rechtschreibunterricht von unten nach oben zu. Trotz der Vordringlichkeit der speziellen Übungen in den oberen Klassen werden wir auch dort auf Rechtschreibtexte, die gelegentlich dem Sachunterricht, Lesestoffen, Aufsätzen oder Erlebnisberichten entnommen sind, nicht ganz verzichten.

Nach diesen Überlegungen können wir nun den zweiten didaktisch-methodischen Grundsatz aufstellen:

Unter Berücksichtigung der Eigentümlichkeit unserer Rechtschreibung und der fortschreitenden Denkleistung der Schüler zur rechten Zeit und im rechten Maß gründliche spezielle Rechtschreibübungen durchführen, und zwar in der Primarstufe beginnend, in der Orientierungsstufe verstärkt und in der Sekundarstufe I vorherrschend.

III. Differenzierung und Individualisierung

Die bisher erörterten Grundsätze als Folgerung aus den von der Psychologie und von der Sache gestellten Bedingungen bezogen sich vorläufig auf unterrichtliche Maßnahmen, die wir bei dem „Normalkind" auf einer bestimmten Entwicklungsstufe oder in einer Jahrgangsklasse anzuwenden haben, wobei mit „Normalkind" der allgemein verbindliche, für unsere Schularbeit richtungweisende Durchschnitt gemeint ist. Aber über die für die einzelnen Bildungsstufen typischen Lernweisen und Leistungsgrade hinaus hat jedes einzelne Kind eine ganz eigentümliche psychische Struktur, die auch einer ihm gemäßen unterrichtlichen Behandlung bedarf. Das oft große *Bildungs-, Auffassungs- und Leistungsgefälle* innerhalb einer Jahrgangsklasse beweist das ständig. Bei der Vermittlung bestimmter Unterrichtsinhalte, wozu unbedingt auch die Rechtschreibung gehört, werden wir mit dem Kollektiv- oder Frontalunterricht allein dieser Gegebenheit nicht gerecht. Meistens kommen dabei die besonders leistungsstarken und die sehr schwachen Schüler in ihrem Recht zu kurz. Daraus ergeben sich für uns methodische Konsequenzen, die zur Differenzierung und Individualisierung unserer Unterrichtsarbeit führen. Im Rechtschreibunterricht ist das besonders notwendig, weil sich hier die Leistungsstreuung oft sehr kraß zeigt.
Die pädagogischen Begriffe Differenzieren und Individualisieren treten uns insbesondere durch die moderne Lernpsychologie neu ins Bewußtsein und drängen endlich nach Verwirklichung. Im Grunde sind sie aber nicht neu. Seit Comenius im 17. Jahrhundert mit seiner „Didactica magna" die ersten Grundsätze für einen gemeinsamen Unterricht mit mehreren Schülern – er schlug bis zu hundert vor (!) – aufstellte und damit den bisher vorwiegend wohlhabenden Familien vorbehaltenen Einzelunterricht ihrer Kinder der Allgemeinheit zugutekommen ließ, gibt es das Problem der Differenzierung. Denn recht bald erkannte man, daß es bei aller Beherrschung der Kunst eines „Massenunterrichts" doch nicht möglich war, allen das gleiche beizubringen, zumindest nicht in der gleichen Zeit. Die individuellen Unterschiede in der Begabung, in der Lernweise und auch im Lernenwollen waren (und sind heute noch) zu groß. Einerseits war man froh, durch einen Gemeinschaftsunterricht möglichst viele Kinder zugleich unterrichten und dadurch auch recht rationell arbeiten zu können, andererseits erkannte man auch bald, daß man den einzelnen Kindern in ihrer individuellen Eigenart nicht gerecht werden konnte.

Der Versuch, das Problem durch Differenzierung zu lösen, ist ein Versuch nach dem Prinzip, „das eine tun, ohne das andere zu lassen". Dabei kam es nun seither zu den verschiedensten Versuchsformen, wobei sich besonders in den letzten Jahrzehnten die Unterscheidung zwischen der „äußeren" und der „inneren" Differenzierung entwikkelte. Die ersten und auch die meisten späteren Versuche waren auf äußere, mehr schulorganisatorische Bemühungen aus: das Pädagogium *A. H. Franckes* in Halle um die Wende des 17./18. Jahrhunderts, das „Mannheimer Schulsystem" *A. Sickingers* nach 1900, das *Montessori-System*, der *Dalton-Plan Helen Parkhursts*, der *Jena-Plan P. Petersens*, der *„Differenzierte Mittelbau"* in Versuchsschulen Niedersachsens, um nur einige markante Beispiele zu nennen. Vielleicht sind die neuerdings eingeführte Orientierungsstufe als Differenzierungszone und die Umstrukturierung der dritten Bildungsstufe in einen *Kern- und Kursunterricht* der bisher beste Weg der äußeren Differenzierung, ohne dabei das durchaus bewährte Prinzip des Klassensystems zu verdrängen.

Wir wollen uns hier aber vorwiegend der *inneren Differenzierung* des Rechtschreibunterrichts zuwenden, weil sie in allen Klassen ebenso psychologisch notwendig wie sachlogisch möglich ist und weil selbst bei äußerer Differenzierung nicht auf sie verzichtet werden kann.

Was verstehen wir nun im allgemeinen und speziell im Falle des Rechtschreibunterrichts unter den Begriffen „innere Differenzierung" und „Individualisierung"? – *M. Fischer*[1] sieht als Motive der inneren Differenzierung allgemein „die Rücksichtnahme auf das individuelle Tempo des Lernfortschritts und die Beachtung individueller Fähigkeiten und Interessenrichtungen". Auf den Rechtschreibunterricht übertragen, stellen sich als Differenzierungsmotive heraus: Unterschiede im rechtschreiblichen Entwicklungsstand (Verfügung über die im Kapitel C II genannten rechtschreiblichen Lösungsmittel), Unterschiede der Auffassungs- und Denkweise (vgl. die einander überbauenden Denkformen, Kapitel B I). Die von *M. Fischer* angeführten Interessenrichtungen als Motiv der inneren Differenzierung beziehen sich auf Fachinteressen und sind insofern nicht auf den Rechtschreibunterricht übertragbar. – *M. Fischer* spricht dann von den „Möglichkeiten der inneren Differenzierung" und nennt die Abstufung „der Lehrziele in bezug auf ihre Höhe und ihre Inhalte und die Varia-

[1] M. Fischer, Die innere Differenzierung des Unterrichts in der Volksschule. 3. Auflage, S. 88

tionsmöglichkeiten der Art und Weise des Lernens".[2] Daraus ergibt sich für den Rechtschreibunterricht die Forderung, bei der Erarbeitung und beim Üben eines bestimmten Rechtschreibstoffes innerhalb einer Klasse durch unterschiedliche Aufgabenstellungen sowohl *quantitativ* als auch *qualitativ* zu differenzieren und Möglichkeiten verschiedener Lernweisen zu schaffen. (Wir werden im praktischen Teil darauf näher eingehen.)

Das Hauptziel des Differenzierens besteht darin, das Niveau der Klasse allgemein zu heben, indem wir die Leistungen einzelner Gruppen heben. Wenn wir annehmen, daß in einer Jahresklasse drei Leistungsgruppen entstanden sind, soll die folgende graphische Darstellung den Zustand vor, während und nach der Differenzierung deutlich machen.

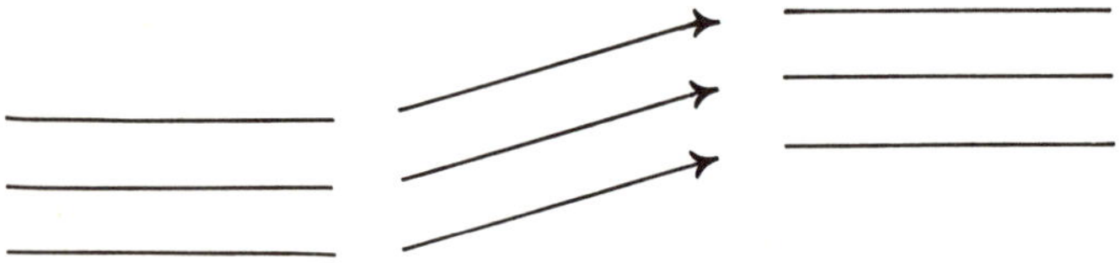

vor während nach der Differenzierung

Nach einem differenziert durchgeführten Rechtschreibunterricht hat also jede Leistungsgruppe in sich einen Leistungsanstieg zu verzeichnen, der jedoch keineswegs wieder den gleichen Abstand zu den anderen (nur auf höherem Niveau) haben muß, wie es in der Graphik scheinen könnte. In jedem Falle ist die Gesamtleistung der Klasse gesteigert worden.

Natürlich soll durch das differenzierende Verfahren Schülern, deren Leistungen etwa durch längere Krankheit oder aus anderen Gründen vorübergehend schlechter oder schwächer geworden sind, die Möglichkeit des Wiederanschlusses an die entsprechende Leistungsgruppe gegeben werden. Die Zusammensetzung der Kinder in den Leistungsgruppen darf nicht endgültig sein. Jedes Kind muß die Chance haben, durch Leistungsverbesserung in eine höhere Gruppe aufzusteigen. Umgekehrt ist bei einem Nachlassen der Leistungen ein Wechsel nach unten möglich. Dadurch werden die Kinder ständig angespornt, und das Erlernen der Rechtschreibung ist motiviert. Es ist bei dieser Art des Unterrichts besonders notwendig, die Eltern über Sinn und Ziel dieser Unterrichtsweise aufzuklären, damit nicht durch

[2] M. Fischer, ebenda, Seite 89

gut gemeinte Differenzierung der falsche Eindruck einer Klassifizierung entsteht, der dann auch mit falschen Werturteilen verbunden ist. Wenn wir den Eltern verständlich machen, daß das differenzierende Verfahren die Rücksichtnahme auf unterschiedliche Leistungs- und Entwicklungsstufen möglich macht, dem bisher vielleicht verzweifelten schwachen Kind wieder Mut einflößt und alle Kinder anspornt, eine möglichst hohe Leistungsstufe zu erreichen, werden sie einsichtig sein und unsere Arbeit unterstützen.

Als Individualisierung ist jene über die Bildung von Niveaugruppen hinaus reichende Unterrichtsform zu bezeichnen, die der Eigentümlichkeit des einzelnen Kindes gedanklich und praktisch gerecht wird und eine seiner Eigenart entsprechende *individuelle Behandlung* ermöglicht. Für den Rechtschreibunterricht hat das folgende Bedeutung: Wenn wir ein Probediktat oder einen Aufsatz schreiben lassen, beobachten wir, daß nicht immer die gleichen Fehler gemacht werden. Manche Fehlleistungen sind auf die Unsicherheit in der Anwendung rechtschreiblicher Lösungsmethoden, andere auf Entwicklungsunterschiede oder individuelle Veranlagungen und Neigungen zu bestimmten Fehlern zurückzuführen. Im speziellen Rechtschreibunterricht werden wir zwar laufend neue eigentümliche Schreibweisen und Regeln vermitteln, aber ebenso sollte der Ausgangspunkt unserer Aufgabenstellung die Fehlleistung unserer Klasse sein. Da diese Fehlleistung oft sehr unterschiedlich ist, können wir die einzelnen Fehler nicht immer zum Anlaß nehmen, den entsprechenden Unterrichtsstoff mit der ganzen Klasse neu oder nochmals zu erarbeiten. Dazu fehlt uns die Zeit. Außerdem langweilen wir alle diejenigen, die bestimmte Rechtschreibfälle bereits längst beherrschen und sie nur wegen anderer Schüler noch einmal behandeln müssen. Hier fehlt vielen Kindern die Motivation ihrer Beschäftigung (vgl. Kapitel B I). Einen solch leidigen Zustand in unserer Klasse können wir durch ein individualisierendes Verfahren vermeiden. Dabei geht es um einen bestimmten Rechtschreibübungsstoff und möglichst auch um eine Arbeitsweise, die jedem einzelnen Schüler entsprechend seiner rechtschreiblichen Eigenart angepaßt ist. Es geht darum, die besondere Anstrengung vom einzelnen Schüler zu verlangen, zu der er fähig ist, die aber auch notwendig ist, um seine individuellen Fehler auszumerzen. (Auch hierüber wird im praktischen Teil Näheres zu erörtern sein.)

Wir können nunmehr den dritten rechtschreibmethodischen Grundsatz aufstellen. Er lautet:

Aufgrund der Begabungs-, Auffassungs- und Leistungsunterschiede, aber auch unter Rücksichtnahme auf sozio-kulturelle Sprachdefizite in jeder Klasse zu einer inneren Differenzierung und zu einer Individualisierung des Rechtschreibunterrichts gelangen.

IV. Rationalisierung durch Aktivierung

Für sich betrachtet, bedeutet der soeben aufgestellte und begründete rechtschreibmethodische Grundsatz der Differenzierung und Individualisierung – darüber wollen wir uns nicht hinwegtäuschen – für den Lehrer eine erhebliche Mehrbelastung. Statt einer Aufgabe müssen in einer Jahresklasse zwei oder drei verschieden schwere Aufgaben gestellt werden, Übungsdiktate bedürfen der quantitativen oder qualitativen Abstufung, der Lehrer soll jedem einzelnen Kind in bezug auf Leistungsvermögen und Arbeitstempo gerecht werden.
Hier ist es angebracht, die Ansprüche des dritten Bildungsfaktors im Bildungsprozeß der Schule, die Bedingungen des Lehrers, anzumelden. Mit Recht ist die Pädagogik seit Jahren darum bemüht, in der Schule dem einzelnen Kind und der Struktur der Sache weitgehend gerecht zu werden. Aber was nützen letzten Endes die besten nach diesem Prinzip ausgerichteten Methoden, wenn sie nicht auch auf den Lehrer und seine Leistungskapazität Rücksicht nehmen? Der dritte rechtschreibmethodische Grundsatz wird nicht realisierbar sein, solange der Lehrer bei seinen unterrichtlichen Bemühungen um die Beachtung dieses Grundsatzes überfordert ist. Wenn wir bedenken, daß wir die gleiche Aufgabe des Differenzierens und Individualisierens nicht nur im Rechtschreiben, sondern auch innerhalb der übrigen Teilgebiete des Deutschunterrichts (in der Sprachlehre etwa, im Lesen) und dann vielleicht noch in mehreren Fächern und in mehreren Schuljahren lösen sollen, wird jeder Schulpraktiker, der mit beiden Füßen auf dem Boden der Schulwirklichkeit steht und sich im Interesse der Schule nicht gesundheitlich ruinieren will, die Unmöglichkeit dieses Unterfangens erkennen. Der Lehrer ist wegen der schier unheimlichen Fülle von Einzelaufgaben, die heute zu erfüllen sind, physisch mehr als früher belastet. Er ist deshalb seinen Schulkindern, seiner Aufgabe, seiner Familie und auch sich selbst schuldig, seine Arbeitskraft zu erhalten.
Wenn wir einerseits die Notwendigkeit der Differenzierung und Individualisierung – speziell des Rechtschreibunterrichts – einsehen und andererseits die großen Schwierigkeiten der Verwirklichung erkennen, erhebt sich die Frage nach einem Ausweg aus dieser Zwick-

mühle. Den finden wir nur, wenn wir Möglichkeiten schaffen, die unseren Unterricht den allgemeinen Verhältnissen des gegenwärtigen und zukünftigen Lebens anpassen, d. h., wenn wir ihn so *rationell* wie möglich gestalten, wenn wir dafür sorgen, daß wir mit einem Minimum an Zeit- und Kraftaufwand möglichst ein Maximum an Leistung erreichen. Dabei können uns geeignete Rechtschreiblernmittel oder Lernprogramme behilflich sein.
Bei der Umstellung auf den Einsatz solcher Lernmittel braucht der Lehrer nicht die Hemmung zu haben, dies nur um seiner selbst willen zu tun; denn ohne die Verwendung von Lernmitteln bleiben selbst bei halbwegs gelungener, mühevoller Differenzierung und Individualisierung des Rechtschreibunterrichts noch wichtige lernpsychologische Voraussetzungen unbeachtet, z. B. das individuelle Arbeitstempo, die Selbsttätigkeit, die Selbstkontrolle, das Erfolgserlebnis. Durch das frohe eigene Tun werden einerseits Kräfte im Kinde ausgelöst und gesteigert, die notwendig sind, das Rechtschreiben zu erlernen, und andererseits ist jede mit eigener Kraft und nach bewußt erlebtem Erfolg erlangte Fertigkeit wieder die Grundlage für weitere Fortschritte. Eine sinnvolle und gelenkte (gegebenenfalls programmierte) Eigentätigkeit erleichtert die Überbrückung der oft großen Kluft zwischen dem individuellen Leistungsvermögen und der Zugänglichkeit unserer Rechtschreibung. Die Verwendung von psychologisch und sachlogisch fundierten Rechtschreiblernmitteln dient also sowohl dem Kinde als auch dem Lehrer.
Es gibt in der pädagogischen Literatur genügend Anregungen für die eigene Herstellung von „Selbstbildungsmitteln". Wer sich heute noch die Mühe macht, ja, machen kann, seine eigenen Arbeitsmittel herzustellen, die den rechtschreibmethodischen Grundsätzen gerecht werden, verdient höchstes Lob, und er soll nur ja danach arbeiten (wenn möglich, diese Hilfsmittel auch der Allgemeinheit zugänglich machen). Das sind aber heute angesichts des Großmaßes an weitverzweigten Aufgaben der Schule Ausnahmen. Wir können und dürfen so etwas jedenfalls nicht verlangen. Es bleibt also nur noch die Umschau nach geeigneten Lernmitteln, die im Handel zur Verfügung stehen (vgl. Kapitel D IV). Wenn ihre eingehende Prüfung eine schulpraktische Verwendbarkeit auf der Basis der rechtschreibmethodischen Grundsätze ergibt, sollte sich der Lehrer zu ihrem Einsatz in der Schule entschließen.
Wir kommen damit zum vierten rechtschreibmethodischen Grundsatz: *Erfüllung lernpsychologischer Voraussetzungen und Rationalisierung*

des Rechtschreibunterrichts auf jeder Bildungsstufe und in jeder Jahresklasse durch Aktivierung der Schüler unter Verwendung geeigneter Arbeitsmittel oder Lernprogramme.

Im folgenden Kapitel wollen wir die Möglichkeiten zur praktischen Verwirklichung dieser vier herausgestellten rechtschreibmethodischen Grundsätze untersuchen.

Literaturhinweise zu C I — IV

Babucke, Wolfgang	„Konsequenz – ein Grundsatz für Erfolg im Rechtschreibunterricht". In: Lebendige Schule 1970/2.
Beinlich, Alexander	Der Rechtschreibunterricht. Weinheim.
Ders.	„Über das Erlernen der Rechtschreibung". In: Handbuch des Deutschunterrichts, 3. Auflage, 1963.
Bleidick, Ulrich	Lesen und Lesenlernen unter erschwerten Bedingungen. Essen 1966.
Bischoff, Paul	„Der Rechtschreibunterricht". In: E. Wolfrum, Taschenbuch des Deutschunterrichts. Eßlingen 1972.
Bosch, Bernhard	Grundlagen des Erstleseunterrichts. Angermund 1949.
Dobieß, F.	Revision des Lesenlehrens als aktuelles Teilproblem der Grundschulreform. Ratingen 1972.
Doderer, Klaus	„Wir schreiben". In: Wege in die Welt der Sprache. Stuttgart 1965.
Fahnemann, Franz	„Rechtschreiben". In: Der Deutschunterricht in der Volksschule. Wolfenbüttel 1949.
Fischer, Margret	Die innere Differenzierung des Unterrichts in der Volksschule. Weinheim 1962.
Glogauer, Werner	„Die Rechtschrift – Formen und Methoden". In: Welt der Schule, Heft 5/6, 1963.
Hansen, Wilhelm	Die Entwicklung des kindlichen Weltbildes. München 1965.
Helmers, Hermann	„Das rechte Schreiben (Rechtschreibunterricht)". In: Didaktik der deutschen Sprache, 6. Auflage, Stuttgart 1971.
Hillebrand, Max Josef	Kind und Sprache. München 1955.
Hoffmann, Johannes	Entwickelnde Rechtschreibung. Düsseldorf 1953.
Horner, Adolf	Abschreiben – Nachschreiben – Diktieren. Hefteinträge im Dienste des Rechtschreibunterrichts". In: Die Scholle 1969/3.
Jungheim, Hans Josef	„Zum Rechtschreibunterricht in der Volksschule". In: Neue Wege zur Unterrichtsgestaltung, Heft 10, 1966.
Kern, Artur	Rechtschreiben in organisch-ganzheitlicher Schau. Braunschweig 1955.
Ders.	„Welche Faktoren beeinflussen das Rechtschreiben in entscheidender Weise?" In: Die Ganzheitsschule 1970/6.
Kern, Artur u. Erwin	Der neue Weg im Rechtschreiben. Freiburg 1954.
Messelken, Hans	„Rechtschreibübung und -kontrolle". In: Die Grundschule 1970/2.

Michael, Berthold	Selbstbildung im Schulunterricht. Weinheim 1963.
Müller, Richard G. E.	„Rechtschreiben und Intelligenz". In: Welt der Schule 1970/8.
Ders.	Ursachen und Behandlung von Lese-Rechtschreibe-Schwächen. Berlin 1967.
Müller, Rudolf	„Gezieltes Lese- und Rechtschreibtraining". In: Die Grundschule 1970/2.
Piechorowski, Arno	Differenzierung im Rechtschreibunterricht der Grundschule. In: H. Kasper (Hg.), Differenzierungsmodelle für die Grundschule. Stuttgart 1974.
Rank, Karl	„Grundsätzliches zum Rechtschreibunterricht in Grund- und Hauptschule". In: Lebendige Schule 1970/2.
Reumuth, Karl/ Schorb, Otto	„Rechtschreibung". In: Der muttersprachliche Unterricht. Bad Godesberg 1966.
Riehme, Joachim	Probleme und Methoden des Rechtschreibunterrichts. Berlin 1967.
Rutt, Theodor	„Lehre und Übung in der Rechtschreibung". In: Muttersprachschule. Ratingen 1955.
Ders.	„Schreiben – Rechtschreiben". In: Didaktik der Muttersprache. Frankfurt/M. o. J.
Sander, Friedrich/ Volkelt, Hans	Ganzheitspsychologie. München 1962.
Schindler, Georg	„Sprachdarstellung (Rechtschreiben)". In: Sprachbildung oder Kulturtechnik. Bochum 1959.
Schmalohr, Emil	Psychologie des Erstlese- und Schreibunterrichts. München 1971.
Singer, Kurt	„Aufsatzerziehung und Rechtschreiben". In: Aufsatzerziehung und Sprachbildung. München 1966.
Watzke, Oswald	„Das Abschreiben, eine grundlegende Rechtschreibübung im 2. Schuljahr". In: Die Ganzheitsschule 1970/5.
Ders.	Rechtschreibunterricht in der Grund- und Hauptschule. 2., durchgesehene und erweiterte Auflage, München 1972.
Weisgerber, Leo	Grundzüge der inhaltbezogenen Grammatik. Düsseldorf 1963.
Ders.	„Zehn Thesen zum Rechtschreibunterricht in der Grundschule". In: Die Grundschule 1970/2.

Paul Bischoff

D. PRAKTISCHE MÖGLICHKEITEN ZUR VERWIRKLICHUNG DER RECHTSCHREIBMETHODISCHEN GRUNDSÄTZE

I. Vom Sinn des rechten Übens

Wir stellten in der Einführung die sprachlich-lebenspraktische und die erzieherische Bildungsaufgabe des Rechtschreibunterrichts heraus. Neben dem Lehren, dem sprachbildenden Vermitteln einer Kulturtechnik, eröffnen sich uns durch die dafür geeigneten Formen didaktische Möglichkeiten, in bestimmtem Maße zugleich auch erzieherische Aufgaben zu lösen. Schon die Unterrichtsformen (Organisationsformen) lassen das erkennen:

Klassenarbeit	einheitlich	Spiel- und Wettkampfformen
Gruppenarbeit, Partnerarbeit	differenziert	
Einzelarbeit	individualisiert	

Auf diese Unterrichtsformen werden wir später noch eingehen. Uns sollen hier besonders die *Übungsformen* beschäftigen, die sowohl für den Lernerfolg als auch in psychologischer Hinsicht ihre Bedeutung haben.

Die Schrift ist ein Kulturgut, ihre Beherrschung eine Kulturtechnik, ein Mittel zum Zweck, eine Technik zum Zwecke des schriftlichen Ausdrucks und der Kommunikation. Um sie geht es bei der Schriftsprache. Ausdruck und Kommunikation sind das Primäre. Wir bedienen uns dabei graphischer Symbole, die also nur sekundäre, dienende Bedeutung haben. Um unabhängig, bequem und schnell an einen bestimmten Ort zu gelangen, bedienen wir uns eines technischen Werkes, eines Autos. Je mehr die Technik des Autofahrens in „Fleisch und Blut" übergegangen ist, desto intensiver wenden wir uns dem Straßenverkehr, der Landschaft und dem Ziel unserer Reise zu. Die dienende Funktion der Autofahrtechnik erfordert, wenn sie hinreichend automatisiert ist, kaum noch unsere bewußte Aufmerksamkeit. So ähnlich ist es mit der Schrift. Sie hat nur dienenden Charakter. Die Anwendung der Schrift muß mit Rücksicht auf den eigentlichen Zweck, die sprachliche Verständigung, *automatisiert* werden. Je mehr die rechte Schreibung „im Schlaf" beherrscht wird, desto mehr können wir uns beim Schreiben dem Inhalt der Sprache und den sprachlichen Absichten zuwenden. *Das eigentliche Ziel des Rechtschreibunterrichts ist daher die Automatisierung des Rechtschreibens.* Dieses Ziel erreichen wir jedoch nicht ohne gründliche *Übung.* Nun wissen wir, daß trotz aller Automatisierung der Schreiber gelegentlich stockt, in Zweifel gerät und nach der richtigen Lösung sucht. Deshalb muß für solche Fälle eines der bekannten Lösungsmittel zur Verfügung stehen. Auch die Befähigung zur Anwendung solcher Lösungsmittel ist nicht ohne entsprechende gründliche Übung möglich.

Wir haben aufgrund der eigentümlichen Struktur unserer Rechtschreibung, in der sich sprach- und sachganzheitliche Grundzüge mit Gesetzen der Laut- und Schriftelemente begegnen, zwischen dem allgemeinen und dem speziellen Rechtschreibunterricht unterschieden. Wir haben gesehen, daß Lehren und Lernen im allgemeinen Rechtschreibunterricht anders sind als im speziellen. Folglich unterscheiden sich zum Teil auch die Übungsformen, denn Üben ist ein wesentlicher Bestandteil des Lernens, oftmals das Lernen selbst.

Weil durch psychologisch falsche Übungsformen aus dem Üben mehr ein mechanischer Drill geworden war, hatte die Reformpädagogik die Übung im Unterricht fast verstoßen. Man fiel von einem Extrem ins andere. Heute verdanken wir vor allem lernpsychologischen Erkenntnissen den Wiedereinzug des Übens in unsere Schulen, jedoch des rechten Übens, das seine Gesetze hat. *Karl Odenbach* hat in seiner ausführlichen Schrift „Die Übung im Unterricht" nach älteren und neuen Forschungsergebnissen „Allgemeine Übungsgesetze" zusammengestellt, die wir hier wegen ihrer grundsätzlichen Bedeutung im Wortlaut wiedergeben wollen:

„Die folgenden Übungsgesetze formulieren ‚allgemeine' Gesetzlichkeiten, die – wie man sie auch theoretisch sichern möge – in der Praxis als augenscheinlich wirksam erkannt wurden.

1. Ohne Übungsbereitschaft kein Übungserfolg. Wenn nicht ein Minimum von Lernintention vorhanden ist, kann nichts erreicht werden *(Meumann).*

2. Das Erlebnis des Erfolgs weckt neue Übungsbereitschaft. (‚Law of effect' von *E. L. Thorndike.*)

3. Das Üben in sinnvollen Zusammenhängen ist erfolgreicher als das Üben zerstückten Wissens. Dieses wie auch das nächste Gesetz gründet in dem allgemeinen Prinzip der Gestaltpsychologie ‚Lernen durch Einsicht'.

4. Von der Klarheit und Intensität des ersten Eindrucks hängt das Behal-

ten ab. Bei einsichtigem Lernen läßt sich das Üben stark einschränken.
5. Das durch Selbsttätigkeit Erworbene hat größere Aussicht, behalten zu werden als das lediglich vom Lehrer Übernommene.
6. Der Übungserfolg wird durch Wiederholungen gesichert. Diese Wiederholungen sollen nicht Abzüge vom gleichen Klischee sein, sondern den Lernstoff in möglichst verschiedene Situationen transponieren. Kurze, über einen längeren Zeitraum verteilte Wiederholungen sind bei weitem ergiebiger als langes, gehäuftes Üben.
7. Die ersten Übungen und Wiederholungen müssen möglichst bald nach der Neueinführung stattfinden, da die Behaltenskurve gerade in den ersten Tagen stark fällt *(Ebbinghaus)*.
8. Wenn auch jüngere Kinder in monotoner Weise lange üben können, so weckt doch ganz allgemein der Wechsel in der *Übungsform* neue Übungsbereitschaft und bringt daher auch größeren Übungserfolg. Übungen ohne Abwechslung führen zur Übersättigung und damit zum Erlöschen der Übungsbereitschaft.
9. Beim Einprägen muß auf die verschiedenen Vorstellungstypen der Kinder Rücksicht genommen werden – visuell, akustisch, motorisch –, indem Auge und Ohr, Sprechen und Bewegung, wo immer es möglich ist, beteiligt werden.
10. Schleichen sich mit der Übung Fehler ein, ohne sofort korrigiert zu werden, so werden sie im Verlauf des weiteren Übens bestärkt und beeinträchtigen den Lernerfolg oder heben ihn auf *(Guyer)*.
11. Kinder, die schnell lernen, vergessen oft schneller als Kinder, die langsam lernen. ‚Wer schnell lernt, vergißt auch schnell!' Das rasche Lernen hat keinen vorteilhaften Einfluß auf das dauernde Behalten *(Meumann)*.
12. Es ist verkehrt, den natürlichen Entwicklungsrhythmus durch forciertes Üben beschleunigen zu wollen *(Olson)*. Die Übungsplateaus müssen beachtet werden.
13. Übungsfähigkeit und Übungsfestigkeit nehmen mit zunehmendem Alter ab. Im allgemeinen lernen Kinder langsamer als Erwachsene, behalten aber das Gelernte besser."

Diese allgemeinen Übungsgesetze möchten wir noch durch einige Feststellungen, die von *Heinrich Roth*[1] zur Frage des Übens getroffen wurden, ergänzen:

„Manchen Lerngegenständen und Lernzielen gegenüber gibt es nur den harten Weg des einprägenden Lernens. Auch die Steigerung der

---

1 Heinrich Roth, Pädagogische Psychologie des Lehrens und Lernens. 2. Auflage, Kapitel XXI, 5. e)

Leistung bei motorischen und geistigen Fertigkeiten ist davon abhängig, daß gewisse Handlungsabläufe automatisiert werden, d. h. so eingeschliffen werden, daß sie nur noch ein Minimum von bewußter Aufmerksamkeit benötigen."

„Was vom Leben in Gebrauch genommen wird, ist technisch gesprochen ‚überlernt' und sitzt besonders gründlich."

„In einen Lernprozeß eingeschobene andere Lernprozesse können unter gewissen Umständen proaktiv und retroaktiv das Gelernte fördern oder hemmen."

„Am besten folgt einer intensiven Lernperiode eine Pause oder Schlaf oder Spiel, jedenfalls sollte nichts folgen, was der ersten Lernaufgabe sehr ähnelt, weil zu ähnliche Lerngegenstände und Lernprozesse einander rückwirkend stören."

Wir sagten, daß Üben ein wesentlicher Bestandteil des Lernens sei, oft das Lernen selbst. Für den Rechtschreibunterricht ergeben sich drei Hauptarten der Übung:

1. Üben als variierte Form eines zunächst unbewußten Erlernens neuer Rechtschreibung.
2. Üben als variierte Form des bewußten Erlernens neuer Rechtschreibung.
3. Üben als variierte Form der Wiederholung erlernter Rechtschreibung zum Zwecke des Behaltens und der Anwendung.

Die erste Übungsart trifft am meisten auf den allgemeinen Rechtschreibunterricht zu. Hier werden den Kindern immer wieder die gleichen Wortschriftbilder in anderem Sinn- und Übungszusammenhang dargeboten, und diese Wörter müssen wiederholt geschrieben werden. Die Kinder gelangen in bezug auf die Einsicht in strukturelle Besonderheiten und Regeln zunächst noch mehr oder weniger unbewußt durch Wiederholung über die Gewöhnung zur Geläufigkeit im Rechtschreiben eines bestimmten Wortschatzes. (Vgl. Kapitel C I!) So beginnt eine Mechanisierung. Auf diese Weise können aber noch keine dauerhaften positiven Ergebnisse erzielt werden. Es ist ein nicht selten verbreiteter Irrtum zu glauben, so könne man schon alles in der Rechtschreibung erwerben. Ganz abgesehen davon, daß wegen der Eigentümlichkeiten unserer Phonemschrift die zweite Übungsart, nämlich Üben als bewußtes Lernen im speziellen Rechtschreibunterricht, nötig wird, ist auch schon bei den Übungen im allgemeinen Rechtschreibunterricht eine Einsicht in das zu Lernende erforderlich, wenn es nicht bei einer Mechanisierung bleiben, sondern zu einer *Automatisierung* kommen soll. Es „soll das *Verstandene* automatisiert

werden, weil die Mechanisierung des Nichtverstandenen keine Kräfte freisetzt, keine Ordnung von oben (vom sinnvoll gesteuerten Tun) nach unten (zu der automatischen Fertigkeit) stiftet."[2] Ein Wortschriftbild durch wiederholte Wahrnehmung und durch wiederholtes Schreiben ins visuelle Gedächtnis einprägen (Üben als Form eines zunächst unbewußten Aneignens neuer Rechtschreibung) ist noch keine Einsicht in den neuen Lerngegenstand, führt noch nicht zum Verstehen. Wenn Einsicht und Verstehen als Voraussetzung für eine echte Automatisierung hinzukommen sollen, muß der Sinnzusammenhang eines Wortes gegeben sein, müssen immer andere Sinnganze ein gleiches Wort zu einem abstrahierten Begriff machen, für den es ein bestimmtes akustisches und ein dazugehöriges graphisches Symbol gibt. Die verschiedenen und wechselnden Übungsformen sollten für die Kinder gar nicht so „unauffällig" oder beiläufig die Schreibung eines bestimmten Wortes vermitteln. Diese Vermittlung sollte recht bald bewußt geschehen, und die Kinder sollten auch den Zweck und die Methode der Übungsformen erfahren. Je bewußter und einsichtiger dies alles geschieht, desto größer ist der Transfer-Effekt, die Übertragungswirkung sinnspezifisch gelernter Wortschriftbilder auf die allgemeine Verwendung. Zur Einsicht und zum Verstehen als Bedingung der Automatisierung gehört dann aber ebenso der Gliederungsprozeß (vgl. S. 88), der die Entstehung eines geschriebenen Wortes auf dem Hintergrund der lautlichen Artikulation deutlich macht.
Der Begriffs- und Wortschatz eilt dem Wortbildschatz im Laufe der Schulzeit weit voraus. Es ist deshalb gar nicht möglich, alle neuen Wörter rechtschriftlich bewußt erlernen zu lassen. Mit vielen werden wir es im Unterricht tun können. Aber bei ebensovielen wird eine Geläufigkeit im Rechtschreiben tatsächlich nur durch ständige beiläufige Wiederholung, also mehr auf dem Wege der Mechanisierung, möglich sein. Das ist im einzelnen nicht meß- und kontrollierbar.
Im übrigen tritt ja spätestens im zweiten Schuljahr der spezielle Rechtschreibunterricht hinzu, bei dem es ein unbewußtes Einprägen durch beiläufige Wiederholung nicht gibt. Für diesen Unterricht kommt nur das Üben als variierte Form des bewußten Lernens in Frage. Hier geht es um ganz spezielle Dinge, die eingesehen und verstanden sein müssen. Was hier an Speziellem gelernt wird, muß zur Übertragung auf andere Fälle bereitgehalten werden können. Das setzt ein Behalten des Erlernten voraus. Das bewußte und einsichtige Auffassen neuen

[2] Heinrich Roth, ebenda, S. 300

Stoffes allein reicht für das dauerhafte Behalten nicht aus. Das ständige Training gehört noch dazu, und zwar das „Üben unter immer neuen Gesichtspunkten, in immer neuen Anwendungsformen, in immer anderen Sozialformen . . .".[3] Damit wird die Motivation erhalten, und Übersättigung und Ermüdungserscheinungen lassen sich weitgehend vermeiden.

Die genannte dritte Übungsart, das Üben als variierte Form der Wiederholung des Erlernten zum Zwecke des Behaltens und der Anwendung, nimmt im allgemeinen wie im speziellen Rechtschreibunterricht den breitesten Raum ein. Der Zweck der Aufgabe und der Übung läßt nach der möglichen und diesem Zweck entsprechenden Form suchen. Je mehr Auswahl wir haben, je mehr wir also wechseln können, desto stärker wird die Lernbereitschaft der Kinder angefacht (vgl. Kapitel B I). Um eine klare Übersicht über die Übungsformen im Rechtschreibunterricht zu bekommen, ist eine Unterteilung entsprechend dem allgemeinen und dem speziellen Rechtschreibunterricht angebracht. Es folgt zunächst die Gesamtübersicht:

Übungsformen für den

allgemeinen Rechtschreibunterricht (nach Sachganzheiten)	**speziellen Rechtschreibunterricht** (nach rechtschreiblichen Gesichtspunkten)
Visuelle Übungen	a) **Phonetisch-phonologische Übungen**
1. Abschreiben	1. Artikuliertes Sprechen und gliederndes Hören
2. Auswendigaufschreiben	2. Abschreiben und Auswendigaufschreiben von Wortgruppen mit gleichen Lauten (Buchstaben)
3. Übungsreihen (mit gleichen Satzanfängen oder Satzteilen)	3. Übungsreihen mit gleichen Satzanfängen
4. Einsetzen von Wörtern	4. Heraussuchen von Wörtern mit bestimmten Buchstaben aus Texten oder Wortgruppen (Ordnen)
5. Zusammensetzen von Hauptwörtern	5. Einsetzen von Wörtern mit gleichen Lauten (Buchstab.)
6. Ordnen (verkehrte Welt)	
7. Zuordnen	
8. Diktat (Partnerdiktat)	
9. Freies Schreiben (Texte oder Wortgruppen)	

[3] Heinrich Roth, ebenda, S. 311

6. Lautieren und Buchstabieren
7. Analogieübung
8. Diktat
9. Wortergänzung
10. Freies Schreiben

b) **Logische Übungen**

1. Abschreiben und Auswendigaufschreiben von Wortgruppen mit gleichen Rechtschreibschwierigkeiten
2. Ordnen nach bestimmten rechtschreiblichen Gesichtspunkten (Gegenüberstellungen)
3. Ableitungsübung
4. Zuordnen
5. Diktat
6. Wortergänzungen
7. Freies Schreiben

Literaturhinweise

Bönsch, Manfred	„Vom Üben und Wiederholen" im Schulverwaltungsblatt für Niedersachsen, 3/1963.
Ders.	„Vom Wesen der Übung" im Schulverwaltungsblatt für Niedersachsen, 7/1964.
Correll, Werner	Lernpsychologie. Donauwörth, 1961.
Hansen, Wilhelm	Die Entwicklung des kindlichen Weltbildes. 5. Aufl., München 1960.
Higelke, K.	„Von Sinn und Weise rechter Übung in der Schule". In: Unsere Schule, Heft 10, 1950.
Odenbach, Karl	Die Übung im Unterricht. Braunschweig, 1963.
Roth, Heinrich	Pädagogische Psychologie des Lehrens und Lernens. 4. Aufl., Berlin-Hannover-Darmstadt, 1960.

II. Praxis des allgemeinen Rechtschreibunterrichts

a) Lern- und Übungsformen

1. Abschreiben

Das Abschreiben ist die erste und einfachste Form aller Rechtschreibübungen. Es dient dem optisch und akustisch gliedernden Erfassen der Struktur einzelner Wörter und sollte zumindest anfangs unter gleichzeitigem Lautieren vor sich gehen, wobei dem Schüler im phonetisch-phonologischen Bereich das Koordinieren von Phonemen mit den entsprechenden Graphemen und im logischen Bereich die von der normlautadäquaten Schreibung abweichenden Formen allmählich bewußt werden. Das durch Übung zu erreichende fehlerfreie Abschreiben ist die Voraussetzung für alle weiteren Rechtschreibübungen.

2. Auswendigaufschreiben

Im Gegensatz zum Abschreiben dient diese Übungsform dem besonderen Training des visuellen Gedächtnisses. Dazu wird ein Deckblatt benutzt. Nachdem die Kinder zunächst ein Wort, später mehrere Wörter oder ganze Wortgruppen (Wortblöcke) angesehen und visuell gründlich wahrgenommen haben, decken sie das Angesehene zu und schreiben es aus dem Gedächtnis auf. Man braucht nicht zu befürchten, daß die Kinder mogeln. Wenn wir diese Formen des Auswendigaufschreibens zunächst mit der ganzen Klasse gemeinsam geübt haben, auch an Tafeltexten, werden die Schüler bald feststellen, daß ihnen das Aufschreiben aus dem Gedächtnis keine großen Schwierigkeiten bereitet. Diese Übung macht ihnen sogar viel Spaß. Die Kinder spüren hier auch eine Art Lernerfolg und werden später bei der Einzelarbeit immer erst probieren, ob sie das Wort nicht ohne nachzusehen tatsächlich auswendig aufschreiben können. Im Notfall darf natürlich nachgesehen werden (Fehler vermeiden ist besser, als Fehler berichtigen). Mit dieser Rechtschreibübung sollte man schon im Laufe des ersten Schuljahres beginnen. Als Vorübung und auch zur Unterstützung dürfen Lernanfänger das angesehene und visuell erfaßte Wortschriftbild mit dem Finger auf dem Tisch „nachmalen", dann schauen sie es sich noch einmal gründlich an, decken das Wort zu und schreiben es nun aus dem Gedächtnis auf.

Diese Übungsform kann in allen Schuljahren angewandt werden und läßt sich quantitativ steigern: erst einzelne Wörter, dann Wortgruppen (Wortblöcke), dann Sätze.

Das Luftschreiben dient in erster Linie der Auflockerung des Handgelenks und der Gewöhnung an Schreibbewegungen. Erst in zweiter Linie kommt ihm die Bedeutung der schreibmotorischen Unterstützung bei der visuellen und zugleich akustischen Auffassung eines Wortbildes zu. Jeder von uns wird schon beim Luftschreiben beobachtet haben, wie ungenau viele Kinder ein Wortschriftbild nachschreiben. Das liegt nicht nur daran, daß die Kinder schnell dabei ermüden oder manche geneigt sind, daraus ein wenig Spaß und Unsinn zu machen, sondern es liegt einfach daran, daß weder durch den Lehrer noch durch die Kinder selbst eine Kontrolle des Luftgeschriebenen möglich ist. Das Luftschreiben dient nur wenig der Einprägung eines Schriftbildes, hat also vorwiegend formale Bedeutung. Beim Schreiben mit dem Finger auf der Tischplatte ist die Situation insofern etwas anders, als wenigstens ein Schreibwiderstand da ist, der die richtige Reproduktion eines Schriftbildes erleichtert. Im ersten und auch noch im zweiten Schuljahr sind Luft- und besonders Tischschreiben für die Ausbildung der motorischen Fertigkeit der Kinder unbedingt, im dritten Schuljahr nur noch bedingt bedeutungsvoll.

3. Übungsreihen mit gleichen Satzanfängen oder Satzteilen

Aus Sachwortgruppen, die einem übergeordneten Sachthema entnommen sind, sollen die Kinder in eine Übungsreihe mit gleichen Satzanfängen oder Satzteilen der Reihe nach die betreffenden Wörter einsetzen. Primär geht es um die Übung dieser Wörter. Jedoch wird gleichzeitig durch die ständige Wiederholung eines Satzanfanges oder eines Satzteiles die Schreibung anderer Wörter geübt, und die Kinder kommen fast beiläufig zur Geläufigkeit im Schreiben der dort wiederkehrenden Wörter. Solche Übungen wirken vielleicht auf den Erwachsenen monoton. Für Kinder der ersten Schuljahre sind sie es aber nicht. Natürlich können wir solche Übungsformen nach der Grundschulzeit nicht mehr anwenden, weil hier bereits infolge der fortgeschrittenen Entwicklung der Kinder solche Übungen langweilig werden könnten. In den unteren Klassen jedoch haben sie einen nicht zu unterschätzenden Übungswert.

Beispiel: 2. Schuljahr

Sachthema: Winterzeit

Wortgruppe:
So ist es draußen:
frisch,
kalt,
frostig,
windig.

Übungsauftrag:
Es ist draußen frisch.
Es ist draußen kalt.
Es ist ...

4. Einsetzen von Wörtern

Aus Wortgruppen (Wortblöcken), die ein Sinnganzes darstellen (z. B. „Allerlei Gartengeräte"), sollen die Kinder bestimmte Wörter heraussuchen, die in einem vorgegebenen Text ausgelassen sind, und diese nun dort einsetzen. Das Ganze geschieht schriftlich.

Beispiele: 2. Schuljahr
Thema: Inge hat Geburtstag

Allerlei Geschenke
Blumen,
Obst,
Schokolade,
Bonbons,
Kekse.

Was ich geschenkt bekam:
Klaus schenkte mir einen Strauß ...
Von Gertrud bekam ich eine Tafel ...
Gerda brachte mir eine Dose ... Horst überreichte mit eine Tüte ... Tante Hilde schenkte mir frisches ...
Setze die fehlenden Wörter ein!

4. Schuljahr
Thema: Im Zoo

Was manche Tiere tun:
knurren,
meckern,
blöken,
traben,
hüpfen,
watscheln,
schwimmen.

Weißt du, was diese Tiere tun?
Die Ente ... Das Schaf ...
Das Zebra ... Der Wolf ...
Das Känguruh ... Der Seehund ...
Die Ziege ...
Setze die fehlenden Wörter aus der Wortgruppe richtig ein!

Sind Lückentexte im Rechtschreibunterricht überhaupt gestattet? – In der Zeit der ersten Verbreitung der Ganzheitsmethode hat man Lückentexte völlig verbannt. Ein Satz wurde als Ganzes angesehen, und in ihm durfte nichts fehlen. Die Verbannung von Lückentexten als Übungsform war ein Gemisch von überspitzter Ganzheitsauffassung und von anhaltender Reaktion gegen die sogenannte „Wortfetzenmethode" *Richard Langes.*[1] Bei aller Anerkennung seiner Arbeit – seine Sprachhefte waren viele Jahre lang weit verbreitet – muß doch gesagt werden, daß seine Methode, lückenhafte Wörter an den *Anfang* jeder Übung zu stellen, nicht den heutigen rechtschreibmethodischen Grundsätzen entspricht (von den sprachlichen Mängeln der Texte ganz abgesehen). Die Kinder müssen, ohne ein Wort als Ganzes zu kennen, oft raten, welche Buchstaben einzusetzen sind. Damit soll ein besonderer Übungszweck erfüllt sein. So etwas verwirrt aber die Kinder eher, als daß es ihnen hilft. (Wir kommen an anderer

[1] Richard Lange, Aufgaben zur Rechtschreibung, Wortkunde, Zeichensetzung, Sprachlehre und Spracherziehung, Heft 1–4, Neuauflagen 1953/54

Stelle auf das sinnvolle Weglassen von Buchstaben noch einmal zurück.) Aus der berechtigten Ablehnung der Langeschen Methode zur grundsätzlichen Ablehnung einer Lückentextübung zu gelangen, heißt, das Kind mit dem Bade ausschütten. Der scheinbar verletzten Ganzheit bei solchen Übungen stehen aber wichtige lernpsychologische Gesichtspunkte gegenüber. Hier ist eine echte Aufgabe gestellt, die die Kinder interessiert, sie anspornt, sie zum Denken führt. Entscheidend ist natürlich, daß die in einem Text fehlenden Wörter in einer Wortgruppe zur Verfügung stehen, und die Kinder nicht lange und sinnlos raten müssen, welches Wort passen könnte. Langjährige praktische Erfahrungen haben gezeigt, daß solche Einsetzübungen den Kindern viel Freude bereiten. Sie enthalten einen beachtlichen Arbeitsanreiz. Indem wir die fehlenden Wörter in nebenstehenden Wortblöcken zur Verfügung stellen, wird auch die Sinnganzheit der lückenhaften Sätze nicht gestört.

Richtet sich bei solchen Einsetzübungen die Konzentration der Kinder nicht zu sehr auf die sinnvolle Ergänzung des Satzes durch das fehlende Wort und weniger auf die rechte Schreibung dieser Wörter? Kommt man dadurch nicht über einen Umweg zur eigentlichen Rechtschreibung? – Die Kinder müssen das richtige Wort aus einer Wortgruppe heraussuchen. Dabei müssen alle Wörter gelesen und noch einmal angeschaut werden. Allein das dient schon der Rechtschreibung. Wenn sie das betreffende Wort gefunden haben, setzen sie es in den Lückentext ein, indem der ganze Satz ins Heft geschrieben wird. Wie bei allen hier zu besprechenden Übungen, handelt es sich um eine von vielen. Der Wechsel der Übungsformen ist für die Konzentration und für die Beibehaltung der Arbeitsfreude von großer Bedeutung. Eine Zeitvergeudung ist das Einsetzen von Wörtern insofern nicht, als die Kinder ja nicht wie bei einem Wortfeld das treffende Wort erst suchen müssen. Bei diesen Einsetzübungen gibt es keinen Zweifel und keine weiteren Möglichkeiten, es paßt nur immer ein Wort, und das ist in der Gruppe relativ schnell gefunden.

5. Zusammensetzen von Hauptwörtern

Dies ist eine Übungsform, die nur selten vorkommt. Sie dient der Rechtschreibung nur sekundär, dafür aber der Entwicklung des Denkvermögens, der Konzentration und schließlich auch der Förderung sprachschöpferischer Kräfte. Dabei muß entsprechend dem Entwicklungsstand der Klasse der Schwierigkeitsgrad beachtet werden. Auch Übungen mit Wortketten (Haustür – Türschloß – Schloß ...) gehören hierzu.

Beispiele: 2. Schuljahr

Thema: Vögel im Winter

Das Futterhaus:

der Pfahl,
der Boden,
die Wand,
das Dach,
das Futter.

Das Holz – der Fuß – der Schutz – das Stroh – der Napf –
Setze diese Wörter mit den Wörtern der Wortgruppe zusammen!

4. Schuljahr

Thema: Unsere Haustiere

Was wir den Haustieren verdanken:

Milch,	Wolle,
Butter,	Leder,
Sahne,	Horn,
Käse,	Borsten,
Fleisch,	Federn,
Eier,	Haar.

Schweine . . . , Bett . . . , . . . Schuhe,
. . . Faß, . . . Flasche, Schaf . . . ,

. . . Knöpfe, Harz . . . , Roß . . . ,
. . . Käse, Schweins . . . , Hühner . . .

Setze diese Wörter mit den Wörtern der Wortgruppe richtig zusammen!

6. Ordnen von Wörtern (verkehrte Welt)

Die beliebteste Form ist hier die „verkehrte Welt", eine sehr lustbetonte Übung, bei der die Kinder die falschen Sätze berichtigen sollen und sie zugleich ins Heft schreiben.

Beispiele: 2. Schuljahr

Die Bienen zwitschern.
Der Kuckuck summt.
Die Spechte rauschen.
Die Bäume rufen.
Die Vögel hämmern.

Hier ist alles durcheinander. Bring es in Ordnung!

4. Schuljahr

Thema: Vom Korn zum Brot

Im Mehl ist es sehr heiß. Mit dem Trog werden die Brote herausgeholt. Im Brotschieber wird der Teig angerührt. Aus dem Backofen wird Kuchen gebacken. Die Kuchenform ist schön weiß. Der Teig ist aus Blech.

Bring alles in Ordnung!

Eine weitere Möglichkeit besteht darin, aus einem sinnganzen Text bestimmte Wörter heraussuchen und in einer Gruppe zusammenfassen zu lassen. Dabei kommt es nicht so sehr darauf an, nach grammatischen Gesichtspunkten zu verfahren, also Haupt-, Eigenschafts- oder Zeitwörter heraussuchen zu lassen, sondern es geht mehr darum, Wörter zu finden und zusammenzustellen, die sinnvoll zusammengehören. Z. B.: Suche alle Farben heraus! Oder: Schreibe auf, was der Wind alles tut! Oder: Schreibe auf, was Fritz eingekauft hat! Hier werden zwar auch Haupt-, Zeit- und Eigenschaftswörter aufgeschrieben, jedoch mehr nach dem Sinnzusammenhang und nicht nach formalen Gesichtspunkten. Die Kinder lernen hier die Schreibung ganz bestimmter Wörter und zugleich auch die Unterscheidung zwischen der Groß- und Kleinschreibung.

7. Zuordnen

Eine recht beliebte Übungsform ist das Zuordnen von Wörtern, das Finden der passenden Wörter. Die leichteste Aufgabe heißt „Was paßt zusammen?" Hier werden aus zwei Wortgruppen die zueinander gehörenden Wörter zusammengestellt. Leicht ist die Aufgabe zu lösen, wenn die Wörter unverändert bleiben, etwas schwieriger wird es, wenn die Wörter dabei abzuwandeln sind (Mehrzahl oder dritte Person). Eine weitere schwierigere Form des Zuordnens von Wörtern ist das Finden von passenden Wörtern, die nicht in einer Gruppe vorgegeben sind. Hier ist die sofortige Kontrolle besonders wichtig.

Beispiele: 3. Schuljahr

Thema: Unsere Schule

Wir lernen
lesen,
schreiben,
rechnen,
zeichnen,
singen,
turnen.

Suche aus der Wortgruppe die passenden Wörter heraus!
Eine Aufgabe . . .
Ein Lied . . .
Ein Buch . . .
Ein Bild . . .
Auf dem Sportplatz . . .
Ein Diktat . . .

Thema: Herbst

Der Bauer muß
düngen,
pflügen,
eggen,
säen,
pflanzen.

Suche zu diesen Wörtern die passenden Hauptwörter! Schreibe so:
düngen, der Dünger
pflügen, der . . .

4. Schuljahr

Thema: Sommerzeit

Sommerwetter:
der Regen,
der Tau,
der Donner,
der Blitz.

heraufziehen – glitzern –
zucken – prasseln – rollen –
Suche hiervon passende Wörter zu den Wörtern der nebenstehenden Gruppe heraus und schreibe so:
Der Regen prasselt.
Der Tau . . . .

Schwieriger:
Die Menschen sind oft
matt,
durstig,
träge,
erhitzt,
erschöpft.

Suche zu den Wörtern dieser Gruppe passende Hauptwörter und schreibe so:
matt, die Mattigkeit
durstig, . . .

8. Das Diktat (die Nachschrift)

Die Arten des Diktats

Wir müssen zwischen dem *Übungsdiktat* und dem *Prüfungsdiktat* unterscheiden. Beim Übungsdiktat sollen die Kinder *probieren, ob* sie etwas Bestimmtes schon richtig schreiben können, beim Prüfungsdiktat sollen sie *beweisen, daß* sie es richtig schreiben können. Der Name sagt bereits aus, daß es sich einmal um die Prüfung des rechtschreiblichen Könnens, zum andern um die Übung handelt. Ein Prüfungsdiktat hat den Sinn, in gewissen Zeitabständen die rechtschreibliche Leistung der Klasse zu überprüfen. Diese Leistung wird zensiert. Die Zensuren dienen neben anderen Rechtschreibzensuren später der Ermittlung der Rechtschreibzensur für das Zeugnis. Um den echten Prüfungscharakter zu bewahren, darf ein Prüfungsdiktat nicht vorbereitet sein. Eine indirekte Vorbereitung ist insofern auch bei diesen Diktaten vorhanden, als schließlich alles, was die Kinder an Leistung aufweisen sollen, irgendwann einmal geübt sein muß.
Der Schwerpunkt der Arbeit sollte mehr bei den Übungsdiktaten liegen, wobei berücksichtigt werden muß, daß auch das Übungsdiktat nur eine von vielen Übungsformen ist. Eine hohe Zahl von Prüfungsdiktaten, die wir mit den Schrankheften nachweisen können, ist nicht immer der Beweis einer guten rechtschreiblichen Arbeit in dieser Klasse. Im Gegenteil: Wenn diese „Prüfungsdiktate" direkt vorbereitet wurden, geben sie ein völlig falsches Bild von der echten Rechtschreibleistung der Klasse wieder. Wir unterliegen hier leicht einer Selbsttäuschung, vor der wir uns hüten sollten. Aber auch zu viele echte (unvorbereitete) Prüfungsdiktate haben keinen großen Bildungswert, weil in einer solchen Klasse zu sehr der Umweg über Fehler gemacht wird. Wenn regelmäßig und intensiv geübt wird und die Fortschritte im Rechtschreiben (auch durch eine Fehlerbehandlung, vgl. Kapitel D V) unter Kontrolle bleiben, dienen wir der Rechtschreibung mehr als durch viele Prüfungsdiktate, ob sie nun echt oder unecht sind.
Wir unterscheiden ferner zwischen dem *Lehrerdiktat* und dem

Schülerdiktat. Bei der ersten Art diktiert nur der Lehrer. Bei der zweiten kann das Diktat von einem Schüler für eine Gruppe gegeben werden; das Diktieren eines Textes kann aber auch in der Form der Partnerübung oder der Partnerprüfung erfolgen. Das Partnerdiktat hat sich bei der Aktivierung des Rechtschreibunterrichts besonders bewährt. Hier kann der Lehrer je nach den individuellen Erfordernissen in seiner Klasse die Arbeit frei gestalten (Partner, Diktattext, Umfang).

Anzahl der Prüfungsdiktate

Um einen Anhaltspunkt für die Koordinierung der Arbeit innerhalb einer Schule zu geben, wird hier ein Vorschlag für die Anzahl der Prüfungsdiktate während eines vollen Schuljahres unterbreitet:

2. bis 3. Schuljahr: 12 bis 16 vorbereitete Diktate
4. bis 6. Schuljahr: 10 bis 12 unvorbereitete Diktate
7. bis 10. Schuljahr: 8 bis 10 unvorbereitete Diktate

Die Anzahl der Übungsdiktate ist natürlich höher.

Diktatvorbereitung

Im zweiten und dritten Schuljahr können wir die Unterscheidung zwischen Übungs- und Prüfungsdiktat noch nicht so klar treffen, weil alle Diktate noch direkt vorbereitet werden. Dabei versteht sich, daß die Vorbereitung in einem zweiten Schuljahr noch gründlicher sein muß als die in einem dritten.

Möglichkeiten der Vorbereitung:

1. Üben des vollständigen Textes (evtl. auch als Hausaufgabe).
2. Üben einzelner schwieriger Wörter oder Sätze.
3. Schwierige Wörter oder Diktatteile werden in Kurzdiktaten vorgeübt.
4. Vorübung der betreffenden schwierigen Wörter oder Diktatteile in Form des Partnerdiktats.
5. Übertragung bestimmter im Diktattext vorkommender spezieller Rechtschreibfälle auf andere gleiche oder ähnliche Beispiele.

Die Intensität dieser einzelnen Vorbereitungsarten hängt von dem Entwicklungsstand und von dem Leistungsvermögen einer Klasse oder auch einzelner Schüler ab. Bei reinen Übungsdiktaten, die man nicht zensieren sollte, kann die Vorbereitung differenziert werden. Bei den obengenannten Diktaten des zweiten und dritten Schuljahres, die in den Schrankheften stehen und schließlich auch der Ermittlung der Rechtschreibzensur dienen, ist das nicht angebracht, weil dadurch

ungleiche Voraussetzungen für eine objektive Leistungsmessung geschaffen wären.
Es ist zweckmäßig, die Eltern zu veranlassen, die Zensuren unter den Diktaten des zweiten und dritten Schuljahres nicht so wörtlich zu nehmen, weil die in diesen Schuljahren noch übliche Vorbereitung allgemein zu recht guten Rechtschreibleistungen führt, die später bei unvorbereiteten Diktaten nachlassen.

Der Umfang der Diktate

Die nachfolgend vorgeschlagene Anzahl der Wörter in einem Übungsdiktat, die eher zu niedrig als zu hoch angesetzt ist, kann nur als Richtzahl verstanden sein und sollte nicht als verbindliche Norm aufgefaßt werden. Die sehr unterschiedlichen örtlichen Verhältnisse und die ebenso unterschiedlichen Leistungen einzelner Klassen lassen eine solche Norm nicht zu. Prüfungsdiktate können durchaus 30–40% mehr Wörter enthalten als in dieser Tabelle angegeben sind.

2. Schuljahr:	etwa	20– 40 Wörter
3. Schuljahr:	etwa	40– 60 Wörter
4. Schuljahr:	etwa	60– 80 Wörter
5. Schuljahr:	etwa	80–100 Wörter
6. Schuljahr:	etwa	100–120 Wörter
7. Schuljahr:	etwa	120–140 Wörter
8. Schuljahr:	etwa	140–160 Wörter
9. Schuljahr:	etwa	160–180 Wörter
10. Schuljahr:	etwa	180–200 Wörter

Der Grundsatz sollte heißen: Lieber weniger Wörter, dafür aber mehr Übungsdiktate!

Das Diktieren

Die Sprache des Diktierenden soll in die Schriftsprache übersetzt werden. Es kommt dabei darauf an, möglichst fehlerfrei zu schreiben, und zwar sowohl im Prüfungsdiktat als auch im Übungsdiktat. Da wir den Umweg über den Fehler vermeiden wollen, müssen wir bei allen Diktaten darauf achten, daß die Begleitumstände eines Diktats die Fehlsamkeit der Kinder nicht begünstigen, geschweige denn die Ursache von Fehlern werden. Daraus ergibt sich für den Lehrer die Forderung, den Text deutlich und langsam zu diktieren. Deutlich heißt, ihn nicht unnatürlich abgehackt, jedoch für den Zweck der Rechtschreibung etwas akzentuierter und auch betonter zu sprechen als in der gewöhnlichen Sprache. Dabei gewöhnen wir die Kinder daran, uns beim Diktieren anzusehen, damit sie neben dem Hören auch an der

Mundstellung erkennen, ob es sich z. B. um den Dativ oder um den Akkusativ handelt. Mit dieser Einstellung zum Diktieren ebnen wir den Kindern den Weg zum richtigen Schreiben, wir ermutigen sie und schaffen die Voraussetzung für bessere Ergebnisse.
Zu den äußeren Begleitumständen eines Diktats, die Fehlerquellen sein können, gehört auch das Tempo des Diktierens. Zu Beginn eines Diktats lesen wir den ganzen Text in natürlicher Folge vor. Dann werden die einzelnen Sätze vorgelesen, und in Sinnabschnitten wird diktiert. Es ist zweckmäßig, im Verlaufe der ersten geschriebenen Wörter diesen Sinnabschnitt noch einmal zu wiederholen. Man kann auch im zweiten und dritten Schuljahr durch Chorsprechen diesen Sinnabschnitt wiederholen lassen. Chorsprechen ist besser, als wenn ein einzelnes Kind diesen Satzteil wiederholt. Dabei könnten sich sonst durch falsches Sprechen Fehlleistungen im Schreiben der zuhörenden Kinder ergeben. Viele Fehler entstehen aus Furcht, nicht rechtzeitig fertig zu werden, nicht schnell genug zu schreiben. Es ist geradezu unpsychologisch, von den Kindern zu verlangen, unter einem gewissen Zeitdruck zu arbeiten. Im übrigen wissen wir, wie unterschiedlich das Arbeitstempo der Kinder sein kann. Darauf müssen wir besonders in einem Prüfungsdiktat Rücksicht nehmen. Schließlich sollen die Kinder ja auch noch sauber und ordentlich schreiben. Wenn sie spüren, daß wir ihnen neben dem deutlichen Diktieren auch eine angemessene Zeit lassen, den Text zu schreiben, sind sie freier, und die Fehlerzahl wird automatisch geringer. Besonders schwächere Kinder bekommen mehr Mut, mehr Selbstvertrauen, und ihre Lernbereitschaft wird durch dieses Entgegenkommen des Lehrers gefördert.
Am Ende des Diktats müssen wir den Kindern die Gelegenheit geben, ihre Arbeit in Ruhe noch einmal durchzulesen und die gefundenen Fehler zu berichtigen. Um dabei unsaubere Korrekturen zu vermeiden, ist es empfehlenswert, die als falsch erkannten Wörter mit kleinen Nummern versehen zu lassen. Die richtigen Wörter erscheinen dann noch einmal am Ende des Diktats.

Der Diktatstoff

Der im Zusammenhang mit dem Sachthema in gemeinsamer Arbeit an der Tafel entstehende Sachtext hat den Vorzug der Unmittelbarkeit und Lebendigkeit. Die Kinder sind mit dem Inhalt vom Sachunterricht her vertraut. Bei der Entstehung des Textes können wir neben der Absicht des Rechtschreibens auch Gesichtspunkte der

Sprachlehre berücksichtigen. Wir finden den richtigen Ausdruck, wir berichtigen die Zeitform, wir bauen die Sätze womöglich um. Dieser Übungstext ist sicher kindgemäß, d. h., er bewegt sich im Wortschatz der entsprechenden Altersstufe und befaßt sich mit Themen, die die Kinder unmittelbar ansprechen. Es wäre jedoch zu einseitig, nur im Bereich des Wortschatzes der Kinder zu bleiben. Wir müssen den Kindern auch Wörter und Begriffe bieten, die außerhalb ihres alltäglichen Wortschatzes liegen, aber infolge der Sachbegegnung auftauchen und nicht nur inhaltlich und sprachlich, sondern auch rechtschriftlich beherrscht werden müssen. Entscheidend ist hier die ständige Wiederholung der neuen Wörter im Rahmen der fortschreitenden Übungen. Auch in den oberen Klassen bietet der Sachunterricht eine Fülle von Möglichkeiten, Texte für Übungs- und Probediktate zusammenzustellen.

Das Diktat ist eine von mehreren Übungsformen und zugleich eine geeignete Form der Überprüfung rechtschreiblichen Könnens. Sowohl bei der Übungs- als auch bei der Prüfungsform werden wir uns vorwiegend sinnganzer Texte bedienen, wobei aus sprachästhetischen Gründen die absichtliche Häufung bestimmter Rechtschreibfälle vermieden werden sollte.

Der Text für ein Übungs- oder Probediktat braucht aber nicht unbedingt aus einem Sinnganzen mit fortlaufenden Sätzen zu bestehen. Es können auch voneinander unabhängige Sätze sein, die doch inhaltlich zusammengehören und unter einer bestimmten zusammenfassenden Überschrift stehen. Diese Sätze werden jeweils durch einen Gedankenstrich getrennt.

Beispiel: 3. Schuljahr – Sachkundliches Gesamtthema:

„Auf dem Bauplatz" oder „Hausbau"
Viele haben mit dem Hausbau zu tun:
Der Bauherr bezahlt den Hausbau. –
Der Architekt zeichnet die Baupläne. –
Der Baggerführer hebt die Baugrube aus. –
Der Polier beaufsichtigt die Bauarbeiten. –
Die Maurer setzen die Mauersteine. –
Der Fuhrunternehmer bringt das Baumaterial. –
Die Zimmerleute stellen das Dachgerüst auf. –

Ja, sogar Wortdiktate sind möglich. Sie haben den Vorteil, daß hierbei die betreffenden Wörter bewußt und konzentriert geübt, eingeprägt bzw. reproduziert werden und daß keine Ablenkung durch die Beiwörter eines Satzes erfolgt.

Beispiel: Zum gleichen Thema

Allerlei Werkzeuge:
Die Maurerkelle, der Spachtel, der Zollstock, die Schaufel, die Säge, der Bohrer, der Hammer, das Stemmeisen, das Beil, der Hobel, der Pinsel, das Lot;
oder
Vielerlei Arbeiten:
baggern, ausschachten, aufladen, abladen, planieren, mauern, spachteln, schaufeln, sägen, bohren, hämmern, schlagen, hobeln, streichen, loten.

Im *allgemeinen Rechtschreibunterricht* bietet sich also das *Text-, Satz- oder Wortdiktat* zur Übung, aber auch zur Probe an. Beim Üben ist das Wechseln der Diktatform besonders angebracht.
Geht es uns im Rahmen des speziellen Rechtschreibunterrichts um die Übung oder um die Überprüfung besonderer Rechtschreibfälle, sollten Übung und Überprüfung ihrem Zweck entsprechend konzentriert sein, indem wir auf einen zusammenhängenden und in diesem Falle unnatürlich werdenden Text verzichten. Reine Wortdiktate oder Diktate von Sätzen, die voneinander unabhängig sind und durch einen Gedankenstrich getrennt werden, sind hier angebracht.
Das tägliche *Kurz- oder „Blitzdiktat"* ist viel verbreitet. Es hat den Vorteil der garantierten täglichen Rechtschreibübung, bietet die Möglichkeit eines *progressiven* Fortschreitens (Wiederholung schwieriger Wörter in den täglich veränderten und erweiterten Texten) und regt zur Mitarbeit bei der Entstehung dieser kleinen Diktattexte an.

Beispiel für tägliche Rechtschreibübungen (Nachschriften) **eines 2. Schuljahres in progressiver Folge**

15. 10.

Es hat schon lange nicht mehr geregnet. Die Erde ist sehr trocken. Die Bäume, die Sträucher und die Blumen brauchen Wasser.

(21 Wörter)

16. 10.

Heute morgen hat es endlich geregnet. Aber die Bäume und die Sträucher brauchen noch mehr Wasser. Die Erde war zu trocken.

(21 Wörter)

17. 10.

Es hat in der Nacht wieder geregnet. Der Regen tropft noch von den Blättern. Es ist kalt und stürmisch geworden.

(20 Wörter)

18. 10.

Wie regnerisch und stürmisch es draußen ist! Wir hören den Wind heulen. Wir müssen uns warm anziehen.

(17 Wörter)

19. 10.

So ein kaltes, regnerisches Wetter! Jetzt müssen wir heizen. In der Wohnung ist es schön warm und gemütlich. Laß den Wind draußen nur sausen und heulen.

(26 Wörter)

20. 10.

Zusammenfassendes Diktat am Ende der Woche

Wir haben alle auf den Regen gewartet. Nun regnet es jeden Tag. Das Wetter ist kalt, stürmisch und sehr ungemütlich.

Hörst du den Wind draußen sausen? Aber wir sind in der warmen Wohnung. Es ist gut geheizt.

(37 Wörter)

Wie kann diese Arbeit kontrolliert werden? 1. Der Lehrer sieht alle Arbeiten durch. Das ist wenig rationell und verbleibt oft aus zeitlichen Gründen. 2. Der Text wird vom Lehrer oder einem Schüler auf der Rückseite einer Klapptafel mitgeschrieben und dient später zur Kontrolle. 3. Die Schüler kontrollieren gegenseitig und zu zweien ihre Arbeiten. – Alle Fehler werden sofort berichtigt. Diktattexte den Lesebüchern zu entnehmen oder auch den Sachbüchern, ist eine weitere, wenn auch nicht immer direkt sachbezogene Möglichkeit. Da wir also nicht immer einen eigenen Text entwickeln und auch nicht immer auf einen Text aus Lesebüchern oder Sachbüchern zurückgreifen können, müssen wir aus Gründen der Rationalisierung auf vorgegebene Diktattexte zurückgreifen, die wir in Büchern mit Stoffsammlungen für diesen Zweck finden. (Siehe Literatur zur Stoffsammlung!) Es wäre jedoch falsch, solche Texte unverändert zu übernehmen. Sie sollen uns als Anregung dienen, und wir transponieren sie auf unsere örtlichen Verhältnisse.

Nachsehen des Diktats, Fehlerkennzeichnung

Das Diktat soll möglichst am Tage nach der Niederschrift zurückgegeben werden, weil es dann den Kindern noch lebendig vor Augen steht und noch auf ihr ungeteiltes Interesse trifft. Eine Diktatstatistik (Fehlerübersicht, durchschnittliche Fehlerzahl, Zensierung, Zensurenübersicht, Zensurendurchschnitt, Anzahl der verschiedenen Fehler in der Klasse, Arten der Fehler und ihre Häufigkeit) vermittelt ein Bild des Leistungsstandes einer Klasse und gibt dem Lehrer Aufschluß darüber, was besonders zu tun notwendig ist. (Vgl. S. 128/129)

Die Art der Fehlerkennzeichnung muß innerhalb einer Schule einheitlich geregelt sein. Zu viele verschiedene Zeichen verwirren die Kinder. Folgende wenige Markierungen am Heftrand (Zeilenende) haben sich vielfach bewährt:

I = Fehler wird im Satz berichtigt (vgl. S. 181)
M = Eintragung ins Rechtschreibmerkheft (vgl. S. 188)
V = Wortauslassung; Satzberichtigung
Z = Zeichenfehler; Satzberichtigung

Bei der Fehlerkennzeichnung kann der Lehrer die Rechtschreibfähigkeit einzelner Schüler berücksichtigen, indem er die Kennzeichnung differenziert durchführt (vgl. Kapitel D IV).

Die Zensierung

Die Zensur soll die objektive Leistung wiedergeben und ist zugleich ein Erziehungsmittel. Deshalb darf die Zensierung nicht differenziert werden. Eine Differenzierung in der Beurteilung der Arbeiten ist lediglich durch eine entsprechende zusätzliche Bemerkung angebracht.

Eine feststehende Fehlergliederung hat den Nachteil, daß leichte Diktate ebenso zensiert werden wie schwierige. Die Abstufung der Noten sollte sich doch mehr nach dem Fehlerdurchschnitt des betreffenden Diktates richten. Eine Vergleichsmöglichkeit bieten die „Soltauer Diktate"[2] zur objektiven Leistungsmessung.

Rückgabe und Besprechung des Diktats

Soll die Diktatrückgabe am Anfang oder am Ende der Stunde erfolgen?

1. Am Anfang der Stunde: Sensible Kinder können durch eine schlechte Leistung sehr bedrückt sein, so daß sich während des Unterrichts ein Mangel an Konzentration zeigen würde.
2. Am Ende der Stunde: Die Kinder sind die ganze Zeit gespannt, welche Note sie bekommen haben und passen ebenfalls nicht auf.
3. Die Hefte werden am Ende der vorangehenden Stunde zurückgegeben. In der Pause können sich die Kinder mit den Diktatergebnissen auseinandersetzen und sind in der nunfolgenden Besprechungsstunde aufmerksam.

Die dritte Lösung scheint die beste zu sein.

Der Zeitpunkt der Rückgabe des Diktates ist davon abhängig, wie die Erörterung (Berichtigung) erfolgt: individuell oder generell. Die Kinder sollen nach Rückgabe der Arbeiten leise miteinander über ihre Leistungen sprechen dürfen.

Der Zweck des Diktats besteht darin, aus den Fehlern, die gemacht wurden, die nötigen Konsequenzen zu ziehen. Sinn der Nachbesprechung mit der ganzen Klasse ist noch nicht die individuelle Feh-

---

[2] Arbeitsgemeinschaft für Leistungsmessung in der Volksschule, Leiter: Rektor G. Glatz, Soltau.

lerbehandlung. Diese wird sich erst in einer weiteren Übung anschließen. (Siehe Kapitel D V !) Bei einer Diktatbesprechung mit der ganzen Klasse müssen Schwerpunkte behandelt werden. Die Notwendigkeit dazu ergibt sich aus dem Klassenleistungsspiegel. (Siehe dazu Abbildungen, S. 128, Vorderseite des Blattes, und S. 129, Rückseite des Blattes!) Man legt den Schwerpunkt der Besprechung auf das, was am meisten falsch geschrieben wurde.

Wir müssen uns davor hüten, die Besprechung zu „mündlich" vorzunehmen. Schließlich geht es im Rechtschreibunterricht um das rechte Schreiben. Deshalb sollte jeder mündlichen Erklärung einer Schreibweise die Schreibung an der Tafel, am Wandfries oder im Heft folgen, gegebenenfalls mit weiteren Beispielen. In dieser Besprechung werden wir den einzelnen Schülern oder bestimmten Gruppen mit gleichen Fehlern Hinweise für die Berichtigung und für eine eventuell notwendige individuelle Fehlerbehandlung geben. Auf die Berichtigung und die Fehlerbehandlung gehen wir ausführlich im Kapitel D V ein.

9. Freies Schreiben

Während bei allen bisher erörterten Übungen der Text entweder schriftlich oder mündlich vorgegeben, also verbindlich ist, kann hier der Text frei gestaltet werden. Die Verbindlichkeit von Rechtschreibtexten hat für den Übungszweck den Vorteil, daß der Schüler sich neben der Bemühung um eine gute Schrift betont auf die Rechtschreibung konzentriert. Dadurch ist der Übungseffekt relativ groß. Bei der freien Niederschrift (beim Aufsatz) verteilt sich die Konzentration auf die Schrift, die Rechtschreibung und auf die Wortfindung oder schriftliche Gestaltung. Die freie Niederschrift kann deshalb nur eine sehr bedingte Übungsform im Rechtschreibunterricht sein. *Artur Kern* spricht von einer „mitschaffenden Arbeitsform".[3] Scheint es nicht paradox zu sein, den schriftlichen Sprachgebrauch (Aufsatz), den wir als Fortsetzung und Ergänzung des mündlichen Sprachgebrauchs ansehen, in den Dienst der Rechtschreibung zu stellen? Es ist deutlich genug hervorgehoben worden, daß die Schrift und damit die Rechtschreibung nur dienende Funktion hat. Sie ist im Grunde eine „mitschaffende" Form. Soll es nun umgekehrt sein?

Wir müssen Sprache immer als Ganzes von Inhalt und lautlichem Symbol sehen, zu dem sich als weiterer Teil das graphische Symbol, die Schrift, gesellt hat. Ob wir sprechen oder schreiben, immer geht

[3] A. Kern, Rechtschreiben in organisch-ganzheitlicher Schau. S. 76

KLASSENLEISTUNGSSPIEGEL IM RECHTSCHREIBEN

Prüfungsdiktat Nr.: ... Klasse... Jahrgang... geschrieben am...

Text des Diktats:

Anzahl der Wörter im Diktat: .....
Davon falsch geschrieben: ..... = ...%

Fehlerübersicht:

			insg.
0 Fehler ...	Mädchen ...	Jungen ...	
1 Fehler ...	Mädchen ...	Jungen ...	
2 Fehler ...	Mädchen ...	Jungen ...	
3 Fehler ...	Mädchen ...	Jungen ...	
4 Fehler ...	Mädchen ...	Jungen ...	
5 Fehler ...	Mädchen ...	Jungen ...	
6 Fehler ...	Mädchen ...	Jungen ...	
7 Fehler ...	Mädchen ...	Jungen ...	
8 Fehler ...	Mädchen ...	Jungen ...	
9 Fehler ...	Mädchen ...	Jungen ...	
10 Fehler ...	Mädchen ...	Jungen ...	
11 Fehler ...	Mädchen ...	Jungen ...	
12 Fehler ...	Mädchen ...	Jungen ...	
13 Fehler ...	Mädchen ...	Jungen ...	
14 Fehler ...	Mädchen ...	Jungen ...	
15 Fehler ...	Mädchen ...	Jungen ...	
ab 16 Fehler ...	Mädchen ...	Jungen ...	

Ergebnis ... Mädchen mit zusammen ... Fehlern
... Jungen mit zusammen ... Fehlern

Durchschnittliche Fehlerzahl (Arbeiten mit mehr als 15 Fehlern nicht gewertet):

Mädchen ... Jungen ... insgesamt ...

Zensierung:

Fehler	Zensur
0 F.	= ......
... F. – ... F.	= ......
... F. – ... F.	= ......
... F. – ... F.	= ......
... F. – ... F.	= ......
... F. – ... F.	= ......

Zensurenübersicht:

Zensur	1	2	3	4	5	6	insg.
Kinder							

Zensurendurchschnitt:

...

GEORG KALLMEYER VERLAG · WOLFENBÜTTEL – Nachdruck u. Nachahmung nicht gestattet – Best.-Nr. 9300
Originalgröße: DIN A 4

Datum und Art der Arbeit	**Fehlerarten und ihre Häufigkeit*)** (Strichliste)				
	Phone-tisch-phono-logische Fehler (Lautungs-fehler)	**Logikfehler (Regelfehler)** im Zusammenhang mit der phonetisch-phonologischen Lernweise	ohne Zusammenhang mit der phonetisch-phonologischen Lernweise	**Rein visuelle Fehler (Wort-einpräge-fehler)**	**Konzen-trations-fehler (Flüchtig-keits-fehler)** z. B. nichs; würd (würde); Lich (Licht); gewoden (geworden)
	I. **Konso-nanten-fehler** (z. B. stabeln; Garden)	I. **Ablei-tungs-fehler** (z. B. Wint; Heuser)	IV. **Groß- und Klein-schrei-bungs-fehler** (z. B. schrank; beim singen)	I. **Deh-nungs-fehler** (z. B. faren; Schuhle; das Bot)	
	II. **Vokal-fehler** (z. B. dorch; schitten)	II. **Silben-tren-nungs-fehler** (z. B. Kas-ten; O-fen)	V. **Getrennt- und Zu-sammen-schrei-bungs-fehler** (z. B. Haus Tür; langer-abend; seit dem es regnet . . .)	II. **Anders-schrei-bungs-fehler** (z. B. Dax; Folk; Bie-bel; Mei)	**Sonstige Fehler** (z. B. nicht deutlich ka-tegorisier-bare Fehler)
	III. **Pho-nem-folge-fehler** z. B. Graten; (Garten); flasch (falsch)	III. **Schär-fungs-fehler** (z. B. Tromel; Hüllse)	VI. **Zeichen-setzungs-fehler** (z. B. . ! ? und Komma-fehler)	III. **Einzel- und Sonder-schreibungs-fehler** (z. B. vieleicht; darinn; hüpsch)	

*) Dazu Erläuterungen und Anleitung in: Paul Bischoff, „Individuelle Behandlung von Rechtschreibfehlern". Kallmeyer Verlag. Originalgröße DIN A 4.

es primär um den Ausdruck, um die Darstellung von Inhalten und Gedanken, um Kommunikation. Der Fortschritt menschlichen Geistes hat, wie viele Lebensgebiete, auch die Reflexion über die Sprache zu einer Wissenschaft gemacht und damit die eng miteinander verbundenen Teilgebiete getrennten Betrachtungen unterzogen. Wir sprechen z. B. von der Grammatik, von der Stilkunde, von der Sprecherziehung, von der Rechtschreibung. Selbst für Sprachwissenschaftler ist eine Trennung dieser Teilgebiete der Sprache mehr theoretisch. Im praktischen Unterricht kann die Bemühung um Sprachförderung niemals eine künstliche Trennung vornehmen, denn Stilbildung wird immer etwas für die Grammatik und Rechtschreibung tun, wie umgekehrt die Rechtschreibung auch der Grammatik und der Stilbildung nutzen kann, wenn wir etwa an das Beispiel der Zeichensetzung denken. So gesehen, ist die freie Niederschrift durchaus eine die Rechtschreibung mitschaffende Übungsform, jedoch dürfen wir den Übungserfolg nicht überschätzen. Bei dieser Übungsform wird zwar relativ viel geschrieben, aber wegen der geteilten Konzentration, die sich auf Inhalt, Form und Rechtschreibung richtet, ist auch die Gefahr von Rechtschreibfehlern groß. Oft muß hierbei der Umweg über den Fehler und die Berichtigung zur rechten Schreibung eines Wortes eingeschlagen werden. Dabei bleibt es keineswegs bei Konzentrationsfehlern. Da bekanntlich der Wortschatz dem Schriftbildschatz weit voraneilt, wird manches schriftlich noch unbekannte Wort in seiner Schreibung für richtig gehalten und deshalb falsch geschrieben. Diese Gefahr besteht vor allem bei den Kindern, die noch nicht oder noch nicht sicher genug das logische Lösungsmittel einsetzen können, um auf diese Weise auch bei nicht oder wenig bekannten Schriftbildern die richtige Schreibung zu finden. Aber auch dann gibt es noch genug Fehlerquellen, die einfach in der Eigentümlichkeit unserer Rechtschreibung stecken.

Daraus müssen wir folgende unterrichtspraktische Konsequenz ziehen: Um die bei freier Niederschrift zweifellos bestehenden Gefahren für die Rechtschreibung zu verringern oder gar zu vermeiden, werden wir mit der eigentlichen Übung und Schulung des schriftlichen Sprachgebrauchs erst dann beginnen, wenn die Kinder eine gewisse Fertigkeit erreicht haben, mit Hilfe des logischen Lösungsmittels auch unbekannte Wortschriftbilder richtig zu schreiben, also etwa im dritten Schuljahr. Damit ist auch der Zeitpunkt genannt, wann das Aufsatzschreiben als bedingte Übungsform für den allgemeinen Rechtschreibunterricht in Frage kommt.

Die Fertigkeit im schriftlichen Sprachgebrauch wird um so natürlicher gefördert, je intensiver die Vorübungen dazu sind. Es geht wesentlich um eine dem Inhalt angemessene Form. Wenn etwas ausgedrückt werden soll, muß ein Eindruck vorhanden sein. Der Beginn aller Ausdrucksschulung liegt bei der Eindrucksschulung. Echte Eindrücke wird nur der haben, dessen Sinnesempfindungen aufgeschlossen sind. Deshalb beginnen wir mit kleinen optischen und akustischen Beobachtungsübungen.

Beispiel:

2. Schuljahr

Beobachtungsübung in der Klasse
Der Lehrer hat mit einem Schüler folgendes verabredet: Harald soll auf ein Zeichen zum Fenster gehen, dies öffnen, hinausschauen, das Fenster wieder schließen und auf seinen Platz gehen. Die Klasse erhält den Auftrag: „Wir wollen Harald genau beobachten." Jetzt schreiben wir auf, was wir gesehen haben! – Auf einer Seitentafel oder Klapptafel, für schwache Kinder sichtbar, stehen etwa die Wörter Harald – Fenster – öffnet – sieht hinaus – schließt –. Nun wird vorgelesen, verglichen, der sprachliche Ausdruck verbessert, der Text an die Tafel geschrieben. Die Kinder konnten frei schreiben, das heißt ohne bestimmte Textvorlage, hatten die Möglichkeit der individuellen sprachlichen Gestaltung, die in der gemeinsamen Besprechung verbessert werden konnte, und zugleich wurde im Rahmen des Wortschatzes der Kinder die Rechtschreibung bestimmter Wörter geübt. Allerdings muß die Kontrolle des Geschriebenen gewährleistet sein.

Solche Beobachtungsübungen, die sich beliebig variieren und steigern lassen („Auf dem Schulhof", „Im Straßenverkehr"), bereiten den Kindern viel Freude und spornen sie zu immer neuen Leistungen an. Damit sind wichtige sachlogische und psychologische Bedingungen berücksichtigt. – Eine weitere Möglichkeit des freien Niederschreibens bietet sich uns durch die Verwendung von handlungsgeladenen Bildvorlagen.
Etwa von der vierten Klasse an können die Schüler Aufträge erhalten, bestimmte Wortgruppen, Wortfamilien oder Wortfelder zusammenzustellen. Um die Fehlerquellen möglichst gering zu halten, werden wir solche Aufgaben meistens nur von guten Rechtschreibern lösen lassen. Damit bietet sich uns bereits eine Differenzierungsmöglichkeit. Wichtig ist, daß diese Arbeiten nicht unkontrolliert bleiben. Wo geeignete Hilfsmittel, wie etwa Wörterbücher, fehlen, ist die Lehrerkontrolle erforderlich.

b) Beispiele für Spiel- und Wettkampfformen

Die altbewährten methodischen Mittel des Spiels und des Wettkampfes lassen sich zu gegebener Zeit auch im Rechtschreibunterricht einsetzen. Hier sollen nur einige Beispiele angegeben sein, die sich beliebig ausweiten und abwandeln lassen.

Ein beliebtes Spiel ist das „Raten". Wir nennen es für die Kinder so. Im Grunde genommen ist es gar kein Raten, sondern ein Erinnern an bekannte Wörter, ein gedankliches und schriftliches Reproduzieren.

Zweites oder drittes Schuljahr

Thema: „Auf der Straße" oder „Im Straßenverkehr"

Im Unterricht ist unter dem Gesichtspunkt der Sache und der Rechtschreibung behandelt worden, was es alles auf der Straße und im Straßenverkehr zu sehen gibt. Nach dem bekannten Kinderspiel „Ich sehe etwas, was du nicht siehst, das ist . . ." stellt der Lehrer die „Rate-Aufgabe": „Ich sehe etwas auf der Straße, was du nicht siehst, daran ist eine rote, eine gelbe und eine grüne Lampe." Lösung: die Verkehrsampel. Die Kinder schreiben das Wort, ohne es zu verraten, ins Heft. Die nächste Aufgabe lautet etwa: „Ich sehe auf der Straße etwas, was du nicht siehst, das fährt auf Schienen." Die Kinder schreiben „die Straßenbahn" ins Heft. So werden weitere den Kindern bekannte Wörter umschrieben. Nach dem Spiel wird alles Geschriebene mit der Textvorlage oder mit einem vorher gefertigten und bislang verdeckten Tafeltext verglichen. Dabei empfiehlt sich die Partnerkontrolle. Je zwei Tischnachbarn überprüfen gemeinsam erst die eine Arbeit, dann die andere. Wer hat alles richtig? Wer ist heute Sieger? Vielleicht darf der Sieger das nächste Mal die Aufgaben stellen.

Eine weitere Möglichkeit des „Ratenspielens" besteht darin, im Rahmen eines vorher genannten Sachthemas oder auch nur einer Wortgruppe bestimmte Dinge oder Tätigkeiten mimisch darzustellen oder darstellen zu lassen, wonach die betreffenden Wörter aufgeschrieben werden müssen.

Ebenso erfreuen akustische Ratespiele. Für die Klasse unsichtbar, werden bekannte Geräusche verursacht: klopfen, summen, knistern usw. Die Kinder müssen sie „erraten" und schreiben die dazugehörigen Wörter ins Heft.

Alle diese Beispiele lassen sich mit der ganzen Klasse, aber auch durch verständliche Anweisungen auf Zetteln oder Kärtchen gruppen- und partnerweise durchführen. Die richtigen Lösungen müssen den Kindern zum Zwecke der Kontrolle zur Verfügung stehen.

III. Praxis des speziellen Rechtschreibunterrichts

Eine kurze terminologische Vorbemerkung

In diesem praktischen Teil werden wir die im theoretischen Teil dieses Buches benutzten wissenschaftlichen Termini „Phonem" und „Graphem" nicht weiter verwenden. Sie bereiten Schwierigkeiten in der für den Unterricht notwendigen Erweiterung: lautieren = phonieren, aber: buchstabieren = graphemieren? Für Anlaut = Anphonem? Für Auslautverhärtung = Ausphonemverhärtung? Hofer spricht einmal von Vokalphonemen, dann wieder von Langvokalen, obwohl es konsequent „Langvokalphonem" heißen müßte.
Wir sprechen also künftig von Lauten oder Normlauten, womit wir in beiden Fällen im Grunde auch Phoneme meinen, und es soll ebenso die Rede sein vom Buchstaben, vom Lautieren, vom Buchstabieren, jedenfalls so lange, bis für die Praxis bessere Begriffe gefunden werden, die (vielleicht) sowohl der Wissenschaft als auch dem kindlichen Verständnis entsprechen.

a) Lern- und Übungsformen

Phonetisch-phonologische Übungen

1. Artikuliertes Sprechen und gliederndes Hören
Sprach- und Sprechschludrigkeiten halten allzu schnell Einzug in die Schule, zumal die Kinder ihnen ständig auf der Straße und leider auch oft zu Hause begegnen. Wir müssen ständig dagegen angehen, und zwar zunächst durch das eigene Vorbild. Dieser Hinweis ist nicht überflüssig, denn gelegentlich ertappt sich ein Lehrer selbst bei etwas nachlässigem Sprechen, und schon ahmen es seine Schüler nach. Jeder Lehrer sollte ständig selbst an sich arbeiten, weil er durch das eigene Vorbild in der Schule die beste Sprecherziehung leistet und im übrigen dadurch auch seine Stimme schonen kann. Wir wollen den von manchen Sprecherziehern behaupteten Rückwirkungen guter Sprecherziehung auf die Gesamtpersönlichkeit hier nicht weiter nachgehen, sondern uns mit der Auffassung begnügen, daß es einfach der Anstand erfordert, mit seinen Mitmenschen so zu sprechen, daß sie uns jederzeit verstehen können.
Am Beispiel der Pflege deutlichen Sprechens wird erkennbar, wie ein Teilgebiet des Deutschunterrichts in den Dienst eines anderen Teilgebietes tritt, wenn wir uns darum bemühen. Mit der Beachtung artikulierten Sprechens erweisen wir nämlich der Rechtschreibung ei-

nen größeren Dienst, als gemeinhin angenommen wird. Viele Rechtschreibfehler sind auf schlechte Aussprache zurückzuführen. Wir dürfen z. B. nicht zulassen, daß ein Kind mundartlich „Mudda" spricht, obwohl es aufgrund der ganzheitlichen Schriftbildauffassung „Mutter" richtig geschrieben hat. Wir könnten das erlauben, wenn wir eine Begriffsschrift hätten. Das Kind würde lernen, dem Wort „Mudda" jedes x-beliebige Zeichen zuzuordnen. Wir müssen das Kind aber zu den Buchstaben und Normlauten unserer Sprache führen, es soll Kenntnis von der Buchstabenfunktion erhalten, es soll in der Lage sein, ein neues Wort nach seinem artikulatorischen Ablauf schriftlich zu fixieren. Wir würden diese schwierige Arbeit nur noch erschweren, wollten wir dulden, Normlaute und Wörter bewußt oder unbewußt falsch auszusprechen.

Damit ist die Pflege des Mundartlichen als Aufgabe in der Schule problematisch, wenn nicht fragwürdig geworden. Bei aller Anerkennung des Wertes der mundartlichen Sprache läßt sich nicht von der Hand weisen, daß diese dem Kind in bezug auf die Entwicklung seiner grammatischen und Rechtschreibleistungen nur noch mehr Schwierigkeiten bereitet. Da die Rechtschreibung phonologisch an der Hochlautung der deutschen Sprache orientiert ist, „muß der Schüler demnach vom Dialekt zur Hochlautung geführt werden".[1] Wenn die Kinder sowohl die hochdeutsche Sprache als auch die Rechtschreibung einigermaßen beherrschen, finden wir zum besseren Verständnis mundartlicher Literatur in der Abschlußklasse Zeit und Gelegenheit, mundartlich zu sprechen und Mundartliches lesen zu lassen. Dann ist nämlich die Gefahr der sprachlichen Verwirrung kaum noch vorhanden.

Ein weiteres Problem ist das unterschiedliche schichtenspezifische Sprachverhalten, das besonders im Blick auf die Aufgaben des Rechtschreibunterrichts den Lehrer in das Spannungsfeld zwischen „Defizit-" und „Differenztheorie" (vgl. Kapitel B II, S. 38) versetzt. Wir kommen darauf noch einmal im Kapitel C IV zurück.

Die Artikulation auf der Grundlage der Hochlautung kann neben der Form der Gewöhnung auch gezielt gefördert werden. Die bekannten „Zungenbrecher" sind dafür ein ebenso wertvolles wie belebendes Mittel: „Der Cottbusser Postkutscher putzt den Cottbusser Postkutschkasten; den Cottbusser Postkutschkasten putzt der Cottbusser Postkutscher", „Fischers Fritze fischte frische Fische, frische Fische

[1] W. C. Kochan und Mitarbeiter, Lehrerband zu „Sprache und Sprechen", 2. Schj., S. 26.

fischte Fischers Fritze", „Sieben Schneeschipper schippen sieben Schippen Schnee, sieben Schippen Schnee schippen sieben Schneeschipper", „Die Katze tritt die Treppe krumm, die Katze . . ." usw.
Leseübungen haben eine vielseitige Bedeutung. Sie können auch der Rechtschreibung behilflich sein. Das sogenannte „Gummibandlesen", ein langsames, scharf artikuliertes Aussprechen einzelner Wörter, fördert die gute Aussprache und damit die Fähigkeit, ein Wort in seinem artikulatorischen Ablauf zu erfassen. Solche Übungen dürfen natürlich nur mit Lesetexten vorgenommen werden, die den Kindern inhaltlich bereits geläufig sind. Wenn der Lehrer darauf achtet, daß daraus nicht ein unnatürliches, abgehacktes Lesen wird, wenn er weiter darauf achtet, daß das Gummibandlesen nicht zu häufig im Unterricht vorkommt, kann diese Übung eine echte Hilfe für die Rechtschreibung sein.
Das Training artikulierten Sprechens steht in Wechselbeziehung zum Training konzentrierten gliedernden Hörens. Hörübungen haben eine große Bedeutung, weil jeder Sprecher zugleich auch Hörer seiner eigenen Sprache ist (vgl. Kapitel B III b, S. 56) und er dadurch seine Aussprache kontrollieren und nötigenfalls korrigieren kann. Das ist besonders für das freie Schreiben (für Briefe, Aufsätze usw.) wichtig. Als Voraussetzung für die Anwendung des phonetisch-phonologischen und zum Teil auch für den Einsatz des logischen Lösungsmittels (vgl. S. 64) sind im einzelnen folgende Hör- und Sprechübungen notwendig: zur Unterscheidung ähnlichklingender stimmhafter und stimmloser Konsonanten als An- und Inlaute (b – p, d – t usw.), zur Unterscheidung langer und kurzer Vokale (z. B. Tal – Ball), zur Unterscheidung ähnlichklingender Vokale (z. B. i – ü; Bild – Hülse) und zum Erkennen von bestimmten Normlautfolgen (z. B. *Garten*).
Wenn im Wechsel die hier genannten Sprech- und Hörübungen in den ersten Schuljahren mit genügender Intensität vorgenommen werden, lassen sich in den späteren Schuljahren viele phonetisch-phonologische Fehler verhindern.

2. Abschreiben und Auswendigaufschreiben von Wortgruppen mit gleichen Lauten (Buchstaben)

Was über das Abschreiben und Auswendigaufschreiben im Kapitel C II gesagt wurde, gilt auch hier. Besonders durch das Auswendigaufschreiben werden neben der speziellen Übung eines bestimmten Lautes die einzelnen Wortschriftbilder visuell-ganzheitlich aufgefaßt, so daß es zu einer doppelten Übungswirkung kommt: zu einer phonetisch-phonologischen und zu einer visuellen. Wir müssen nur darauf achten, daß die einzelnen Wörter den Kindern inhaltlich klar sind.

Beispiele:

Reiner Anlaut	**Gemischter Anlaut**	**Inlaut**	**Gemischter Inlaut**
der Bach	das Brett	geben	die Farbe
das Bein	das Brot	heben	die Narbe
das Buch	der Brand	weben	die Körbe
der Baum	der Brei	schweben	die Garbe

Wie verhält es sich mit den „Signalbuchstaben"? – Solche Signalbuchstaben, die wir auch Gestaltqualitäten nennen können, dienen dem einzelnen Kinde dazu, ein Wortschriftbild leichter wiederzuerkennen bzw. von dieser Qualität aus leichter zu der Gesamtschreibung zu kommen. Wir Lehrer sind nicht mit Sicherheit in der Lage, diese Gestaltqualitäten im einzelnen Wort festzulegen. Vielmehr ist dies eine individuelle Angelegenheit. Nicht alle Kinder orientieren sich an den gleichen auffallenden Merkmalen eines Wortschriftbildes.

3. Übungsreihen mit gleichen Satzanfängen

Beispiel: der k-Laut

Komm, wir kaufen Kuchen!
Komm, wir kaufen Kaffee!
Komm, wir kaufen Käse!
Komm, ... [2]

4. Heraussuchen von Wörtern mit bestimmten Buchstaben aus Texten oder Wortgruppen

Aus Lesestücken oder aus gemeinsam erarbeiteten Texten lassen wir bestimmte Wörter herausschreiben. Der Auftrag lautet dann etwa: „Suche alle Wörter heraus, die mit einem T (t) anfangen!" „Schreibe alle Wörter heraus, die ein t in der Mitte haben!" usw. Es empfiehlt sich, daß die Kinder beim Schreiben alle Wörter leise vor sich hin sprechen, damit die ständige Zuordnung von Laut und Buchstaben erfolgt.

5. Einsetzen von Wörtern mit gleichen Lauten (Buchstaben)

Beispiel: Wörter mit pf

das Pfund	Das ... zieht einen schweren Wagen. –
das Pferd	Vater raucht gern die ... –
die Pfeife	Der ... ist sehr saftig. –
der Pfirsich	Geben Sie mir bitte ein ... Mehl! –

Aufgabe: Setze die fehlenden Wörter aus der Wortgruppe richtig ein!

---

[2] Solche und viele andere Übungsbeispiele bietet „Die fröhliche Sprechschule" von Rösler/Geißler

6. Lautieren und Buchstabieren

Lautieren ist die tatsächliche Bezeichnung des Normlautes, den wir für einen Buchstaben sprechen, z. B. das b, und dann das Hersagen des Lautbestandes eines Wortes. Buchstabieren ist die Bezeichnung des Buchstabens mit einem angehängten bzw. davor gesprochenen Selbstlaut, z. B. be, ef, und das Nennen der einzelnen Buchstaben eines Schriftbildes. Übungen des Lautierens beginnen bereits im ersten Schuljahr. Sie sollten bis zum Ende des ersten Schuljahres und auch noch im zweiten Schuljahr gründlich fortgesetzt werden. Der Übergang vom Lautieren zum Buchstabieren ist fließend und vollzieht sich meist unmerklich. Weil wir eine Buchstabenschrift haben, werden reine Buchstabierübungen, die sich auch in der Form des Wettkampfes durchführen lassen, in den ersten Schuljahren einen angemessenen Platz in unserer Rechtschreibarbeit einnehmen. Ganz sicher am Anfang, aber auch später ist es angebracht, als Hilfe und vor allem als Kontrollmöglichkeit das betreffende Wortschriftbild entweder an der Tafel oder im Buch zur Verfügung zu haben.

In der „Frühzeit" der Ganzheitsmethode waren Lautieren und Buchstabieren verpönt. Man hat heute eingesehen, daß es ohne diese Übungen in der Rechtschreibung einfach nicht geht. Es ist unerläßlich, zur Festigung der Kenntnis der Buchstabenfunktion auch Lautier- und Buchstabierübungen vorzunehmen. Man muß nach Mitteln suchen, die die Kinder interessieren und nicht langweilen. Wir lassen z. B. das Lied „Auf der Mauer, auf der Lauer sitzt 'ne kleine Wanze" singen. Durch Weglassen des letzten Lautes wird das Wort *Wanze* abgebaut auf *Wanz*. Dann wird das z nicht mitgesungen usw. Ebenso bauen wir das Wort singend wieder auf. Nach jeder Strophe lassen wir die weggelassenen oder angefügten Laute benennen und die entsprechenden Buchstaben an die Tafel schreiben. Das gleiche geschieht mit *tanzen* in diesem Liedchen: *tanzen, tanz, tan, ta, t – ta, tan, tanz, tanzen*. Ein anderes Beispiel: Kinder werden an die Tafel geholt, an der mehrere Wörter oder Sätze stehen. Jedes Kind steht mit dem Rücken zur Tafel und muß ein bestimmtes Wort auswendig lautieren oder buchstabieren. Die ganze Klasse ist der Kontrolleur.

Das gelegentliche *Sprechen nach Silben* fördert die Fertigkeit der Silbentrennung beim Rechtschreiben. Jedoch sollte man den Kindern grundsätzlich den folgenden Rat geben: Wenn dir die Trennung eines Wortes unklar ist, beginne dieses Wort auf der neuen Reihe, dann vermeidest du ganz sicher einen Trennungsfehler.

7. Analogieübungen

Es wurde schon weiter oben darauf hingewiesen, daß die Analogiebildung beim Rechtschreiberwerb der Beobachtung und damit der Kontrolle des Lehrers weitgehend entzogen ist. Deshalb bestehen bei aller positiven Wirkung dieses Vorgangs auf die allgemeine Sprachentwicklung für die Rechtschreibung beachtliche Gefahren.
Lediglich bei lauttreuer Schreibung können wir zu einem Teil durch planvolle Übungen fördernd eingreifen. Dies geschieht am besten durch Reime.

Beispiele:

b-Laut	t-Laut
heben	raten
kleben	braten
weben	waten
schweben	Spaten

Von der Morphologie her (vgl. Kapitel B III, S. 62) ergeben sich neue Aufgaben, die künftig noch einer eingehenderen didaktischen Artikulierung bedürfen. In Verbindung mit dem Grammatikunterricht lassen sich z. B. Analogieübungen mit Flexionen durchführen: trampeln, schaukeln, bummeln usw. – sie tramp-elten, sie schauk-elten, sie bumm-elten (dritte Person Plural, Imperfekt).

8. Das Diktat

Auch hier unterscheiden wir wie im allgemeinen Rechtschreibunterricht zwischen den *Übungs-* und den *Prüfungsdiktaten*. Wir werden ferner alle die für ein Diktat des allgemeinen Rechtschreibunterrichts notwendigen Regeln auch hier zu beachten haben.
Aus den bereits erwähnten Gründen der Sprachästhetik einerseits und der notwendigen Intensivierungen spezieller Rechtschreibübungen andererseits vermeiden wir einen sinnganzen Text mit unnatürlichen Häufungen spezieller Fälle.
Es bietet sich zunächst das Satzdiktat an. Mehrere kleine Sätze werden nacheinander diktiert. In jedem Satz findet sich ein Wort mit einem bestimmten Laut (Buchstaben), der besonders geübt oder der schon beherrscht und nun überprüft werden soll. Die Sätze sind unabhängig voneinander und werden durch einen Gedankenstrich getrennt.

Beispiel:
Nach vorher getrennt vorgenommenen Übungen des d-Lautes und des t-Lautes geht es jetzt um die klare Unterscheidung zwischen beiden.

2. Schuljahr d oder t? (Inlaut)

Neben dem Schulhof ist ein Gar*t*en. – Rolf hat ein Bil*d*erbuch. Win*t*er a*d*e! – Hans ißt gern Tor*t*e. – Angelika besucht ihre Tan*t*e. – Zieh den Man*t*el an!

Im ganzen werden hier nur sieben Wörter geschrieben, auf die es eigentlich ankommt. Es wird für den speziellen Fall zu viel Zeit aufgebracht, und er kommt dabei zu kurz.
Besser ist das Wortdiktat. Wir können dieselben Sätze vorsprechen, aber lassen nur jeweils das betreffende Übungswort aufschreiben.

Beispiel:
Der Lehrer sagt: „Neben dem Schulhof ist ein Garten. – Schreibt nur das Wort *Garten*!"
Garten – Bilderbuch – Winter, ade – usw.
Das ist rentabler, weil wir viel mehr typische Wörter schreiben lassen können. Trotzdem erscheinen den Kindern die Wörter jedesmal im Sinnzusammenhang eines Satzes.

9. Wortergänzungen
Ein Buchstabe, dessen Laut mit einem anderen ähnlichklingenden leicht zu verwechseln ist, wird in einem Wort ausgelassen. Die Kinder sollen das Wortbild ergänzen. Diese Aufgabe dient der Überprüfung des Könnens, nachdem die Kinder bereits auf andere Weise gelernt haben, die Buchstaben bestimmten Lauten zuzuordnen. Wir werden aber nicht allen Schülern eines ersten oder zweiten Schuljahres solche Aufgaben zumuten können. Für manche Kinder ist es wichtig, daß die zur Übung angebotenen Wörter inhaltlich und auch vom Schriftbild her bekannt sind. Neben dem phonetisch-phonologischen Lösungsmittel kann dadurch auch jederzeit das visuelle Lösungsmittel zur Verfügung stehen. (Vgl.: unterschiedliche Auffassungstypen, S. 88f.) Eine sofortige Kontrollmöglichkeit durch Vergleichen mit den ganzen Wortbildern muß gewährleistet sein. Wenn das alles beachtet wird, tragen die Wortergänzungsübungen durch ihren besonderen Arbeitsanreiz zur Förderung der Artikulation und des Lautbewußtseins bei, und sie unterscheiden sich wesentlich von der früher verbreiteten Methode Richard Langes (vgl. S.115).

Beispiel:

Vorangegangene, getrennte Übungen (Abschreiben, Auswendigaufschreiben, evtl. Partnerdiktat):

Wörter mit d (D)		**Wörter mit t (T)**	
das Dach	der Laden	die Tüte	der Garten
das Dorf	der Schneider	die Tafel	der Schalter
baden	binden	treten	warten
reden	finden	trampeln	schalten

Später zur Prüfung:

Setze die fehlenden Buchstaben ein! d (D) oder t (T)?

der Schnei.er	der Gar.en	schal.en
die Tü.e	der La.en	.rampeln
das .ach	war.en	re.en
das .orf	ba.en	fin.en

10. Freies Schreiben

Hier werden die Kinder Aufträge erhalten wie etwa: „Suche weitere (5 oder 10) Wörter mit einem weichen s in der Mitte *(sausen, brausen, Meise)*!" Diese Aufgaben dürfen wir nur den besten Schülern stellen, weil die Gefahr der Fehlleistung zu groß ist. Außerdem ist auch hier eine sofortige Kontrolle durch den Lehrer, durch rechtschreibsichere Schüler oder mit Hilfe des Wörterbuches notwendig.

Logische Übungen

1. Abschreiben und Auswendigaufschreiben von Wortgruppen mit gleichen Rechtschreibschwierigkeiten

Die bereits hervorgehobenen Grundsätze für das Abschreiben und Auswendigaufschreiben (vgl. S. 113) finden hier wieder ihre Anwendung. Der Hinweis, nicht mit leeren Worthülsen zu arbeiten, soll noch einmal betont werden. Immer dann, wenn die Behandlung spezieller Rechtschreibfälle mit der visuellen Wahrnehmung von Wortbildern gekoppelt ist, wird der Lernerfolg verstärkt. Mit dieser Übung bietet sich eine Möglichkeit dazu an.

Beispiel:

Endlautschreibung

d	g	s
das Land	der Ring	das Haus
der Wald	der Klang	die Maus
das Rad	der Schwung	das Glas
das Bild	der Hering	das Los
das Wild	der Fang	das Gras
das Feld	der Sprung	der Greis

Die einzelnen Wortbilder können ganzheitlich wahrgenommen und reproduziert werden, und zugleich sprechen (oder schreiben) die Kinder die „Verlängerung", in diesem Falle die Mehrzahl, so daß die „Lösung" der Endlautschreibung klar wird (Anwendung des logischen Lösungsmittels).

2. Ordnen von Wörtern nach bestimmten rechtschreiblichen Gesichtspunkten

Dem Ordnen als Übung kommt eine große Bedeutung zu. In unserer Rechtschreibung gibt es für jeden Normlaut, außer *m* und *l*, mindestens zwei Schreibweisen (*d–t*, *g–k*, *b–p* als Endlaute usw.). Wir gehen von der „Notlage" des Kindes aus: Es sieht sich diesen beiden Schreibweisen, und zwar in verschiedenen Wörtern, gegenüber, soll nun eine Ordnung schaffen und sich damit einer Lösung des Problems näherbringen.

Beispiel:

ss und ß

die Tasse	fließen
die Straße	fassen
die Grüße	messen
die Schüssel	gießen
die Füße	schießen
die Gasse	essen
die Soße	stoßen

Ordne die Wörter so:

Wörter mit ss	**Wörter mit ß**
Tasse	Straße

Wenn den Kindern der Unterschied zwischen langen und kurzen Selbstlauten aus früheren Übungen bekannt ist, werden sie recht bald allein durch diese Ordnungsübung die „Regel" finden: Nach einem kurzen Selbstlaut folgt ss, nach einem langen Selbstlaut ß. – Mit einer ähnlichen Übung lassen wir dann später auch die Ausnahmen der erlernten Regel finden: das *Faß*, der *Biß*, der *Schluß* . . ., also kurzer Selbstlaut und doch ß: nur als Endlaut. (Siehe dazu auch: Individuelle Behandlung von Rechtschreibfehlern, S. 193 f.)

3. Ableitungsübungen (etymologische Übungen)

Eine sehr notwendige Übung, die zu einer Standardregel führt, ist die Arbeit an Wörtern mit der Frage „Woher stammt das Wort?" *Bäume* von *Baum*, *Räder* von *Rad* usw. Es empfiehlt sich, dabei jeweils nur einen Rechtschreibfall zu behandeln, etwa die äu-Schreibung.

Schwieriger, aber dafür um so interessanter, ist das Zusammenstellen von Wortfamilien.

Beispiel: Wortfamilie fahren

Hauptwörter	**Zeitwörter**	**Eigenschaftswörter**
die Fahrt	fahren	fahrlässig
das Fahrgestell	fuhren	gefährlich

Diese Aufgabe werden wir vorwiegend den besten Rechtschreibern stellen, weil sie fast schon zum freien Schreiben gehört und deshalb auch Fehlerquellen in sich birgt. Eine sofortige Überprüfung des Geschriebenen ist nötig.

4. Zuordnen

Eine recht beliebte Übung ist das Zuordnen von bestimmten Wörtern. Hier ist die Frage zu beantworten: „Was paßt zusammen?"
Beispiel: Großschreibung von Zeitwörtern

Allerlei Dinge	**Allerlei Tätigkeiten**
Klavier	gießen
Hacke	lesen
Gießkanne	baden
Zeitung	hacken
Badewanne	musizieren

Aufgabe: Ordne diese Dinge und Tätigkeiten so:

Was?	**Wozu?**
das Klavier	zum Musizieren
die Hacke	zum

5. Das Diktat

Hier verfahren wir ähnlich wie bei den phonetisch-phonologischen Diktatübungen. Das *Wortdiktat* (gesprochen wird ein ganzer Satz) erhält den Vorzug wegen der größeren Intensität der Übung. Für die Groß- und Kleinschreibung sind natürlich ganze Sätze erforderlich, desgleichen für die Zeichensetzung. Diese Sätze sollen inhaltlich unabhängig voneinander sein, um eine sprachliche Verkrampfung zu vermeiden. Dennoch ist gelegentlich eine Häufung spezieller Rechtschreibfälle unter einer Sachganzheit möglich, nämlich immer dann, wenn wir zwar sachlich zusammengehörige, jedoch nicht fortlaufende Sätze unter eine Überschrift bringen können.
Beispiel:
Das Komma bei Anreden, Ausrufen, Bejahungen und Verneinungen

Was die Schülerlotsen rufen:

Hallo, ihr müßt noch warten! – He, ihr dürft jetzt nicht über die Straße gehen! – usw.

6. Wortergänzungen

Das an Grundsätzlichem über Wortergänzungen auf Seite 139 Gesagte trifft auch hier zu. Bei diesen Übungen handelt es sich nur um die verschiedenartige Schreibung von gleichklingenden Lauten, um die Schreibung schwieriger Lautverbindungen, um die Buchstabenverdoppelung der Mitlaute, um die Silbentrennung und um die Groß- und Kleinschreibung, also um das Training der Anwendung des logischen Lösungsmittels. Die Wortergänzungsübungen stehen niemals am Anfang eines Lernaktes, sondern am Ende. Sie sollen das Erlernte durch Erprobung festigen und zeigen, ob ein Rückgriff auf leichtere Übungsformen notwendig ist.

Beispiel:

Vorangegangene Übungen (Abschreiben, Auswendigaufschreiben, eventuell Partnerdiktat):

Wörter mit ä und e

die Kelle –	ändern – anders
der Bäcker – backen	erkälten – kalt
die Länge – lang	lenken –
das Geld –	lernen –
das Feld –	lächeln – lachen
die Kälte – kalt	fällen – fallen

Erarbeitete Regel: Wir fragen nach dem Stammwort

Später zur Prüfung:

	ä oder e?	
die K.lle	der K.ssel	.ndern
der B.cker	der T.ller	erk.lten
die L.nge	die H.lfte	l.nken
das G.ld	der G.rtner	l.rnen
das F.ld	der Sp.ck	l.cheln
die K.lte	die W.rme	f.llen

Außer den durch die Vorübung bereits bekannten Wörtern, bei deren Schreibung das visuelle Lösungsmittel neben der Anwendung der Regel behilflich sein kann, bieten wir weitere, vielleicht nur inhaltlich und sprachlich geläufige Wörter an, deren Schreibung durch Fragen nach dem Stammwort gefunden werden kann. Es entstehen in jedem Falle während der Übung die Gesamtschriftbilder und können sich, falls sie noch nie wahrgenommen wurden, neu einprägen. So kommen auch bei einer späteren Schreibung solcher Wörter oft das visuelle und das logische Lösungsmittel zugleich zur Anwendung und erhöhen damit die Rechtschreibsicherheit. Allerdings muß hier wie bei allen Ergänzungsaufgaben die sofortige Kontrolle gewährleistet sein, damit nicht falsche Wortschriftbilder im visuellen Gedächtnis gespeichert werden.

7. Freies Schreiben

Für diesen Übungsteil gilt das gleiche Prinzip, das wir bereits für das freie Schreiben als phonetisch-phonologische Übung besprachen. Nur verwenden wir hier Aufgaben zur Anwendung des logischen Lösungsmittels. Beispiel: Suche weitere (5, 10) Wörter mit mm in der Mitte, mit g am Ende usw.! Auch hier muß die sofortige Kontrolle gewährleistet sein (Wörterbuch, Lehrerkontrolle, Partnerkontrolle, Kontrolle nach Vorlage).

b) Beispiele für Spiel- und Wettkampfformen

Im Rahmen der phonetisch-phonologischen Übungen läßt sich etwa folgendes Wettkampfspiel durchführen:

Übungsthema: eu und ei

Wer findet die meisten neuen Wörter, indem er diesen Wörtern am Anfang einen Buchstaben hinzufügt?

Eule	**Eile**	**Eier**
Beispiele der Lösung:		
die Beule	die Feile	Meier
die Keule	die Seile	die Feier

Wir können auch den Auftrag erteilen: Sucht so viele Reimwörter wie möglich!

Lösungsmöglichkeit:		
teuer	Leiter	leise
Steuer	weiter	Meise
Feuer	Reiter	Reise

Mit solchen und ähnlichen Übungen ist auch ein Ansatz gegeben, den Kindern im Sinne der Phonologie (vgl. Kapitel B III, S. 59) verständlich zu machen, daß durch die Veränderung nur eines Lautes innerhalb eines sonst gleichklingenden Wortes ein anderer Sinn entsteht, daß diese austauschbaren und die Bedeutung verändernden Laute die kleinsten bedeutungsunterscheidenden Lauteinheiten unserer Sprache sind. Ob dabei der Terminus „Phonem" eingeführt werden soll, ist zumindest für die ersten Schuljahre fraglich.

Eine andere Möglichkeit: Wir lassen aus einem vorgegebenen Text im Sprachbuch oder Lesebuch die Anzahl bestimmter Laute bzw. Buchstaben, die darin vorkommen, herausfinden. Wieviel l sind in diesem Text? Wieviel g findest du? Diese Fragestellung richtet sich jeweils nach dem speziellen Thema, das wir gerade behandeln.

Bei Lautierübungen macht es viel Spaß, ein Wort auch einmal rückwärts zu lesen. Wir fangen mit solchen Wörtern an, die auch beim

Rückwärtslesen einen Sinn haben, wie z. B. *Regen – Neger*. Rechtschreibleistungsstarken Kindern können wir solche Leseübungen auch mit gewöhnlichen Wörtern zumuten. Es ist für diese Kinder oft interessant, was dabei herauskommt.

Im Rahmen der logischen Übungen kann ein Auftrag etwa heißen: Wer findet in fünf Minuten die meisten bekannten Wörter mit ss in der Mitte? Wir sagen den Kindern, daß die Schrift natürlich nicht leiden darf. Es gibt keinen Sieger, der schlecht geschrieben hat. Schwachen Rechtschreibern erlauben wir die Benutzung des Wörterbuches. Anschließend wird alles gründlich überprüft.

Die schnelle und richtige Handhabung des Wörterbuches selbst kann zum Mittelpunkt eines Wettkampfes werden: Wer findet zuerst das Wort . . . ? Vor welchem, nach welchem Wort oder zwischen welchen Wörtern steht das Wort . . . ?

Bei einer speziellen Rechtschreibübung, in der es um die Endlautschreibung g oder k geht, kann der Lehrer oder ein guter Schüler „Rateaufgaben" stellen: Was ist das? Es hängen Kleider und Anzüge darin. Antwort: der Schrank. Was ist das? Man trägt es am Finger. Antwort: der Ring usw.

Bei Spielen und Wettkämpfen kann jeder Lehrer erfinderisch sein. Manchmal finden auch Kinder gute Spiele. Wir müssen nur darauf achten, daß der Rechtschreibgewinn dabei nicht zu kurz kommt. Aus der Fülle der Übungsmöglichkeiten, die sich gerade im Rechtschreibunterricht ergeben, müssen wir auswählen. *Heinrich Roth*[3] sagt, daß sich eine gute Unterrichtsstunde daran erkennen lasse, wie weit es dem Lehrer gelungen ist, „im Hinblick auf *diese* Kinder und im Hinblick auf *diesen* Stoff . . . *die* natürliche Verständnisbrücke" zu schaffen.

c) Rechtschreibregeln

Fakten der kindlichen Lernfähigkeit und nicht wegzuleugnende logische Elemente in unserem Schriftsystem führen zwangsläufig zur Anwendung von Rechtschreibregeln. Die Entscheidung über ihre Notwendigkeit oder Entbehrlichkeit hängt von der Frage ab, ob sich bestimmte Rechtschreibfälle nicht besser auf visuelle Weise vermitteln lassen als durch Regellernen (z. B. die Schreibung der Stammwörter mit Dehnungs-h).

Das Begreifen und Behalten einer Regel sind die Voraussetzungen ihrer Anwendung. Der *Lernende* muß entwicklungsmäßig und geistig

[3] H. Roth, Pädagogische Psychologie des Lehrens und Lernens, 2. Auflage, S. 119

in der Lage sein, zumindest in Primitivform logisch zu schließen. *Lehrmethodisch* kann der induktive oder deduktive Weg beschritten werden. Ferner sind beide Wege entweder durch einen vom Lehrer gelenkten Unterricht oder durch Selbstunterricht mit Hilfe von (programmierten) Arbeitsmitteln oder Lernprogrammen möglich. Da es sich bei einer Regel um eine „Kette von zwei oder mehr Begriffen" handelt[4], muß im Falle des deduktiven Weges die Beherrschung dieser Begriffe vorausgesetzt werden. So sind zum Teil für das Regellernen *grammatische Vorkenntnisse* erforderlich, z. B. aus der Wortlehre für die Groß- und Kleinschreibung, aus der Satzlehre für die Zeichensetzung. Für das Verstehen und Behalten einer Regel ist mit Rücksicht auf die einzelnen Bildungsstufen die Frage nach der *Verbalisierung* nicht unbedeutend. Hier bietet der induktive Lehrweg dem Lernenden die Möglichkeit, sich eine selbstgefundene Regel zunächst durch eigene sprachliche Formulierung einzuprägen. Wenn wir die hier genannten wesentlichen Bedingungen des Verstehens, Merkens und Anwendens einer Regel bedenken, zeigt sich schon, wie komplex das Regellernen im Rechtschreibunterricht ist. Es muß exakten wissenschaftlichen Untersuchungen vorbehalten bleiben, hier die optimale Lehrmethode zu ermitteln. Es lassen sich aber bereits aus der Synthese zwischen gegenstandstheoretischer Betrachtung und unterrichtspraktischer Erfahrung innerhalb des denkenden Rechtschreiberwerbs Lernphasen aufzeigen, die einer optimalen Methode zumindest sehr nahe kommen oder sie vielleicht sogar verkörpern.

Bei der induktiven Methode sollten im allgemeinen sechs Lernphasen beachtet werden: Die *erste Phase* dient der Problemstellung bzw. dem Bewußtmachen des Problems (Endlautschreibung d oder t; Komma vor „und" und „oder" usw.). In einer *zweiten* (für manche Schüler entbehrlichen) *Phase* folgen Vorübungen, die die Lösung des Problems einleiten. Die *dritte Phase* enthält Hauptübungen, an deren Ende die Frage steht: „Kennst du nun die Lösung (Regel)?" In der *vierten Phase* stellt der Schüler die Regel auf, die kontrolliert wird. Hat er sie dem Wesen nach gefunden, kann die *fünfte Phase* beginnen, in der die Anwendung und Befestigung des Gelernten folgen, und zwar durch Alternativaufgaben. Die *sechste Phase* besteht dann im Überprüfen dieser Arbeit durch die Lehrer-, Partner- oder Selbstkontrolle. Das Ergebnis entscheidet generell oder im Einzelfall über die Notwendigkeit weiterer Übungen.

---

[4] Gagné, Die Bedingungen des menschlichen Lernens, S. 47.

Am Ende der Grundschule genügt es, wenn der größte Teil der Klasse in der Lage ist, im Notfall folgende Regeln anzuwenden, die der Entwicklungsstufe des Relationsdenkens (der Wenn-dann-Beziehung) entsprechen:

1. Wenn wir ein Wort nicht schreiben können, überlegen wir immer zuerst, ob wir es nicht schon einmal irgendwo gesehen oder gar geschrieben haben.
2. Wir sprechen ein Wort immer ganz deutlich aus. Oft hören wir, wie es geschrieben wird.
3. Am Ende eines Satzes setzen wir einen Punkt. Wenn es eine Frage war, setzen wir ein Fragezeichen. Wenn es ein Ausruf war, setzen wir ein Ausrufezeichen. Nach diesen Zeichen schreiben wir das nächste Wort groß.
4. Alle Wörter werden klein geschrieben, nur die Hauptwörter (Namenwörter) schreiben wir groß.

Aber auch die sonst klein geschriebenen Wörter können zu Hauptwörtern werden, wenn wir *der, die* oder *das* davor setzen; dann schreiben wir sie auch groß. (Zuerst: *die Katze.* Auch: *die kleine Katze.* Später: *die Kleine.* Aber: *die kleine Katze. Das Singen, beim Singen*; *das Gute, alles Gute.*)

5. Wenn wir trotz guter Aussprache nicht sicher feststellen können, wie ein Wort am Ende oder in der Mitte geschrieben wird, verlängern wir es oder fragen, woher es stammt *(älter—alt, er gräbt – graben).*
6. Nach einem kurzen Selbstlaut folgen meistens zwei Mitlaute. Wenn wir nur einen Mitlaut hören, müssen wir seinen Buchstaben verdoppeln (*kalt = l + t, Ball = l + l.* – Aber: Er *kommt* (drei Mitlaute) stammt von *kommen* (zwei Mitlaute).
7. Wir trennen die Wörter wie beim Abzählen nach Silben. *st* wird niemals getrennt. Ein Buchstabe bleibt nie allein auf einer Zeile *(Ofen).*

Die Kinder sind imstande, nach entsprechenden Vorübungen im Laufe der Zeit diese „Regeln" selbst zu entdecken. – In der Orientierungsstufe und Sekundarstufe I wird die Anwendung dieser Hilfen immer wieder geübt werden müssen. Es kommt dann noch eine ganze Reihe von neuen und auch schwierigeren Regeln hinzu. Wir sollten diese stets mit den Schülern erarbeiten und sie dann dem Verständnis der jeweiligen Altersstufe entsprechend formulieren.

Man soll sich nicht vor Regeln in Spruchform scheuen, auch dann nicht, wenn diese schon sehr alt sind. (Nach l, n, r, das merke ja, steht nie tz und nie ck – usw.). So etwas prägt sich ein und ist in Zweifelsfällen auch greifbar.

d) Themenplan für den speziellen Rechtschreibunterricht

Mit den hier angeführten Themen ist lediglich eine der allgemeinen Lernfähigkeit einzelner Schuljahrgänge angemessene und das Prinzip der Wiederholung beachtende Verteilung der Lerninhalte beabsichtigt. Daraus können unter Berücksichtigung weiterer curricularer Aspekte über- und untergeordnete Lehr- und Lernziele abgeleitet werden.[5]

Zweites Schuljahr

Mit den speziellen Themen wird im zweiten Schuljahr besonders das artikulierte Sprechen beim Schreiben geübt. Dadurch festigt sich die Kenntnis der Buchstabenfunktion, die Anwendung des phonetisch-phonologischen Lösungsmittels wird trainiert, und aus der Andersschreibung ergeben sich die ersten Notwendigkeiten, einfache logische Hilfen zu benutzen.

I. Ähnlichklingende Mitlaute und Mitlautverbindungen

b und B
p und P
d und D
t und T
g und G
k und K
s und S (weicher Laut)
ß (harter Laut)
z und Z
w und W
f und F
pf und Pf
ch
sch und Sch
st und St
sp und Sp

II. Ähnlichklingende Selbstlaute, Zwielaute und Umlaute

Das lange e
Das lange ä
Das lange ie
Das kurze i
ei und Ei
eu und Eu
aus a kann ä werden
aus au kann äu werden
aus o kann ö werden
aus u kann ü werden

III. Unterscheidung langer und kurzer Selbstlaute

IV. Laut- und Buchstabenfolgen

Drittes Schuljahr

Mit den speziellen Rechtschreibthemen des dritten Schuljahres wird einerseits die Fähigkeit, das phonetisch-phonologische Lösungsmittel anzuwenden, gefestigt und andererseits die Anwendung des logischen Lösungsmittels geübt.

I. Gleich- und ähnlichklingende Laute

b und p
d und t
g und k
Der s-Laut, s und ß
ß und ss
ig und lich
e und ä
ei – eu – äu
eu und äu

[5] Einen ersten Versuch der Ableitung einer Lernzielhierarchie hat H. Balhorn unternommen: WPB, Heft 12/72, S. 647 f.

II. Silbentrennung

III. Von Selbstlauten und Mitlauten
Die Selbstlaute
Die Mitlaute
Buchstabenverdoppelung der Mitlaute

IV. Dehnungs-h
Wörter mit ah und äh
Wörter mit eh
Wörter mit oh und öh
Wörter mit uh und üh

V. Schwierige Schreibung von Lauten und Lautverbindungen
Wörter mit Pf und pf
Wörter mit x
Wörter mit Qu und qu
Wörter mit v und V
Wörter mit chs
Wörter mit aa
Wörter mit ee
Wörter mit oo
Wörter mit i (langer Laut)

Viertes Schuljahr

Der Schwerpunkt der Behandlung spezieller Rechtschreibthemen liegt im vierten Schuljahr darin, die Rechtschreibung durch die Anwendung logischer Lösungsmittel, durch das Erlernen weiterer Rechtschreibregeln zu fördern und zu festigen.

I. Gleichklingende Laute
b oder p
d oder t
g oder k
ks, cks oder gs
s oder ß
ss oder ß
. . . ig und . . . lich
ä und e (kurzer Laut)
äu und eu

II. Silbentrennung

III. Buchstabenverdoppelung der Mitlaute
Wörter mit kurzem a und ä
Wörter mit kurzem e
Wörter mit kurzem i
Wörter mit kurzem o und ö
Wörter mit kurzem u und ü

IV. Dehnungs-h
Wörter mit ah und äh
Wörter mit eh
Wörter mit oh und öh
Wörter mit uh und üh

V. Schwierige Schreibung von Lauten und Lautverbindungen
Wörter mit Pf und pf
Wörter mit x
Wörter mit Qu und qu
Wörter mit chs
Wörter mit V und v
Wörter mit aa
Wörter mit ee
Wörter mit oo
Wörter mit i (langer Laut)

VI. Groß- und Kleinschreibung
Großschreibung von Zeitwörtern
Großschreibung von Eigenschaftswörtern

Fünftes und sechstes Schuljahr (Orientierungsstufe)

Neben den allgemeinen Rechtschreibübungen mit geschlossenen Sachtexten (den Übungs- und Probediktaten) sind wegen der zahlreichen Schwierigkeiten unserer Rechtschreibung besonders in der

Hauptschule (fünftes bis neuntes Schuljahr) spezielle Übungen nach rein rechtschreiblichen Gesichtspunkten nötig, die allmählich zur Einsicht in die Gesetzmäßigkeit der Rechtschreibung verhelfen.
Dabei halten sich im fünften Schuljahr der allgemeine Rechtschreibunterricht und der spezielle Rechtschreibunterricht etwa die Waage.
Da das fünfte und sechste Schuljahr in der Organisation der Orientierungsstufe als Einheit angesehen werden, sind auch die Rechtschreibthemen beider Jahrgangsklassen zusammengefaßt. Die Reihenfolge der Behandlung der einzelnen Themen kann je nach Bedarf beliebig gewechselt werden. Diejenigen, die im allgemeinen erst im sechsten Schuljahr behandelt werden, sind mit (6) gekennzeichnet.

Die speziellen Themen im einzelnen:

I. Gleichklingende Laute

b – p
d – t
ds – ts
g – ch
g – k
cks – ks – gs
s – ß
ss – ß
. . . ig – . . . lich
ä – e (kurzer Laut)
äu – eu
ei – eih
ie – ieh

Wichtig ist in der Orientierungsstufe die Behandlung von
das und daß,
die sich in den folgenden Jahren bis zum Schulabschluß quantitativ und qualitativ hinsichtlich der Aufgabenstellung steigert und damit ständig wiederholt.

II. Buchstabenverdoppelung der Mitlaute

Wörter mit kurzem a und ä
Wörter mit kurzem e
Wörter mit kurzem i
Wörter mit kurzem o und ö
Wörter mit kurzem u und ü

III. Silbentrennung

1. Normale Silben (Sprechsilben). st wird nie getrennt.
2. Keine Trennung bei Wörtern mit nur einem Buchstaben in der ersten Silbe (aber).
3. Trennung nach Zusammensetzung (dar-über).

IV. Dehnungs-h

Wörter mit ah und äh
Wörter mit eh
Wörter mit oh und öh
Wörter mit uh und üh

V. Schwierige Schreibung von Lauten und Lautverbindungen

Wörter mit Pf und pf
Wörter mit x
Wörter mit Th und th
Wörter mit aa

Wörter mit Qu und qu
Wörter mit chs
Wörter mit V und v
Wörter mit dt
Wörter mit ee
Wörter mit oo
Wörter mit i (langer Laut)
Wörter mit ai

VI. Groß- und Kleinschreibung

1. Großschreibung von Zeitwörtern
a) Großschreibung der Zeitwörter nach Geschlechtswörtern (das, ein).
b) Großschreibung der Zeitwörter nach verschmolzenem Geschlechtswort (am, beim, im, vom, zum).

2. Großschreibung von Eigenschaftswörtern und Mittelwörtern
a) Großschreibung nach einem Geschlechtswort (der, die, das, ein, eine).
b) Nach einem unbestimmten Zahlwort (alles, viel, manches, mancherlei, etwas, wenig, nichts).

3. Groß- und Kleinschreibung der Tageszeiten
a) Mit Umstandswort der Zeit oder mit Tag (morgens, gestern morgen).
b) Nach einem Geschlechtswort oder nach einem verschmolzenen Geschlechtswort (z. B.: der, des, ein, eines, am, zum).
c) Nach einem Verhältniswort (z. B.: bei, gegen, vor).

VII. Getrennt- und Zusammenschreibung (6)

1. Straßennamen
a) Schreibung von Straßennamen in Verbindung mit Familiennamen oder Dingen (Goethestraße, Holzgasse).
b) Schreibung von Straßennamen in Verbindung mit einem vollständigen Namen (Dr.-Heinrich-Jasper-Straße).
c) Schreibung von Straßennamen, die nach Orten benannt sind und mit der Endung . . . er oder . . . sche enden (Hamburger Straße, Hannoversche Allee).
d) Schreibung von Straßennamen, die drei und mehr Wörter enthalten und ein Eigenschaftswort (An den Langen Äckern).

2. Das Zeitwort in Verbindung mit „zu" – einfache Fälle (Sie brauchen nicht zu kommen. Ich lasse Ihnen das Paket zukommen.)

VIII. Zeichensetzung (6)

1. Zeichen bei der wörtlichen Rede
a) Ohne Begleitsatz
b) Der Begleitsatz steht vorn
c) Der Begleitsatz steht am Ende
Aussage-, Frage- und Ausrufesätze – Satzzeichen

2. Das Komma
a) Bei Aufzählungen
(Beispiel: Norbert, Günter, Karl und ich fahren zum Sportplatz.)
b) Bei Anreden, Ausrufen, Bejahungen und Verneinungen (Beispiel: Hallo, ist da jemand?)
c) Beim Bindewortsatz (Nebensatz)
(Beispiel: Als es dunkel wurde, fing es an zu regnen.)
d) Beim Fragewortsatz
(Beispiel: Wissen Sie, wann der Zug aus Berlin eintrifft?)

Siebentes Schuljahr

Während sich noch im fünften und zum Teil auch noch im sechsten Schuljahr der allgemeine und der spezielle Rechtschreibunterricht etwa die Waage halten, muß sich der Rechtschreibunterricht der Sekundarstufe I mehr und mehr auf die speziellen rechtschreiblichen Gesichtspunkte verlagern.
Die Groß- und Kleinschreibung nimmt den Hauptteil des Rechtschreibunterrichts im siebenten Schuljahr ein. Die wenigen Fälle der Getrennt- und Zusammenschreibung, die in der Orientierungsstufe behandelt wurden, werden erweitert. Einige Rechtschreibklippen müssen besonders behandelt werden. Die Zeichensetzung des sechsten Schuljahres wird wiederholt und erweitert.

Die speziellen Themen im einzelnen:

I. Großschreibung

1. Großschreibung von Zeitwörtern
a) Großschreibung der Zeitwörter nach einfachem und verschmolzenem Geschlechtswort (das, ein, am, beim, im, vom, zum – das Turnen, beim Turnen)
b) Großschreibung von Zeitwörtern nach einem Verhältniswort oder einem besitzanzeigenden Fürwort (Für Anbringen der Gardinen wurden berechnet ... – Euer Turnen hat uns gefallen.)

2. Großschreibung von Eigenschafts- und Mittelwörtern
a) Großschreibung nach einem Geschlechtswort (der, die, das, ein, eine, einen – das Gute, ein Verhöhnter)
b) Nach unbestimmtem Zahlwort (alles, viel, manches, mancherlei, etwas, wenig, nichts – alles Gute, nichts Neues)
c) Nach einem Verhältniswort, einem besitzanzeigenden Fürwort oder nach dem Wort „kein", wenn kein Hauptwort folgt. (Manche Kinder fürchten sich im Dunkeln. – Euer Kleiner ist sehr artig. – Vater trinkt kein Helles.)
d) Großschreibung von Eigennamen (Karl der Große – Das Schwarze Brett)

3. Tageszeiten
a) Nach einem Geschlechtswort oder nach einem verschmolzenen Geschlechtswort (der, des, ein, eines, am, zum – des Morgens, am Abend)
b) Nach einem Verhältniswort (bei, gegen, vor – bei Nacht, gegen Morgen)

II. Kleinschreibung

1. Tageszeiten
Mit Umstandswort der Zeit oder mit Tag (morgens, heute morgen, Freitag abend)

2. Zusammengesetzte Eigenschaftswörter (Haus, hoch; haushoch)

III. Getrennt- und Zusammenschreibung

1. Straßennamen
a) Schreibung von Straßennamen in Verbindung mit Familiennamen oder Dingen (Goethestraße, Holzgasse)
b) Schreibung von Straßennamen in Verbindung mit einem vollständigen Namen (Dr.-Heinrich-Jasper-Straße)

c) Schreibung von Straßennamen, die nach Orten benannt sind und mit der Endung ...er oder ...sche enden (Hamburger Straße, Hannoversche Allee)
d) Schreibung von Straßennamen, die drei und mehr Wörter enthalten und ein Eigenschaftswort (An den Langen Äckern)

2. Das Zeitwort in Verbindung mit „zu"
Einfache Fälle: Da ist nichts zu sehen. – Wir wollen ein bißchen zusehen.

IV. Rechtschreibklippen

1. das und daß
2. drei gleiche Mitlaute
3. drei gleiche Selbstlaute
4. end – ent
5. paar – Paar
6. seid – seit
7. Stadt – Statt – statt
8. wider – wieder

V. Zeichensetzung

1. Die Zeichen der wörtlichen Rede
a) Der Begleitsatz steht vorn
b) Der Begleitsatz steht am Ende
c) Der Begleitsatz steht in der Mitte
2. Das Komma
a) Bei Aufzählungen (gleichartigen Satzteilen)
(Beispiel: Zu Großbritannien gehören England, Schottland, Wales und Nordirland.)
b) Bei Anreden, Ausrufen, Bejahungen und Verneinungen
(Beispiel: Hallo, Rolf, kommst du heute mit zum Schwimmen?)
c) Das Komma vor „und" und „oder" – einfache Fälle
(Beispiel: Wir machten schöne Wanderungen in den bayerischen Bergen, und bei heißem Wetter schwammen wir im nahegelegenen Schliersee.)
d) Das Komma vor als und wie
(Beispiel: Das Gewitter in den Bergen war heftiger, als wir es im Flachland erlebten.)
e) Das Komma beim Bindewortsatz
(Beispiel: Obwohl der Reis in China in großen Mengen angebaut wird, reicht er für die zahlreiche Bevölkerung nicht aus.)
f) Das Komma beim Fragewortsatz
(Beispiel: Kannst du sagen, welche Länder an Deutschland grenzen?)

Achtes Schuljahr

Der Schwerpunkt der Arbeit verlagert sich weiter zugunsten des speziellen Rechtschreibunterrichts. Im achten Schuljahr kommt die Ausdehnung der Fälle der Großschreibung, der Getrennt- und Zusammenschreibung, besonders aber der Zeichensetzung hinzu.

Die speziellen Themen im einzelnen:

I. Großschreibung

1. Großschreibung von Zeitwörtern
a) Großschreibung der Zeitwörter nach einfachem und verschmolzenem Geschlechtswort (das, ein, am, beim, im, vom, zum, – ein Singen und Lachen – vom Klettern)

b) Großschreibung von Zeitwörtern nach einem Verhältniswort oder einem besitzanzeigenden Fürwort. (Für Anstreichen der Garagenwände wurde berechnet ... – Dein Musizieren hat Fortschritte gemacht.)

2. Großschreibung von Eigenschafts- und Mittelwörtern
a) Großschreibung nach einem Geschlechtswort (der, die, das, ein, eine, einen – der Fleißige, ein Gehetzter)
b) Nach unbestimmtem Zahlwort (alles, viel, manches, mancherlei, etwas, wenig, nichts – manches Wertvolle, etwas Gebratenes)
c) Nach einem Verhältniswort, einem besitzanzeigenden Fürwort oder nach dem Wort „kein", wenn kein Hauptwort folgt (Katzen können auch im Finstern sehen. – Unser Großer erhält jetzt das Abschlußzeugnis. – Mutter kann kein Gebratenes vertragen.)
d) Großschreibung bei Eigennamen (Friedrich der Große – der Stille Ozean)

3. Großschreibung von bestimmten Zahlwörtern
a) Schreibung von Ordnungszahlwörtern in einer Rangfolge (Großschreibung) im Gegensatz zur Reihenfolge (Kleinschreibung). Beim Wettlauf war Robert der Erste. Aber: Günter ist der erste von links.)
b) Großschreibung der Ordnungszahlwörter beim Datum ohne Monatsangabe (Ich habe am Neunten Geburtstag.)
c) Großschreibung der Bruchzahlwörter, wenn dahinter kein Gewicht oder kein Maß steht (ein Achtel Käse; aber: ein achtel Pfund Käse)

4. Tageszeiten
a) Nach einem Geschlechtswort oder nach einem verschmolzenen Geschlechtswort (der, des, ein, eines, am, zum)
b) Nach einem Verhältniswort (bei, gegen, vor)

II. Kleinschreibung

1. Tageszeiten
Mit Umstandswort der Zeit oder mit Tag (abends, gestern morgen, Dienstag mittag)
2. Zusammengesetzte Eigenschaftswörter und Mittelwörter (haushoch – freudebringend)
3. Kleinschreibung von Eigenschaftswörtern, die wie Hauptwörter scheinen
a) Ein Eigenschaftswort oder Mittelwort bezieht sich auf ein vorangegangenes Hauptwort. (Möchten Sie die großen Äpfel oder lieber die kleinen ?)
b) Hauptwörtlich scheinende Eigenschafts- und Mittelwörter werden als Umstandswörter gebraucht. (Wir gratulieren aufs herzlichste!)
c) Hauptwörtlich scheinende Eigenschaftswörter werden als Redensarten gebraucht. (Bei uns ist noch alles beim alten.)

III. Getrennt- und Zusammenschreibung

1. Straßennamen
a) Schreibung von Straßennamen in Verbindung mit Familiennamen oder Dingen (Schillerplatz, Bohlweg)
b) Schreibung von Straßennamen in Verbindung mit einem vollständigen Namen (Richard-Wagner-Straße)
c) Schreibung von Straßennamen, die nach Orten benannt sind und mit der Endung ...er oder ...sche enden (Berliner Straße, Brandenburgische Allee)
d) Schreibung von Straßennamen, die drei und mehr Wörter enthalten und ein Eigenschaftswort (An den Hohen Eichen)

2. Das Zeitwort in Verbindung mit „zu"
a) Einfache Fälle: Da ist nichts zu sehen. – Wir wollen ein bißchen zusehen.
b) Schwierigere Fälle: Mancher Bauer ist in der Lage, im voraus zu sagen, wie sich das Wetter entwickeln wird. – Es ist für die Wetterämter nicht immer leicht, das Wetter mit Sicherheit vorauszusagen.
3. In-dem, nach-dem, seit-dem, so-bald, so-oft, so-wie (Zusammenschreibung beim Gebrauch als Bindewörter: Man hilft einem Ohnmächtigen, indem man . . .)
4. Verbindungen mit dem Zeitwort
(Die beiden Autos wären beinahe zusammengefahren. – Aber: Meine Schwestern sind zusammen [gemeinsam] gefahren.)

IV. Rechtschreibklippen

1. das und daß
2. drei gleiche Mitlaute
3. drei gleiche Selbstlaute
4. end – ent
5. paar – Paar
6. seid – seit
7. Stadt – Statt – statt
8. wider – wieder

V. Zeichensetzung

1. Wörtliche Rede
a) Der Begleitsatz steht vorn
b) Der Begleitsatz steht am Ende
c) Der Begleitsatz steht in der Mitte
2. Das Komma bei Aufzählungen (gleichartigen Satzteilen)
(Beispiel: Im Frühjahr muß der Bauer düngen, pflügen, eggen und säen.)
3. Das Komma bei angehängten Satzteilen
(Beispiel: Das Spiel hat uns gut gefallen, besonders die erste Szene.)
4. Das Komma bei Anreden, Ausrufen, Bejahungen und Verneinungen
(Beispiel: Günter, gib mir bitte die Zeitung!)
5. Das Komma beim Datum und bei Zeit- und Ortsangaben
(Beispiel: Dienstag, 25. 10. 1967 – Am Mittwoch, dem . . ., findet in der . . .)
6. Das Komma vor „und" und „oder" – einfache und schwierige Fälle
a) Wenn ein vollständiger Satz folgt
(Beispiel: Der Ammersee ist sehr groß, und er wird nur selten von Badegästen durchschwommen.)
b) Wenn kurze angehängte Satzteile eingeleitet werden
(Beispiel: Wir mußten unseren Besuch absagen, und das so spät.)
c) Wenn ein Zwischensatz abgetrennt wird
(Beispiel: Wir blieben zu Hause, weil das Wetter so schlecht war, und spielten Tischtennis.)
d) Wenn ein Beisatz vorangeht
(Beispiel: Willi, mein Bruder, und Klaus haben sich gezankt.)
7. Das Komma vor „als" und „wie"
(Beispiel: Der Bodensee ist größer, als wir es für möglich hielten.)

8. Das Komma beim Bindewortsatz
(Beispiel: Nachdem Hitler in Deutschland Reichskanzler geworden war, trat bald an die Stelle der Bürokratie die Diktatur.)
9. Das Komma beim Fragewortsatz
(Beispiel: Ich kann nicht sagen, wohin Peter gegangen ist.)
10. Das Komma beim Erläuterungssatz (Beisatz und Rückwortsatz). (Beispiel: Skandinavien, die nördlichste Halbinsel Europas, erstreckt sich von Nordosten nach Südwesten.)
11. Das Komma beim zu-Satz
(Beispiel: Wir freuen uns, Ihnen eine gute Nachricht übermitteln zu können.)

Neuntes Schuljahr

Bis zur Abschlußklasse ist im allgemeinen die Rechtschreibung erschöpfend behandelt worden (siehe Pläne der früheren Schuljahre). Es ist empfehlenswert, am Anfang des neunten Schuljahres durch Testdiktate die noch vorhandenen Lücken der Klasse und des einzelnen Schülers im Rechtschreiben genau festzustellen. Die Ergebnisse sind richtungweisend für die Wiederholungsarbeit mit der ganzen Klasse und für die individuelle Behandlung zum Ausfüllen der erkannten Lücken.
Die Reife der Schulabgänger läßt es zu, eine Betrachtung unserer Rechtschreibung im ganzen und eine Untersuchung ihrer Struktur vorzunehmen, um auf diese Weise zur Vertiefung bisheriger Einsichten oder zu neuen Erkenntnissen zu gelangen, die noch eine weitere Verbesserung der Rechtschreibung ermöglichen. Es tritt quantitativ nur wenig Neues zu den Themen der vorigen Schuljahre hinzu. Der Unterschied liegt im wesentlichen in der Art der neuen Durchnahme des gesamten bisher Gelernten.
Daraus ergibt sich der nachfolgende Themenplan:

Die speziellen Themen im einzelnen:

I. Die Struktur unserer Rechtschreibung

1. Das Schriftbild – seine Bedeutung – Rechtschreiben mit Hilfe des Auges
2. Wir haben eine Normlautschrift – durch Hören und Sprechen können wir die Rechtschreibung erlernen oder überprüfen – Rechtschreiben mit Hilfe des Ohres
3. Die deutsche Rechtschreibung enthält Regelmäßigkeiten, die in Regeln erfaßt sind. Wir können die Rechtschreibung logisch erlernen und überprüfen – Rechtschreiben durch Denken

II. Gleichklingende Mitlaute und Selbstlaute – Endlaut- und Umlautschreibung

III. Silbentrennung

IV. Buchstabenverdoppelung der Mitlaute

V. Dehnungs-h

VI. Schwierige Schreibung von Lauten und Lautverbindungen

VII. Groß- und Kleinschreibung

1. Großschreibung von Zeitwörtern
2. Großschreibung von Eigenschaftswörtern und Mittelwörtern
3. Großschreibung von bestimmten Zahlwörtern
4. Großschreibung von Bindewörtern, Umstandswörtern und „kleinen" Wörtern
5. Großschreibung von Fürwörtern
6. Die Tageszeiten

VIII. Getrennt- und Zusammenschreibung

1. Straßennamen
2. Das Zeitwort in Verbindung mit „zu"
3. In-dem, nach-dem, seit-dem, so-bald, so-oft, so-wie
4. Verbindungen mit dem Zeitwort

IX. Rechtschreibklippen

1. das und daß
2. drei gleiche Mitlaute
3. drei gleiche Selbstlaute
4. end – ent
5. paar – Paar
6. seid – seit
7. Stadt – Statt – statt
8. wider – wieder

X. Zeichensetzung

1. Wörtliche Rede
   a) Der Begleitsatz steht vorn
   b) Der Begleitsatz steht am Ende
   c) Der Begleitsatz steht in der Mitte

   Beispiele für die Kommasetzung: siehe Plan für das achte Schuljahr!
2. Das Komma bei Aufzählungen (gleichartigen Satzteilen)
3. Das Komma bei angehängten Satzteilen
4. Das Komma bei Anreden, Ausrufen, Bejahungen und Verneinungen
5. Das Komma bei Datum und bei Zeit- und Ortsangaben
6. Das Komma vor „und" und „oder"
7. Das Komma vor „als" und „wie"
8. Das Komma beim Bindewortsatz
9. Das Komma beim Fragewortsatz
10. Das Komma beim Erläuterungssatz (Beisatz und Rückwortsatz)
11. Das Komma beim zu-Satz
12. Das Komma beim Mittelwortsatz
    (Beispiel: Zu Hause angekommen, packten wir gleich unsere Koffer aus.)

XI. Schreibung der geläufigsten Fremdwörter

XII. Abkürzungen (z. B.: i. A., GmbH usw.)

XIII. Einführung in die Handhabung des großen Rechtschreibdudens für Erwachsene

Literaturhinweise zu D II und III

Anregungen und Stoffsammlungen für die Gestaltung des allgemeinen und speziellen Rechtschreibunterrichts

Bohusch, Otmar	Rechtschreiben (Nachhilfe Deutsch 4. Klasse). (Ehrenwirth Verlag)
Bünner, Erich	Rechtschreibdiktate aus dem Sachunterricht, 7./8. Klasse. (Ehrenwirth Verlag)
Dorrer, Ferd.	Kannst du richtig schreiben? Ein Wörterverzeichnis und ein Arbeitsheft für den Sprech- und Rechtschreibunterricht. (Verlag Serz & Co. GmbH)
Färber, Fritz	Frohes Schaffen mit der Rechtschreibfibel. (Bayerischer Schulbuch-Verlag)
Fikenscher, F.	Neue Kurzdiktate zum Rechtschreiblehrgang. Gestaltete Unterrichtsstoffe für das 3.–8. Schuljahr. Mit Auswertungen für Wortschatz, Sprachlehre und Rechtschreiben. (Michael Prögel Verlag)
Ders.	Rechtschreiblehrgang durch Kurzdiktate. Gestaltete Unterrichtsstoffe für das 5.–8. Schuljahr. (Michael Prögel Verlag)
Gollnick, Paul	Vollständige Groß- und Kleinschreibung und andere Schwierigkeiten in der Rechtschreibung. (Verlag Otto Schwartz & Co.)
Ders.	Vollständige Satzzeichenlehre. (Verlag Otto Schwartz & Co.)
Gressmann-Knillmann	Rechtschreibdiktate aus dem Sachunterricht, 5./6. Klasse. (Ehrenwirth Verlag)
Hauger, Wilhelm	Schule und Leben. 670 Übungen und Diktate in progressiver Reihenfolge aus der Lebensgemeinde des Kindes für alle Schuljahre. (Verlag Konkordia AG)
Hoffmann, Johannes	Entwickelnde Rechtschreibung, II. Teil, Oberstufe. (Hoch-Verlag)
Hopff/ Willi/Thiel, Hans/ Reininghaus, Wilhelm	Diktate aus dem deutschen Schrifttum. Eine Sammlung kurzer Texte für Rechtschreib-, Aufsatz- und Stilübungen. (Verlag Moritz Diesterweg)
Ibler, Martin	Rechtschreibung und Rechtschreibtraining. Ein Handbuch mit grundlegenden Feststellungen, mit vielgestaltigen Übungen, mit Aufgaben und Lösungen, mit Regeln und Nachschrifttexten. (Verlag Ludwig Auer)
Ders.	Sprachlehre und Rechtschreiben in Arbeitsaufgaben. Übungsaufgaben mit 90 Nachschriften, Teil I, 2. bis 4. Schuljahr, Teil II, 5. und 6. Schuljahr mit 150 Nachschriften. (Verlag Ludwig Auer Cassianeum)
Jägel, Wolf-Dietrich	Übungs- und Prüfungsdiktate zur Rechtschreibung und Zeichensetzung. (Ferdinand Schöningh)
Kade, Franz	Mein Lese- und Arbeitsbuch, 2. bis 4. Schuljahr (2 Bände). (Dümmlers Verlag)
Karnick, Rudolf	Redet um Sachen. (Verlag Julius Beltz)
Ders.	Mein Heimatort, Band I. (Verlag Julius Beltz)
Ders.	Mein Heimatort, Band II. (Verlag Julius Beltz)

Plickat, Hans Heinrich	Rechtschreibung leicht gemacht. (München/Gütersloh/Wien 1974)
Rösler, A./Geißler, G.	Die fröhliche Sprechschule. (Marhold Verlagsbuchhandlung)
Rüger, Karl	Lebensvolle Übungsnachschriften für das 2.–4. Schuljahr. (Michael Prögel Verlag)
Schmitt, Johann August	Nachschriften aus dem deutschen Schrifttum zur Stilpflege und Rechtschreibung (mit Erläuterungen und Aufgaben). (Hirschgraben-Verlag)
Sczyrba, Klaus	Lebensnahe Diktate mit zahlreichen Übungsmöglichkeiten für das 2. bis 9. Volksschuljahr. (Aloys Henn Verlag)
Wahl, Else	Rechtschreibübungen und Diktate für die 1. und 2. Klasse. (Ehrenwirth Verlag)
Dies.	Rechtschreibübungen und Diktate für die 3. und 4. Klasse. 6., völlig neu bearbeitete Auflage. (Ehrenwirth Verlag)

IV. Wege zur Differenzierung durch Aktivierung

Wir haben im Kapitel C III nachgewiesen, daß die Bildungs-, Auffassungs- und Leistungsdifferenzen in jeder Jahresklasse eine innere Differenzierung des Rechtschreibunterrichts notwendig machen. Wir schließen uns damit der „Defizittheorie" an (vgl. Kapitel B II, S. 38). Wenn man es mit der zu Recht geforderten Chancengleichheit ernst meint, dann kann diese nicht darin bestehen, die schichtenspezifischen Differenzen der Sprach- und Rechtschreibleistung als gesellschaftstypisch hinzunehmen und einfach so zu tun, als spielten diese Leistungen für das Fortkommen des einzelnen heute keine Rolle mehr. Jeder hat den Anspruch darauf, im Sprach- und Rechtschreibunterricht individuell optimal gefördert zu werden. Durch das dafür geeignete Verfahren der Unterrichtsdifferenzierung geben wir allen Schülern, deren sprachliche und Rechtschreibleistungen vorwiegend aufgrund ihrer Zugehörigkeit zu einer niederen Gesellschaftsschicht schwächer sind, die Gelegenheit zu einem Kodewechsel, die Gelegenheit zur Steigerung ihrer kommunikativen Kompetenz. Mit der Differenzierung des Sprachunterrichts und vor allem des Rechtschreibunterrichts leistet die Schule einen Beitrag zum Chancenausgleich, handelt sie sozial. Dieses Verfahren schließt eine Erziehung zur Toleranz gegenüber Kindern aus niederen sozialen Schichten, die diesen Anstieg nicht wollen oder nicht schaffen, keineswegs aus.
Im Kapitel C III sind wir auf die Schwierigkeiten eingegangen, die sich aus der Aufgabe der Differenzierung ergeben und die oft zur Resignation führen. Mit dem Thema dieses Kapitels greifen wir auf den erarbeiteten dritten und vierten rechtschreibmethodischen Grundsatz zurück und vertiefen die im Kapitel C IV gewonnene Erkenntnis, wonach eine echte und nachhaltig wirksame *Differenzierung*, die zugleich eine *Rationalisierung* verfolgen muß, letztlich nur durch *Aktivierung*, durch planmäßigen Einsatz von Arbeitsmitteln oder durch programmiertes Lernen realisierbar ist. Lernpsychologische Argumente sind für diese Einsicht ebenso ausschlaggebend wie die Bewahrung des Lehrers vor Überforderung. Wenn wir uns vergegenwärtigen, worauf die Differenzierung im einzelnen zielt, wird der Grundsatz der Rationalisierung durch Aktivierung zur Überzeugung.
Zunächst können wir innerhalb der für die ganze Klasse vorgesehenen Behandlung eines *gleichen* Stoffes differenzieren, wobei wir zwischen einer *quantitativen* und *qualitativen* Differenzierung unterscheiden. Unter quantitativer Sonderung verstehen wir die

Abstufung des Übungsstoffes nach der Menge, während mit qualitativer Sonderung unterschiedlich schwierige Übungsformen gemeint sind. Die erste Art nimmt auf das Arbeitstempo und auf die Konzentrationsdauer einzelner Schüler Rücksicht, mit der zweiten Art bemühen wir uns, verschiedenen Auffassungs- und Lernweisen gerecht zu werden. – Neben diesen Differenzierungsmöglichkeiten im Rahmen eines gleichen Themas können wir nun auch noch je nach Begabung bzw. Fehlerneigung bei der Aufgabenstellung entsprechend *verschiedenen* Stoff anbieten, bei dem es wiederum eine quantitative und qualitative Sonderung geben sollte. Die nachstehende Übersicht mag diese grundsätzlichen Differenzierungsmöglichkeiten noch verdeutlichen:

Differenzierung

a) bei gleichem Thema	**b) durch verschiedene Themen**
1. quantitativ Art: Abstufung der Stoffmenge	1. quantitativ Art: Abstufung der Stoffmenge durch weitere Rechtschreibfälle (Themen)
Ziel: Rücksichtnahme auf Arbeitstempo und Konzentrationsdauer (Begabungshöhe)	Ziel: wie bei a) 1.
2. qualitativ Art: Unterschiedliche Übungsformen	2. qualitativ Art: Innerhalb eines besonderen (weiteren) Rechtschreibfalles unterschiedliche Übungsformen
Ziel: Berücksichtigung der Lern- und Auffassungstypen (Begabungsrichtung)	Ziel: wie bei a) 2.

Allein diese Übersicht deutet an, welche organisatorischen Probleme sich für einen solchen Unterricht ergeben. Wir werden uns hier zunächst mit der unter a) aufgezeigten Sonderung befassen. Die sich aus der Darstellung unter b) ergebende Aufgabe wird im Kapitel D V erörtert. Bevor wir uns praktischen Beispielen einer Differenzierung durch Aktivierung zuwenden, wollen wir noch prüfen, ob es nicht doch Möglichkeiten der Differenzierung ohne Verwendung besonderer Arbeitsmittel gibt, die einen Erfolg versprechen und vielleicht schon aus diesem Grunde im Unterricht zu verantworten sind.

a) Differenzierungsmöglichkeiten ohne Arbeitsmittel

Eine der wichtigsten Übungsformen ist das Übungsdiktat (vgl. S. 119f.). Daran wollen wir einige Beispiele der Differenzierung aufzeigen.[1]

Vorbereitung eines Übungsdiktats

Wenn wir annehmen, daß eine Klasse in drei Leistungsgruppen aufgegliedert ist, kann die leistungsschwächste (die Gruppe A) den an der Tafel oder im Buch vorgegebenen Text einmal als Ganzes abschreiben oder, besonders in den unteren Klassen, auch ein zweites Mal. Die mittlere Leistungsgruppe (B) schreibt die Sätze ab, in denen für die Kinder schwierige oder neue Wörter vorkommen. Die obere Leistungsstufe (Gruppe C) schreibt nur die vorher gekennzeichneten schwierigen oder neuen Wörter heraus. Wir müssen nun darauf achten, daß die Gruppen B und C, da sie bald mit ihrer Arbeit fertig sind, nicht untätig dasitzen. Sie müssen also weitere Aufgaben erhalten, die über die unmittelbare Diktatvorbereitung hinausgehen. Sie könnten z. B. zu den schwierigen Wörtern, soweit diese dazu geeignet sind, abgewandelte Formen oder Wortverwandtschaften suchen (etwa beim Hauptwort die Mehrzahl bzw. Einzahl, beim Zeitwort die du- und er-Form und Wortfamilien). Daraus ergibt sich ein weiteres Problem, nämlich das der Kontrolle. Wir können den Kindern gestatten, das Wörterbuch zu benutzen, aber das ist bereits ein Lernhilfsmittel. Also muß der Lehrer die Überprüfung der Arbeiten übernehmen.

Die Wörter einzelner Sätze oder des ganzen Diktats nach dem Alphabet ordnen zu lassen, ist eine quantitative und zugleich qualitative Sonderung, deren Ausführung keiner zusätzlichen Kontrolle bedarf, weil das einzelne Wort vorgegeben ist und unverändert bleibt.

Wir können natürlich auch die Schüler der B- und C-Gruppe, die frühzeitig mit ihren Arbeiten fertig sind, mit anderen Aufgaben außerhalb des Rechtschreibunterrichts beschäftigen, mit Sachkunde- oder Mathematikaufgaben. Es fragt sich allerdings, ob sich das für die relativ kurze Zeit lohnt und ob ein solches Verfahren nicht leicht zu einer bloßen Beschäftigungstheorie absinkt.

Eine andere Art der differenzierten Vorbereitung eines Übungsdiktats: An der Tafel einer dritten Klasse steht etwa folgender Text, der von

[1] Die hier angeführten Beispiele wurden in Gruppenarbeit während der Lehrgänge herausgestellt und diskutiert.

den einzelnen Gruppen der Klasse in unterschiedlicher Länge zunächst abgeschrieben wird:

Der Marktplatz[2]

Auf dem Marktplatz wurden vor alter Zeit die Märkte abgehalten. Die Marktleute legten ihre Ware auf die Erde. Später verkauften die Händler ihre Waren auf Bänken. (26) Dann bauten sie sich Läden. (31) Deshalb gibt es am Marktplatz heute noch so viele Geschäftshäuser und Wirtshäuser. (44)

Der Lehrer bespricht noch die Schreibweise bestimmter Wörter, und dann folgt die Partnerarbeit in den drei Leistungsgruppen. Die leistungsschwachen Schüler diktieren den leistungsstarken den ganzen Text. Vorteil: Die schwächeren Kinder sehen und lesen noch einmal alle Sätze und können sich manches Wortbild gut einprägen. Schwierigkeit: Die Gruppen C und A müssen zahlenmäßig gleich stark sein, allenfalls können in der A-Gruppe (der Diktierergruppe) weniger Kinder sein. Im umgekehrten Falle müssen einige A-Schüler anderweitige Aufgaben erhalten, weil sie keinen Diktatpartner haben. – Die Kinder der Gruppe B diktieren sich gegenseitig den Text der 35 Wörter. Vorteil: Jedes Kind kann sich besser konzentrieren, weil es nicht überfordert wird. Nachteil: Die eine Hälfte dieser Gruppe ist gegenüber der anderen benachteiligt, weil sie den Text vor dem Partnerdiktat nicht insgesamt überschauen und sich einzelne Wörter nicht einprägen kann.

Es wird immer schwer sein zu erreichen, daß die Gruppen mit ihrem Partnerdiktat zur gleichen Zeit fertig sind. Aber im allgemeinen sind die leistungsstarken Schüler auch die schnelleren, so daß die verschiedenen Leistungsgruppen auch annähernd die gleiche Arbeitszeit brauchen. In den Fällen, da schwache Rechtschreibleistung nicht mit langsamem Arbeitstempo identisch ist, müssen zusätzliche Aufgaben bereitstehen, damit kein Leerlauf eintritt.

Die Vorbereitung des Diktats kann sich natürlich auch auf die rein quantitative Differenzierung beschränken, indem wir die drei Leistungsgruppen unter sich die in der Länge unterschiedlichen Diktate partnerweise üben lassen.

Auch innerhalb des Partnerdiktats selbst können wir differenzieren: Die Leistungsstärkeren lassen wir ohne Überwachung schreiben. Die Leistungsschwächeren werden beim Schreiben eines jeden Wortes von ihren Partnern beobachtet, so daß sich kein Fehler einschleichen

[2] Der Text des Diktats ist dem Buch von Else Wahl „Rechtschreibübungen und Diktate für die 1./2. Klasse" entnommen.

kann. Einen recht brauchbaren Vorschlag der weiteren Differenzierung macht *H.-D. Heller*[3], indem er die Wörter, die beinahe falsch geschrieben worden wären, unterstreichen und später besonders üben läßt. Nach etwa fünf „Fehlern" sollen alle Kinder aufhören und nun entweder mit der besonderen Übung beginnen oder im Partnerdiktat wechseln. Der Vorteil besteht darin, daß aufgrund der unterschiedlichen Fehlleistung eine quantitative und qualitative Differenzierung erfolgt. Jedoch bringt auch hier die anschließende Fehlerbehandlung eine zeitliche Verschiebung in den einzelnen Leistungsgruppen mit sich, so daß der Lehrer wieder zusätzliche Übungen bereit haben muß.
Ein weiteres Beispiel, entnommen den „Handreichungen für einen gegenwartsbetonten Unterricht", Heft 5/1965, Verlag Moritz Diesterweg:
Fünftes bis sechstes Schuljahr
Unterrichtsziele: Die Schüler sollen lernen, daß man unter bestimmten Voraussetzungen Zeitwörter groß schreibt.
Sie sollen die Regel nennen können, wonach Zeitwörter nach einem verschmolzenen Artikel groß geschrieben werden.
An der Tafel steht:

Wasser quillt aus dem Pflaster

Das ist doch komisch, dachte ich, als ich heute morgen aus der Haustür trat, da sickert Wasser aus dem Pflaster. Aha, dachte ich, als ich am Nachmittag zurückkehrte, die buddeln. Ich ging hin und sah ...

Ein Schüler liest den Text vor. Der Lehrer gibt differenzierte Arbeitsanweisungen, die an einer zweiten Tafel stehen. Die Gruppe C (die Leistungsstärkeren) erhalten folgenden Auftrag: Schreibe gemeinsam mit deinem Nachbarn weiter! Verwende folgende Wörter: *beim Aufschichten* der Steine, *beim Niederbücken, beim Freilegen* des Rohres, *im Knien, im Vorbeigehen, zum Schweißen*. Die B-Gruppe bekommt einen den Inhalt des Tafeltextes ergänzenden Lückentext und soll gemeinsam mit dem Tischnachbarn die Wörter der Gruppe C in den Text einsetzen. Das Ganze soll dann dem Nachbarn wechselseitig diktiert werden. Der Gruppe A verteilt der Lehrer den vollständigen Text der Gruppe B, der von den Kindern in Einzelarbeit abgeschrieben werden soll.
Der Lehrer befindet sich während dieser etwa 20 Minuten dauernden Arbeit vor allem bei den Gruppen A und B. Er hilft und kontrolliert.

---

[3] H.-D. Heller, Ein Vorschlag zur differenzierenden Rechtschreibung. In: Die Scholle, Heft 4/66.

Wenn alle mit der Arbeit fertig sind, werden Arbeitsproben der Gruppe C verlesen und besprochen. Eine Arbeit wird ausgewählt und soll am nächsten Tag der Klasse diktiert werden. (Ende des Beispiels aus den „Handreichungen".)

Wenn der beste von den Kindern verfertigte Aufsatz, der nur vorgelesen wurde, das künftige Diktat werden soll, ist nicht die Gewähr gegeben, daß die leistungsschwächeren Kinder die einzelnen Wortbilder überhaupt aufgenommen und geübt haben. Den Kindern müßte also dazu noch die Gelegenheit geboten werden, wenn es sich um eine wirkliche Diktatvorbereitung handeln soll. Andernfalls könnten wir nur von differenzierten Übungsformen im Rechtschreibunterricht sprechen. Bei dem Auftrag der C-Gruppe handelt es sich um eine Mischung von Stilübung und Rechtschreibübung (vgl. Freies Schreiben, S. 127f.).

Die Art und Weise, wie in diesem Beispiel die Großschreibung von Zeitwörtern nahegebracht werden soll, ist zwar im Rahmen eines solchen Themas möglich, bringt aber doch eine unnatürliche Häufung von gleichen Schreibweisen, so daß die Gefahr eines mit bestimmten Schwierigkeiten angehäuften Textes besteht. Wenn die speziellen Schreibweisen in der Art dieses Beispiels vorgegeben sind, fehlt außerdem die Motivation. Wir könnten sie in diesem besonderen Rechtschreibfalle besser erreichen, wenn wir die verschmolzenen Artikel am . . ., beim . . ., im . . ., vom . . ., zum . . . einzeln behandeln und etwa so vorgehen:

Sie haben genug davon. Mario will nicht mehr boxen. Inge will nicht mehr schwimmen. Elke will auch nicht mehr naschen ... **Wir können das auch anders schreiben:** Mario hat genug vom Boxen. Inge hat genug vom...

Das Diktieren

Indem wir zwischen dem Lehrerdiktat und dem Partnerdiktat (Nachbar-, Helferdiktat) unterscheiden, nehmen wir schon grundsätzlich eine Differenzierung des Diktierens vor.

Bei einem *Übungsdiktat* nach einem den Kindern zur Verfügung stehenden Text aus dem Lesebuch oder einem Leseheft gestatten wir den schwächeren Kindern, den Text neben sich liegen zu haben und im Notfall nachzuschauen. Dadurch wird den Kindern jede die Fehlsamkeit vergrößernde Angst genommen.

Verschiedenen Leistungsgruppen können wir auch unterschiedlich lange Übungsdiktate geben, womit wir quantitativ und hinsichtlich der zusätzlichen Schwierigkeit durch weitere Wörter auch qualitativ differenzieren. Dabei ist es ratsam, den einzelnen Leistungsgruppen diese Diktate nacheinander zu geben und den jeweils nicht mit dem Diktat beschäftigten Kindern andere Aufgaben zu stellen. – Abwegig jedoch ist die Differenzierung der Länge und der Schwierigkeit innerhalb einzelner Sätze eines sinnganzen Textes. Damit wird nicht nur die Bereitung des Textes durch den Lehrer erschwert, sondern auch das Diktieren. Vor allem aber entstehen dabei durch Beifügungen meistens künstlich erweiterte und damit stilistisch unschöne Sätze.

Kontrollmöglichkeiten

Je nach Leistungsfähigkeit einzelner Gruppen können wir die Lehrer-, die Partner- und die Selbstkontrolle anwenden. Bei der Selbstkontrolle unterscheiden wir zwischen der selbständigen Überprüfung eigener Arbeiten mit Hilfe einer Vorlage oder des Wörterbuches und der absoluten Eigenkontrolle ohne jede Vorlage, die wir natürlich nur den allerbesten Rechtschreibern zumuten können und die sich vorwiegend auf die Flüchtigkeitsfehler bezieht.

Fehlerkennzeichnung

Wir haben bereits bei der Behandlung des Diktats als Übungs- und Prüfungsform darauf hingewiesen, daß der Lehrer die Möglichkeit hat, die Fehlerkennzeichnung je nach Rechtschreibfähigkeit einzelner Schüler zu differenzieren. Bei den schwächsten Schülern verbessern wir die Fehlerstelle im Wort oder schreiben das ganze Wort richtig über das falsch geschriebene Wort, damit sich das Schriftbild besser einprägt. Diese Art der Verbesserung wird vor allen Dingen in den unteren Klassen angewandt. Wir haben ferner die Möglichkeit, das ganze Fehlerwort zu unterstreichen, damit der Schüler selbst die falsche Stelle finden soll. Eine weitere Möglichkeit der differenzierten Fehlerkennzeichnung besteht darin, lediglich am Zeilenrand den betreffenden Fehlervermerk zu machen (vgl. S. 126). Schließlich brauchen wir bei den leistungsstärksten Schülern nur die Anzahl der Fehler unter den gesamten Text zu schreiben. Sogar in einer Arbeit eines einzelnen Schülers kann man gelegentlich eine differenzierte Fehlerkennzeichnung vornehmen, vor allem dann, wenn deutlich die Unterscheidung zwischen „Flüchtigkeits"- und strukturell-funktionalen Fehlern möglich ist (vgl. auch Kapitel D V).

Beurteilung (Zensierung)

In unserem Schulwesen ist gesetzlich festgelegt, die Leistungen der Schüler nach sechs Stufen zu beurteilen, die wir in den Noten 1 bis 6 ausdrücken. Auch die Rechtschreibleistungen müssen so zensiert werden, obwohl Rechtschreiben nicht einheitlich in allen Zeugnisformularen als gesondertes Fach ausgeschrieben ist, sondern oft in „Deutsch - schriftlich . . ." erfaßt wird. Wenn wir auf das unterschiedliche Leistungsvermögen unserer Schüler Rücksicht nehmen, wie verhalten wir uns dann bei der Zensierung der Arbeiten, die ja alle unter verschiedenen Voraussetzungen und Vorarbeiten angefertigt sind? Zum Teil sind wir schon im Rahmen der Beschreibung des Diktats (S. 126) auf diese Frage eingegangen und brauchen in diesem Zusammenhang das dort Gesagte nur zu bekräftigen und um ein geringes zu ergänzen. *Prüfungsdiktate* haben den Sinn, die Leistungen der Schüler in gewissen Zeitabständen zu testen. Sie werden zensiert, und zwar objektiv, weil sie etwa vom dritten oder vierten Schuljahr an nicht mehr direkt vorbereitet werden. Hier sind die leistungsstarken und die leistungsschwachen Schüler nach einem *gleichen Maßstab* zu beurteilen. Das schließt nicht aus, daß wir *Übungsarbeiten* subjektiv, also *differenziert*, beurteilen. In diesem Falle allerdings muß die Zensierung in freier Form erfolgen, „Gut so!", „Schon besser!", „Gib dir weiter Mühe!" usw., weil es sonst zu einer Inflation der Zensur kommt und wir den objektiven Maßstab verlieren.

Fehlerbehandlung

Da diese Aufgabe umfangreich und vielseitig ist, bedarf sie einer ausführlichen Erörterung, die im Kapitel D V vorgesehen ist. Deshalb können wir an dieser Stelle auf die Behandlung dieses Themas verzichten. –

Wir haben gezeigt, daß es Möglichkeiten der Differenzierung ohne Verwendung von Arbeits- und Lernhilfsmitteln gibt. Es sollten Anregungen sein, und jeder Lehrer kann weitere Wege finden. Es steht aber wohl außer Zweifel, daß solch ein differenzierender Rechtschreibunterricht organisatorisch Schwierigkeiten bereitet und eine große Belastung des Lehrers ist, die sich nicht mit den heutigen Rationalisierungsbestrebungen vereinbaren läßt. Überdies bleibt noch ein wesentlicher psychologischer und praktischer Faktor im Lernprozeß unberücksichtigt, nämlich die Selbsttätigkeit des Schülers. „Durch ein umfangreiches Angebot von einfachen Arbeitsmitteln die Möglichkeit der individuellen Förderung zu nutzen, erscheint als eine der dringlichsten Aufgaben unserer Unterrichtsarbeit. Dabei sollten die Ergebnisse der um die ‚Arbeits- und Selbstbildungsmittel' geführten Diskussion ebenso ausgewertet werden wie die im Zusammenhang mit dem Programmierten Unterricht entwickelten Lernhilfen. Ohne geeignete Arbeitsmittel wird jeder Versuch, die Schüler zur Eigentätigkeit und zum selbständigen Lernen zu führen, scheitern müssen."[4]

b) Differenzierungsmöglichkeiten unter Verwendung von Arbeitsmitteln

Obwohl wir der Auffassung sind, daß die eigene Herstellung von Arbeitsmitteln in Anbetracht der großen Anforderungen, die heute an jeden Lehrer gestellt werden, nicht mehr zumutbar ist, möchten wir den Lehrern, die trotzdem Mut und Zeit dazu haben, einige Anregungen geben. Wir begnügen uns damit, auf vier Bücher hinzuweisen, und es muß dem Leser selbst überlassen bleiben, inwieweit er die dort angeführten Beispiele in seiner eigenen Schulpraxis verwertet.

Walter Jeziorski, Selbstbildungsmittel in der Grundschule. Westermann-Taschenbuch.

Johann Harsche, Produktive Selbsttätigkeit in der Grundschule durch sinnvolle Arbeitsmittel. Westermann Verlag.

Johann Harsche, Produktive Selbsttätigkeit in der Oberstufe durch sinnvolle Arbeitsmittel. Westermann Verlag.

Hermann Holstein, Arbeitsmittel im Unterricht. Kamp Verlag.

Von den gegenwärtigen Angeboten von Arbeitsmitteln für den Rechtschreibunterricht (siehe Literaturhinweise) erfolgte besonders unter dem Aspekt der Differenzierungsmöglichkeit eine kleine Auswahl. Ihren zum Teil recht unterschiedlichen Inhalten und Absichten entsprechend, können diese Arbeitsmittel auch in unterschiedlicher Weise als differenzierende Lernhilfen im Unterricht eingesetzt werden. Erst wenn der gegenstandstheoretischen Prüfung (als Kriterium gilt die Beachtung rechtschreibmethodischer Grundsätze) die praktische Erprobung folgt, ergibt sich ein klares Bild über den Wert eines Arbeitsmittels.

Paul Bischoff, Rechtschreibarbeitshefte für das 2. bis 9. Schuljahr. Lern- und Übungsmittel zur Aktivierung und Differenzierung des Rechtschreibunterrichts. Georg Kallmeyer Verlag.

Durch schrittweise, vom Leichten zum Schwierigen aufgebaute Übungen erlernen die Schüler mit Hilfe der Rechtschreibarbeitshefte die Rechtschreibung vorwiegend selbsttätig, wobei das für den Rechtschreibunterricht wichtige Prinzip der Gewöhnung durch immanente Wiederholung beachtet ist. Alle Aufgaben sind nach Schwie-

[4] Margret Fischer, Wege zur inneren Differenzierung des Unterrichts durch programmierte Arbeitsmittel.

rigkeiten differenziert und unter Annahme von drei verschiedenen Leistungsgruppen innerhalb einer Jahrgangsklasse mit A, B und C bezeichnet. Die ständige Kontrolle mit Hilfe eines Kontrollheftes ist lernpsychologisch bedeutungsvoll: Der Schüler kann die Schritte seines Lernens sofort überprüfen, die fortwährende Beobachtung seines Lernerfolges wirkt sich positiv auf die weitere Lernbereitschaft aus (vgl. Kapitel B I). Diese Kontrolle verhindert außerdem die Einprägung falsch geschriebener Wortschriftbilder oder falscher Lösungen, und sie führt nach und nach zur Sicherheit im selbständigen Überprüfen eigener Arbeiten.

In den drei Rechtschreibarbeitsheften für die Grundschule enthält jeweils der erste Teil ausgewählten Übungsstoff in Verbindung mit dem Sachunterricht. Die Themen und der Wortschatz sind so gehalten, daß sie sich der örtlichen Situation anpassen lassen. Die wesentlichen Wörter der betreffenden Sacheinheit sind in Sinngruppen zusammengefaßt, und mit ihnen führt der Schüler vielseitige Übungen durch, z. B. Abschreiben, Auswendigaufschreiben, Reihenbildung, Abwandlung und Neubildung von Wörtern, Lückentexte u. a. Diese allgemeinen Rechtschreibübungen des sachganzheitlichen Teils dienen besonders der Erweiterung und Festigung des Wortbildschatzes und dem Erkennen von Wortveränderungen und Wortverwandtschaften (Einzahl – Mehrzahl; Grundform – Zeitform usw.).

Der zweite Teil der Hefte für die Grundschule behandelt die speziellen Rechtschreibfälle, mit der Förderung des Lautbewußtseins im zweiten Schuljahr beginnend und in der Anwendung der rechtschreiblichen Lösungsmittel sich in den folgenden Schuljahren steigernd. Bei der Behandlung der einzelnen Rechtschreibthemen (ähnlichklingende Laute, Endlautschreibung, Buchstabenverdoppelung usw.) kann man sich nach dem jeweiligen Bedürfnis richten, ohne dabei an ein bestimmtes Sachthema gebunden zu sein. Dennoch läßt sich durch besondere Aufgaben die Verbindung zu dem gerade behandelten Sachthema herstellen. Die Konzentration der speziellen Rechtschreibübungen unter Verzicht auf den meist künstlichen Rahmen eines zusammenhängenden Textes gewährleistet eine größere Übungsintensität und damit einen besseren Lernerfolg.

Die letzten Seiten der Grundschulhefte enthalten jeweils ein Verzeichnis sogenannter „kleiner“ Wörter als Hilfe für selbständige Schreibübungen.

Die zwei Arbeitshefte für die Hauptschule (5. bis 9. Schuljahr) enthalten abwechslungsreich gestaltete Lern- und Übungsstoffe nach rein rechtschreiblichen Gesichtspunkten. Sie schließen sich an die speziellen Rechtschreibübungen der Grundschule an und bauen darauf auf. Diese Arbeit setzt sich also kontinuierlich bis in das neunte Schuljahr fort. Auch hierbei sind die lernpsychologischen Grundsätze *vom Leichten zum Schwierigen* und *Selbständigkeit im Erarbeiten des Stoffes und im Überprüfen der Lernschritte* durch differenzierte Aufgaben und Kontrollhefte beachtet. Am Ende jedes Heftes stehen zusammengefaßt in einfacher Form die Regeln mit Beispielen, auf die die vorangegangenen Übungen hinzielten.

Fritz Färber, Frohes Schaffen mit der Rechtschreibfibel. Bayerischer Schulbuch-Verlag.
Dieses 176 Seiten umfassende Buch ist nach rein rechtschreiblichen Gesichtspunkten aufgebaut und deshalb für den speziellen Rechtschreibunterricht in Form der Stillarbeit in der Grundschule gedacht. Es verzichtet auf den Rahmen von Lebensgebieten. Dafür kann es unabhängig von jeder Jahreszeit und von jedem Sachthema je nach Bedarf eingesetzt werden. Das Buch bietet zahlreiche Übungsmöglichkeiten phonetisch-phonologischer und logischer Art. Das Prinzip der Lückentexte ist in bezug auf den Übungsanfang vielfach stark an die Methode Richard Langes angelehnt (vgl. S. 115). Lösungen zu den Aufgaben mit der Möglichkeit der Selbstkontrolle sind nicht gegeben.

Hans Heumann und Mitarbeiter in Verbindung mit der Arbeitsgemeinschaft für Leistungsmessung in der Volksschule, Soltau, Übungshefte zur Rechtschreibung (3., 4. und 5. Schuljahr). Tellus-Verlag.
Die jeweils 32 Seiten umfassenden Übungshefte haben die Behandlung bestimmter Rechtschreibfälle zum Ziel. Das Heft für das dritte Schuljahr enthält grundsätzlich und die anderen Hefte enthalten stellenweise die Kombination von sinnganzem Sachtext und spezieller Rechtschreibung. Die zu einem Rechtschreibthema gestellten Aufgaben sind nach Schwierigkeitsgraden abgestuft. Die am häufigsten falsch geschriebenen Wortformen werden in den Übungen berücksichtigt. Am Anfang mancher Übungen stehen Häufungen von Rechtschreibschwierigkeiten (z. B. Heft 4: *gs, ks, cks, chs, x*; oder: *v, f, ph, pf*). Vom vierten Schuljahr an wird die Arbeit durch eine Regel eingeleitet, erst dann folgen die Übungen. Es wird mit Lückentexten und Wortlücken gearbeitet. Für die Kontrolle der Aufgaben steht jedem Schüler ein Lösungsheft zur Verfügung. Ein Doppelblatt mit „Soltauer Prüfungsaufgaben" ist beigelegt.

Walter Kießl, Jeha Rechtschreibkartei und Arbeitshefte zur Kartei. Verlag Dr. Jensen, Jeha Lehrmittelanstalt, Hamburg.
Die Jeha Rechtschreibkartei besteht aus 5 Teilen. Der Teil I soll neben der Fibel vorwiegend zum Lesenlernen verwendet werden. Der Teil II (ab 2. Schuljahr) bietet 36 Karten (DIN A 5) mit insgesamt 36 verschiedenen Sachthemen aus der näheren Umwelt des Kindes und aus der Märchenwelt. Hier sollen die Kinder einen bestimmten Wortbestand aus den Sachthemen richtig schreiben lernen. Sie lesen zunächst den Text der Karteikarte und schreiben ihn dann in das Arbeitsheft ein. Dabei sind fehlende, durch kleine Zeichnungen bildlich dargestellte Wörter einzusetzen. Die Kinder finden diese Wörter in anderer Reihenfolge am unteren Rande der entsprechenden Heftseite. Da zu jedem der 36 Themen nur eine Karteikarte vorhanden ist, muß zur gleichen Zeit praktisch jedes Kind ein anderes Sachthema behandeln. Die Teile III (ab 3. Schuljahr), IV (ab 4. Schuljahr) und V (ab 5. Schuljahr) sind nach rein rechtschreiblichen Gesichtspunkten aufgebaut und bieten Übungen zur Anwendung des phonetisch-phonologischen oder des logischen Lösungsmittels. Jeder Teil der Kartei enthält 36 verschiedene Rechtschreibthemen mit je einer Karte. Jede Karte, mit der immer zuerst gearbeitet werden soll, gibt dem Schüler Hinweise oder die Regel für die Lösung eines bestimmten Rechtschreibproblems. Dann schließt sich die erste Übung an, die gleichzeitig als Überprüfung des Könnens anzusehen ist, und zwar durch Ausfüllen von Lückentexten, Wortlücken und Tabellen oder durch Wortzusammensetzungen und -ergänzungen im Arbeitsheft. Manche Heftseite ist inhaltlich und vor allem graphisch überladen. Zu den Aufgaben stehen am Ende eines jeden Arbeitsheftes in sehr kleinem Schriftgrad die Lösungen.

Carla Petersen/Elise Feddersen, Richtig schreiben für das 8., 9. und 10. Schuljahr. Ferd. Dümmler Verlag.
Auf 80 Arbeitskarten im Format DIN A 6 werden mit 160 Texten und 480 Arbeitsanweisungen Rechtschreibübungen aus allen Bereichen der Rechtschreibung angeboten. Die Übungen sind zur Festigung des im Klassenunterricht Erlernten gedacht. Von einem ausgewählten, für Hauptschüler recht anspruchsvollen Text ausgehend, werden grundsätzlich Aufgaben zur Zeichensetzung und dann weitere Anweisungen aus den verschiedensten Rechtschreibgebieten gegeben. Eine Karte behandelt also nicht nur ein Rechtschreibthema. Zu allen Auf-

gaben der Karten für das 8. und 9. Schuljahr finden sich die Lösungen auf den Karten für das 10. Schuljahr und umgekehrt.

J. Scherl u. a., Bild-Wort-Karten, ein Arbeitsmittel für die Grundschule. Verlag Michael Laßleben.
Es handelt sich um ein Arbeitsmittel für den allgemeinen Rechtschreibunterricht, das aus 6 Serien zu je 8 Doppelkarten (DIN-A6-Format) besteht und für drei Grundschuljahre 48 Sachthemen umfaßt. Die eine der Doppelkarten enthält bildliche Darstellungen aus einem bestimmten Sachbereich, z. B. ,,Am Morgen", ,,Im Kaufladen" usw. Die andere Karte bringt den entsprechenden Wortbestand der Bildkarte in Schreibschrift. Die Kinder haben dadurch die Möglichkeit zu einem stillen Selbstdiktat mit Hilfe der Bildkarte und können es mit dem Text der zweiten Karte vergleichen und notfalls sofort berichtigen. Es folgen dann auf der zweiten Karte noch 10 Abschreibübungen, mit denen auf visuelle Weise durch immanente Wiederholung bestimmter Wörter die Rechtschreibfertigkeit im Rahmen eines Sachgebietes allgemein gefördert werden kann.

Helmut und Helge Tamm und Mitarbeiter, Lies mit uns, schreib mit uns. Verlag Julius Beltz.
Für die Sonderbehandlung lese- und rechtschreibschwacher Kinder des 3. und 4. Schuljahres (für Rechtschreib-Fördergruppen) bietet dieses 126 Seiten umfassende Arbeitsbuch eine Fülle von abwechslungsreichen Übungen ganzheitlicher und einzelheitlicher Art. Neben Abschreibübungen, Rätseln, Denkaufgaben und auszufüllenden Lückentexten sind die Kinder angeregt, mit Schere, Wortkarten und Buntstift zu arbeiten. Meist von Sprachganzen aus dem Lebensraum der Kinder ausgehend, werden ihnen durch immer neue Übungen optische und akustische Gliederungshilfen gegeben und Möglichkeiten geboten, manche Rechtschreibprobleme denkend zu bewältigen. Da zu den Aufgaben die Lösungen fehlen, muß der Lehrer die Kontrolle der Arbeiten selbst übernehmen.

H. Wenthke/D. Reichart, Der Kompaß für den Deutschunterricht. Regent Verlag.
Dieses Arbeitsmittel hält mit seinen muttersprachlichen Übungen grundsätzlich die enge Verbindung mit der Sachkunde, in der Grundschule mit der Heimatkunde, in der Hauptschule mit den Fachkundefächern. Für das 2. bis 8. Schuljahr gibt es je eine Faltmappe mit 30

Arbeitskarten zu 30 verschiedenen Sachthemen im Format DIN A 5, für die Grundschule zu jedem Thema eine Karte, die zweiseitig bedruckt ist, für die Hauptschule zu jedem Thema eine Doppelkarte, vierseitig bedruckt. Die Vorderseite jeder Karte enthält eine Zeichnung zur Einstimmung in das betreffende Sachthema. Darunter steht ein dem jeweiligen Schuljahr in Inhalt und Umfang angemessener sinnganzer Text, der ganz oder in Ausschnitten als Vorlage für Übungsdiktate dienen kann. Die Aufgaben sind durchweg für alle Schuljahre unterteilt in Übungen zur Sprachlehre, Übungen zur Rechtschreibung und Übungen zur sprachlichen Gestaltung. Die speziellen Rechtschreibübungen sind also nicht nach dem System der Rechtschreibung aufgebaut, sondern werden von den innerhalb eines Sachthemas sich anbietenden Beispielen abgeleitet. Die Übersicht über behandelte oder noch zu behandelnde Rechtschreibthemen wäre erschwert, wenn nicht jeder Mappe ein Arbeitsplan beiläge. Kontrollkarten zum selbständigen Überprüfen der Arbeiten sind nicht vorhanden.

Literaturhinweise

Bönsch, Manfred	„Die ‚kleinen Möglichkeiten' der Differenzierung im Unterricht". In: Lehren und Lernen, Heft 2, 1968.
Ders.	Differenzierung des Unterrichts. Methodische Aspekte. München 1970.
Ders.	„Zum Problem der äußeren Differenzierung des Unterrichts". In: Die Deutsche Schule 7/8, 1969.
Correll, Werner	Unterrichtsdifferenzierung und Schulorganisation. Hannover 1969.
Fischer, Margret	Die innere Differenzierung des Unterrichts in der Volksschule. Weinheim 1964.
Dies.	Wege zur inneren Differenzierung des Unterrichts durch programmierte Arbeitsmittel. Weinheim 1968.
Gantzer, Sabine	„Innere Differenzierung im Unterricht der ersten beiden Schülerjahrgänge". In: Pädagogische Welt, Heft 9/71.
Harsche, Johann	Produktive Selbsttätigkeit in der Grundschule durch sinnvolle Arbeitsmittel. Braunschweig 1952.
Heller, Hans-Dieter	„Ein Vorschlag zur differenzierenden Rechtschreibung". In: Die Scholle, Heft 4, 1966.
Hopf, Diether	Differenzierung in der Schule. Stuttgart 1974.
Holstein, Hermann	Arbeitsmittel im Unterricht. Bochum o. J.
Jeziorski, Walter	Selbstbildungsmittel in der Grundschule. Braunschweig 1965.
Kumetat, Heinz	„Zum Problem der Differenzierung in Grundschule und Hauptschule." In: Lehren und Lernen 11/1970
Mager, Robert F.	Lernziele und Programmierter Unterricht. Weinheim 1969.
Merkle, Siegbert	Die innere Differenzierung des Unterrichts in der Grundschule. Donauwörth 1972.

Nicklis, Werner S. (Hrsg.)	Programmiertes Lernen. Bad Heilbrunn/Obb. 1969.
Plickat, Hans-Heinrich	„Innere Differenzierung und programmiertes Lernen im Rechtschreibunterricht". In: Hamburger Lehrerzeitung Nr. 14, 1966.
Schiefele, Hans	Programmierte Unterweisung. Ergebnisse und Probleme aus Theorie und Praxis. München 1964.
Schöler, Waltraut	Zur schulpädagogischen Integration des Programmierten Unterrichts. Ratingen bei Düsseldorf 1967.
Schubert, U.	„Erfahrungen bei dem Einsatz von Rechtschreibprogrammen". In: Neue Unterrichtspraxis 1968/1.
Schulze, Walter	Der Wortschatz in der Grundschule. Stuttgart o. J.
Stöckel, Helfried	„Differenzierung im Rechtschreibunterricht einer Jahrgangsklasse (4. Schuljahr)". In: Pädagogische Welt, Heft 6/1969.
Wolfhard, Manfred	„Differenzierung im Rechtschreibunterricht der Grundschule". In: Unterricht heute, Heft 11/1970.

Arbeitsmittel und Lernprogramme

Anselm, Winfried/Mißberger, Vera/Rumor, Marlies u. Schmiedeberg, Joachim	48 Analogiekarten zum Lesenlernen. (Ferd. Dümmlers Verlag)
Bischoff, Paul	Rechtschreibarbeitshefte für das 2. bis 9. Schuljahr zur Aktivierung und Differenzierung des Rechtschreibunterrichts. (Georg Kallmeyer Verlag)
Ders.	Rechtschreibtaschenbuch für Schule und Beruf. Rechtschreibschwierigkeiten und Regeln. (Georg Kallmeyer Verlag)
Bohusch, Otmar	Rechtschreiben mit besonderer Berücksichtigung des Übertritts in weiterführende Schulen. Nachhilfe Deutsch. (Ehrenwirth Verlag)
Breuer, Heinrich/ Rutt, Theodor	Eine Muttersprachschule. Unterrichtsmittel für die Still- und Gruppenbetätigung. (Verlag Henn)
Carstensen	Schreibe richtig! Übungsheft zur Rechtschreibung. (Hans Oldenburg Verlag)
Engelhardt, Hubert/Thon, Konrad/Balzer, Theodor	Der sichere Rechtschreibweg. Ein Arbeitsbuch für die Hand des Schülers. (Hirschgraben-Verlag)
Ernst, Karl-Heinz, und Rammelkamp, Karlheinz	Schreibe und prüfe. Arbeitsmappe für Rechtschreiben. (Michael Prögel Verlag)
Färber, Fritz	Frohes Schaffen mit der Rechtschreibfibel. (Bayerischer Schulbuch-Verlag)
Herrndobler, Ilse	Uli, der Fehlerteufel. (List Verlag)
Heumann, Hans, und Mitarbeiter in Verbindung mit der Arbeitsgemeinschaft für Leistungsmessung in der Volksschule, Soltau	Übungshefte zur Rechtschreibung (3., 4. und 5. Schuljahr). (Tellus-Verlag)
Hoffmann, Johannes	Entwickelnde Rechtschreibung. Schülerheft mit Nachschrifttexten für alle Schuljahre. (Hoch-Verlag)

Jägel, Wolf-Dietrich	Der Weg zur sicheren Zeichensetzung. (Schöningh Verlag)
Ders.	Wege zur sicheren Rechtschreibung. (Schöningh Verlag)
Jensen, Cornelius	Fragen aus der Rechtschreibung. (Verlag Otto Heinevetter)
Kern, Artur	Mein Rechtschreibheft zur Fibel „Wer liest mit?" (Verlag Herder)
Ders.	Mein Rechtschreibtrainer. (Verlag Herder)
Kießl, Walter	Jeha Rechtschreibkartei und Arbeitshefte zur Kartei. (Verlag Dr. Jensen, Jeha Lehrmittelanstalt, Hamburg)
Knapp, Hermann	Zeichensetzung leicht gemacht. Arbeitsheft. (F. W. Becker Verlag)
Messelken, Hans	Deutsches Rechtschreibprogramm, 3.–6. Schuljahr. (A. Henn-Verlag)
Ders.	Programmierte Rechtschreibung. (Verlag Quelle & Meyer)
de Pellegrini, M. und L.	Wir üben Deutsch. Rechtschreibung – Diktate – Sprachlehre – Aufsatzlehre. (Manz Verlag)
Petersen, Carla/ Feddersen, Elise	Richtig schreiben für das 8., 9. und 10. Schuljahr. (Ferd. Dümmlers Verlag)
Plickat, Hans-Heinrich	Eingreifprogramme, Groß- und Kleinschreibung, 8./9. Schuljahr. (Klett-Verlag)
Ders.	Rechtschreibung leicht gemacht. (Bertelsmann Ratgeberverlag)
Prehn, Regine	Zeichensetzung. (Ehrenwirth Verlag)
Reithmeier, Heinz/ Wienerl, Eduard	Stop für Rechtschreibfehler! (Michael Prögel Verlag)
Scherl, J. u. a.	Bild-Wort-Karten, ein Arbeitsmittel für die Grundschule. (Verlag Michael Laßleben)
Schmiedeberg, J./ Mißberger, V.	Rechtschreibung und Sprachübungen ab 10 Jahren. (Dümmlers Verlag)
Sczyrba, Klaus	Arbeitskarten für den modernen Rechtschreibeunterricht. (A. Henn Verlag)
Siems, H.-J./Keune, O.	Mein Rechtschreibbegleiter, 5./6. Schuljahr. (Klett-Verlag)
Tamm, Helmut und Helge und Mitarbeiter	Lies mit uns, schreib mit uns. (Verlag Julius Beltz)
Wentzke, H./Reichart, D.	Der Kompaß für den Deutschunterricht. (Regent Verlag)
Westermannprogramm	Rechtschreiben. (Verlag Westermann)
Zielinski, J./Schöler, W.	Unterrichtsprogramm – Deutsche Rechtschreibung, Grundkursus Band 1 bis 8. (Verlagsgesellschaft Rudolf Müller)

V. Individuelle Behandlung von Rechtschreibfehlern[1]

a) Arten und Ursachen der Rechtschreibfehler

Im Rechtschreibunterricht ist für den Lernerfolg nicht nur die Art der Stoffvermittlung, also die Lehrmethode, von Bedeutung, sondern auch die didaktische Konsequenz, die aus den Fehlleistungen der Schüler gezogen werden kann. Es ist noch keiner Lehrmethode gelungen, die Rechtschreibfehler auszumerzen. Eine totale Fehlerbeseitigung dürfte wohl auch unmöglich sein. Dies liegt schon in der natürlichen Fehlsamkeit des Lernenden und besonders in der komplizierten Struktur unserer Rechtschreibung begründet. Doch ermöglicht die Forschung nach den Ursachen der Rechtschreibfehler eine kindgemäße und sachgerechte Behandlung und damit zumindest eine spürbare Verringerung der Fehlerzahlen.

Nach *Karl Linkes* für die breite Praxis nicht wirksam gewordenen Versuchen einer Fehlereinteilung (1919) gelangte *H. Weimer* aufgrund von Untersuchungen in seinen Klassen zu einem psychologisch interessanten Fehlersystem (1925). Die Vielfalt der von ihm herausgestellten und sich zum Teil überschneidenden Fehlerarten erschweren dem Schulpraktiker das Erkennen der eigentlichen Fehlerursachen als Voraussetzung für eine ergiebige Fehlerbehandlung. Überdies wurzelt Weimers Fehlerkunde noch stark in den wissenschaftlichen Erkenntnissen der Assoziationspsychologie. Sie ist nach dem Stand der heutigen psychologischen Forschung nicht mehr aktuell und kann folglich auch aus wissenschaftlichen Gründen für die Unterrichtspraxis kaum noch von Bedeutung sein.

Fehlereinteilungen, die in jüngster Zeit im Zusammenhang mit der Erforschung der Lese- und Rechtschreibschwächen erarbeitet wurden, dienen wissenschaftlichen, diagnostischen und spezialtherapeutischen Zwecken. Für den schulpraktischen Alltag jedoch, in dem wir uns um die Rechtschreibfehler aller Schüler unserer Klasse kümmern müssen, sind diese sonst sehr hoch einzuschätzenden Fehlerordnungen zu differenziert und zu kompliziert, wobei das von *Rudolf Müller*[2] erstellte Fehlersystem noch am ehesten geeignet ist, für eine über die Behandlung von Lese-Rechtschreibschwächen hinausgehende allgemeine

---

[1] Dieses letzte Hauptkapitel enthält einige zum Teil stark gekürzte Kapitel der Erstveröffentlichung des Verfassers „Individuelle Behandlung von Rechtschreibfehlern", 4. Auflage, Wolfenbüttel 1974.

[2] Rudolf Müller, Anleitungsbuch zum Material für gezieltes Rechtschreibtraining.

Fehlerbehandlung benutzt zu werden. Ein Fehlersystem wird nur dann für die breite und individualisierende Schularbeit einen praktischen Zweck haben, wenn seine Auswertung leicht und schnell erfolgen kann, das heißt, wenn die Kategorisierung der Fehler so einfach wie möglich gehalten ist und die sachstrukturbedingten Fehler größere Beachtung finden. – Mit einem weiter unten aufzuzeigenden strukturell-funktionalen Fehlersystem und besonders mit den daraus sich ergebenden methodischen Maßnahmen wird zwar auch der spezielle Bereich der Lese- und Rechtschreibschwächen – je nach den Bedingungshintergründen der Fehler und je nach Deutung der Grenzfälle – berührt oder teilweise erfaßt, jedoch kann dieses vielschichtige Sonderproblem selbst nicht erörtert werden, weil das im Rahmen dieser Schrift nicht möglich und auch nicht nötig ist. Es gibt hierüber zahlreiche Veröffentlichungen, von denen in diesem Zusammenhang nur die sechs markantesten genannt seien: das grundlegende Werk *U. Bleidicks* über die Leselernschwäche, „Lesen und Lesenlernen unter erschwerten Bedingungen" (1966), das wissenschaftliche und praktische Beiträge mehrerer Autoren umfassende Buch *K.-H. Ingenkamps* (Hrsg.), „Lese- und Rechtschreibschwäche bei Schulkindern" (1966), die ebenso zusammenfassend informierende wie wissenschaftlich und schulpraktisch wegweisende Schrift *Richard G. E. Müllers*, „Ursachen und Behandlung von Lese-Rechtschreibe-Schwächen" (1967), das nach theoretischen und praktischen Aspekten aufgebaute, ausführliche „Handbuch der Legasthenie im Kindesalter" von *L. Schenk-Danzinger* (1968), das experimentelle Untersuchungen darstellende Buch „Empirische Untersuchungen zur Legasthenie" von *Renate Valtin* (1972) und das aus der Arbeit in der Niedersächsischen Lehrerfortbildung entstandene zweibändige Werk „Lese-Rechtschreibschwäche und ihre Behandlung im Unterricht" von *Hans* und *Ruth Meyer* (1974).

Uns geht es hier in erster Linie um die Fehlleistungen *aller* Schüler unserer Klassen, die wir zum Anlaß einer allgemeinen und vor allem individuellen Fehlerbehandlung nehmen wollen.

Die Fehlerkunde *A. Kerns* hat einen bedeutenden Anteil an der Weiterentwicklung von Fehlersystemen. Er unterscheidet zunächst zwischen „Aufgabefehlern" und „Materialfehlern". „Bei der Rechtschreibung ist jeweils eine Aufgabe zu lösen. Die von der Aufgabenstellung ausgehenden Determinationen, die den gesamten weiteren Ablauf bestimmen und führen, können aus irgendeinem Grunde schwach oder sogar unwirksam werden. So entstehen die aus mangelnder Funktion der Aufgabe entstehenden aufgabefunktionsbedingten Fehler, wir nennen sie kurz Aufgabefehler."[3] Dazu kommt es meist dann, wenn sich das Kind z. B. beim Aufsatz auf Inhalt, Schriftform und Rechtschreiben zugleich konzentrieren muß. Wir kennen diese Fehler auch unter dem Namen Konzentrationsfehler, Leichtsinnsfehler oder Flüchtigkeitsfehler (*wah* statt wahr, *Hef* statt Heft, *finde* statt finden). Die Materialfehler (Irrtümer) erläutert *Kern* folgendermaßen: „Während der Lösung der Aufgabe stellen sich Schwierigkeiten ein, die nicht in der Determination, sondern im Material selbst liegen; es stehen irgendwelche Lösungsmethoden, die gerade notwendig wären, nicht mehr oder noch nicht zur Verfügung. Wir nennen diese Art der Fehler Materialfehler."[4]

Kern nennt noch eine dritte Gruppe von Fehlern, die „aufgrund psychischer Allgemeinzustände" entstehen. Aufregung, Ängstlichkeit, Übermüdung, traurige Erlebnisse u. ä. können die Rechtschreibleistung negativ beeinflussen. Auf jeden Fall bewirken diese psychischen Allgemeinzustände zunächst ein Absinken oder ein vorübergehendes Ausfallen der Konzentration, so daß die dann entstehenden Fehler ebenso zu den Konzentrationsfehlern (Aufgabefehlern) gezählt werden können.

Die Unterteilung der „Materialfehler" nimmt Kern entsprechend seinen vier Lösungsmethoden vor: Er unterscheidet deshalb zwischen den visuellen, akusto-motorischen, logischen und analogen Fehlern.

Ein visueller Fehler entsteht infolge Versagens der Anwendung des visuellen Lösungsmittels. Das betreffende Wortschriftbild ist noch nicht ausreichend im visuellen Gedächtnis verankert. Von akusto-motorischen Fehlern spricht Kern, wenn das akusto-motorische Lösungsmittel, der Versuch, durch Hören und durch artikuliertes Sprechen die richtige Schreibung zu finden, versagt hat.[5] Mit logischen Fehlern bezeichnet Kern die Falschschreibung, die auf den Ausfall des gerade notwendig gewesenen logischen Lösungsmittels zurückzuführen ist. Analogiefehler werden nach Kern verursacht durch die vermeintlich richtige Übertragung der Schreibweise eines anderen Wortes, Wortteiles oder Lautes auf das gerade zu schreibende Wort, weil der Klang gleich oder ähnlich ist.

Auch diese Fehlereinteilung Kerns gewährleistet keine vollkommen eindeutige Diagnose hinsichtlich einer späteren Fehlerbehandlung.

[3] Artur Kern, Rechtschreiben in organisch-ganzheitlicher Schau.
[4] Artur Kern, ebenda, S. 93.
[5] Wir sprechen von phonetisch-phonologischen Fehlern (siehe hierzu Kapitel B III b und Anhang, S. 205!).

Bei *trapen* statt „traben" besteht die Möglichkeit eines visuellen oder akusto-motorischen Fehlers. Bei *Freulein* statt „Fräulein" liegt ein visueller oder logischer Fehler vor (kommt von Frau). *Knixe* statt „Knickse" kann ein visueller, analoger (Nixe) oder auch logischer Fehler (kommt von knicken) sein. Wie sind Erkennen, Beurteilen und Behandeln der Fehler angesichts dieser Mehrdeutigkeit überhaupt möglich? Zunächst sei festgestellt, daß man mit einem sogenannten analogen Fehler im Grunde genommen nichts anfangen kann. *Kern* sagt selbst, daß sich die Analogiebildung als rechtschreibliches Lösungsmittel „in Sphären bewegt, die wir mit unserem Verstande nicht ohne weiteres erkennen; diese Methode verläuft weithin im Gebiet des Unbewußten."[6] Der Nachweis, daß es sich bei einer Falschschreibung um einen Analogiefehler handelt, ist also kaum oder gar nicht zu erbringen. Er ist auch nicht nötig, weil jeder analoge Fehler zugleich einer der drei anderen Fehlerarten zugeordnet werden kann: *schwehr* als mögliche Analogiebildung zu dem Wort „mehr" ist im Grunde ein visueller Fehler. Man muß sich eben durch wiederholtes Schreiben der beiden Wörter, getrennt voneinander, also auf visuellem Wege, einprägen, daß „schwer" ohne h und „mehr" mit h geschrieben wird. Ein vermeintlich analoger Fehler *Rinte* statt „Rinde", möglicherweise von „Tinte" übertragen, ist im Grunde ein akustomotorischer Fehler, weil entweder der Laut d falsch gesprochen wurde oder die Darstellungsfunktion des Buchstabens d nicht klar ist. Der Fehler *Walt*, bei dem eine falsche Analogiebildung durch „kalt" ausgelöst sein kann, gehört an sich zur Gruppe der logischen Fehler, weil die Anwendung der „Wortverlängerung" (Wälder) die richtige Endlautschreibung hätte erbringen können. Die von *Kern* herausgestellte Gruppe der Analogiefehler ist also in bezug auf die Diagnose als auch in bezug auf die Behandlung unterrichtspraktisch ohne Bedeutung und deshalb überflüssig.

Obwohl *Kern* die nun noch verbleibenden Fehlerarten der rechtschreiblichen Entwicklungsstufe der Kinder zeitlich zuordnet und insofern die Mehrdeutigkeit einschränkt, bleibt sie im Grunde genommen im ganzheitlichen Verfahren nach wie vor bestehen und erschwert insofern dem Lehrer eine weitgehend sichere Diagnose und damit auch eine entsprechend gezielte Behandlung.

Das Problem eines Fehlersystems, einer Ordnung von Fehlertypen, wird wohl wegen der komplizierten Struktur unserer Rechtschreibung und wegen der Vielschichtigkeit des Rechtschreiblern- und Recht-

[6] Artur Kern, ebenda, S. 27.

schreibleistungsprozesses nie zur vollsten Zufriedenheit zu lösen sein. Bei Rechtschreibfehlern handelt es sich einmal um sichtbare, optisch festzustellende, falsche graphische Strukturen, die dem Phonemsystem zugrunde liegen, also strukturbedingt oder strukturell sind. Zum andern gilt es festzustellen, wie es zu diesen falschen graphischen Gebilden gekommen ist, d. h., es geht um die Feststellung des Nichtfunktionierens bestimmter psychischer Vorgänge, die zur Bewältigung einer bestimmten Rechtschreibleistung erforderlich sind (z. B. Koordinierung des Phonems „b" mit dem Graphem „b" oder Ableitung eines Wortes vom Stammwort), so daß wir auch von funktionalen Fehlern sprechen können.
Die im Kapitel B III, S. 67 dargestellten Grundzüge unserer Rechtschreibung als Ergebnis einer Analyse des Lerngegenstands in psycho-linguistischer und didaktischer Sicht ermöglichen uns jetzt die Erstellung eines Fehlersystems, das wegen des engen Zusammenhangs zwischen Sachstruktur und Leistungsfunktion als *strukturell-funktionales Fehlersystem* bezeichnet werden kann. Diese Fehlerordnung hat wegen ihrer Reduzierung auf nur wenige Hauptkategorien und vor allem wegen ihrer Methodenunabhängigkeit den Vorzug größerer Sicherheit in der Diagnose und den Vorteil einer praktikablen und rationellen Fehlerbehandlung.

b) Strukturell-funktionales Fehlersystem, S. 182/183

c) Fehlerbeobachtung

Selbst ein fehlerkundlich versierter Lehrer wird nicht immer in der Lage sein, die in den verschiedenen schriftlichen Arbeiten auftretenden Fehler von jedem einzelnen Kind im Gedächtnis zu behalten, um dann mit Sicherheit die tatsächlich notwendige Behandlung im einzelnen vorzunehmen. Es werden womöglich Übungsaufgaben gestellt, die gar nicht erforderlich sind, und dort, wo sie nötig gewesen wären, können sie leicht übersehen werden. Es empfiehlt sich daher, eine Beobachtungsliste oder ein Beobachtungsbuch zu führen. Von jedem einzelnen Kind schreiben wir darin die in Diktaten oder in sonstigen schriftlichen Arbeiten gemachten Fehler auf, und zwar jeweils das Original der falschen Schreibung (*Ferd, Ganz, Garden)*. Diese „Buchführung" über Rechtschreibfehler ist nur scheinbar eine zusätzliche Belastung für den Lehrer. In Wirklichkeit aber ist die Arbeit rationell.

Wir beobachten nämlich, daß die Kinder sehr verschiedene Fehler machen. Nur wenige Falschschreibungen treten gehäuft auf. Nach Übungs- und Probediktaten stehen wir oft vor der Frage, ob wir den einen oder anderen Rechtschreibfall noch einmal mit der ganzen Klasse behandeln sollen, obwohl vielleicht nur bei fünf oder acht Kindern die gleichen Fehler festgestellt wurden. Um ganz sicher zu gehen, entscheiden wir uns meistens für die nochmalige Erörterung der betreffenden Rechtschreibthemen mit der ganzen Klasse. Das ist sehr unrentabel. Für einen großen Teil der Klasse ist es nur eine recht unproduktive Wiederholung, weil das echte Motiv zu dieser Arbeit fehlt. Eine schriftlich fixierte Fehlerbeobachtung verschafft uns ein Bild von den Rechtschreibschwächen jedes einzelnen Kindes und ermöglicht es uns, die sich als schwierig erwiesenen Rechtschreibfälle gruppenweise oder individuell zu behandeln. Damit gelangen wir zu einer motivierten und zugleich rentablen Differenzierung und Individualisierung.
Um dem Schulpraktiker die Fehlerbeobachtung so leicht wie möglich zu machen, wurden nach vielen praktischen Versuchen und Erfahrungen Fehlerbeobachtungsbogen[7] entworfen. Die Fehlerbeobachtung bezieht sich auf Prüfungsdiktate, Übungsdiktate, Aufsätze und sonstige Arbeiten. Es hat sich nämlich gezeigt, daß gerade beim Aufsatz und bei sonstigen schriftlichen Arbeiten die Fehlerbeobachtung am aufschlußreichsten ist. Natürlich bleibt es dem Klassenlehrer überlassen, sich bei der Beobachtung auf einige der genannten Arbeiten zu beschränken. Aufträge zur Fehlerbehandlung werden meistens erst nach den Fehlereintragungen verschiedener Arbeiten gegeben und im Blatt vermerkt.

d) Fehlerberichtigung

Nicht alle Fehler, die wir in den schriftlichen Arbeiten vorfinden, bedürfen gleich einer Behandlung. Es genügt oft eine *Berichtigung*, ein *einmaliges Richtigschreiben* des falsch geschriebenen Wortes. Die fortlaufende Beobachtung mit Hilfe der Fehlertabelle gibt uns Aufschluß über die notwendige Maßnahme. So werden die Konzentrationsfehler im allgemeinen nur berichtigt. Wir lassen bei Wörtern, die nur aus dem Sinnzusammenhang verständlich sind, den ganzen

---

[7] P. Bischoff, Fehlerbeobachtungsbogen für Primarstufe, Orientierungsstufe und Sekundarstufe I (Kallmeyer-Verlag).

Strukturell-funktionales Fehlersystem

Fehler, die in der Sachstruktur, in den Eigentümlichkeiten unserer Rechtschreibung, aber zugleich auch im Versagen von Leistungsfunktionen beim Rechtschreiben begründet sind.			**Konzentrationsfehler** (Flüchtigkeitsfehler)
A. Phonetisch-phonologische Fehler (Lautungsfehler) = Verstöße gegen die normlautadäquate Schreibung. Nichtanwendung oder Nichtbeherrschung des phonetisch-phonologischen Lösungsmittels in einzelnen Rechtschreibfällen (Versagen der Lautbestimmung durch Hören und Sprechen, Unsicherheit im richtigen Zuordnen der Buchstaben zu den entsprechenden Lauten).	**B. Logikfehler** (Regelfehler) = Verstöße gegen das denkende Rechtschreiben. Nichtanwendung bzw. Nichtbeherrschung des logischen Lösungsmittels in einzelnen Rechtschreibfällen oder Unbekanntheit bestimmter Rechtschreibregeln.	**C. Rein visuelle Fehler** (Worteinprägefehler) = Verstöße gegen die strukturtreue Reproduktion von Schriftbildern, deren nicht normlautadäquate Elemente weder auf phonetisch-phonologische noch auf logische Weise abzuleiten sind. Nichtanwendung bzw. Unsicherheit in der Anwendung des visuellen Lösungsmittels (der Schriftbilderinnerung) oder Unbekanntheit bestimmter Wortschriftbilder.	= Verstöße gegen die Rechtschreibung, die nachweislich auf Versagen der Konzentration, der Ausdauer, auf Indisposition, auf Mangel an Willensbereitschaft, also auf physisch-psychisches Versagen zurückzuführen sind.
I. Konsonantenfehler = Verstöße gegen die Schreibung ähnlichklingender Konsonanten und Konsonantenverbindungen. Beispiele: *Tulbe* (Tulpe), *Ferd* (Pferd), *Garden* (Garten), *giesen* (gießen). **II. Vokalfehler** = Verstöße gegen die Schreibung ähnlichklingender Vokale, Umlaute und Diphthonge. Beispiele: *dorch* (durch), *schitten* (schütten), *Schrieft* (Schrift).	**I. Ableitungsfehler** = Verstöße gegen die Regel der Ableitung bzw. Stammworterfragung. Beispiele: *Wint* (windig, also mit „d"), *Heuser* (von Haus, also mit „äu"). **II. Silbentrennungsfehler** = Verstöße gegen die Regeln der Silbentrennung. Beispiele: *Kas-ten* (Ka-sten), *O-fen* (Ofen, wird also nicht getrennt).	**I. Dehnungsfehler** = Verstöße gegen die Schreibung mit und ohne Dehnungs-h und gegen die Doppelschreibung von Vokalen. Beispiele: *faren* (fahren), *Schuhle* (Schule), *Bot* (Boot). **II. Andersschreibungsfehler** = Verstöße gegen die nichtableitbare Andersschreibung (normlautabweichende Schreibung) bestimmter Laute und Lautverbindungen. Beispiele: *Dax* (Dachs), *Ackst* (Axt), *Folk* (Volk), *Biebel* (Bibel), *ferlieren* (verlieren), *Mei* (Mai).	**Verschiedene Fehler** Beispiele: *nichs* (nichts), *gewoden* (geworden), *Bause* (Brause), *würd* (würde), *Lich* (Licht).

III. Buchstabenfolgefehler = Verstöße gegen die Buchstaben- bzw. Lautfolge. Beispiele: *Graten, Gertan* (Garten), *flasch* (falsch).	**III. Schärfungsfehler** = Verstöße gegen die Regeln der Schärfung bzw. Nichtschärfung. Beispiele: *Tromel* (Trommel), *Hüllse* (Hülse). **IV. Groß- und Kleinschreibungsfehler** = Verstöße gegen die Regeln der Groß- und Kleinschreibung. Beispiele: *schrank* (Schrank), *Laufen* (laufen), *beim singen* (beim Singen), *allerlei gutes* (allerlei Gutes). **V. Getrennt- und Zusammenschreibungsfehler** = Verstöße gegen die Regeln der Getrennt- und Zusammenschreibung. Beispiele: *Haus Tür* (Haustür), *langerabend* (langer Abend), *Hamburgerstraße* (Hamburger Straße); *seit dem es regnet,...* (seitdem es regnet, ...). **VI. Zeichensetzungsfehler** = Verstöße gegen die Regeln der Zeichensetzung. Beispiele: *Wenn es noch länger regnet bleiben wir zu Hause.* (Wenn..., bleiben wir...) – *Der Chor begann, zu singen.* (Der Chor begann zu singen.)	**III. Einzel- und Sonderschreibungsfehler** = Verstöße gegen Einzel- und Sonderschreibungen. Beispiele: *darinn* (darin), *vieleicht* (vielleicht), *hüpsch* (hübsch).

Satz aufschreiben und das berichtigte Wort zweimal unterstreichen. Zweimal deshalb, weil einfach unterstrichene Wörter als falsch gelten. Sind mehrere Wörter in einem Satz falsch, braucht dieser Satz auch nur einmal geschrieben zu werden. Alle berichtigten Wörter heben wir durch doppeltes Unterstreichen hervor. Wörter wie *Luf* statt Luft sind auch allein verständlich. Hier können wir bei der Berichtigung auf den ganzen Satz verzichten. Damit vermeiden wir die Gefahr neuer Fehler und die bekannte Berichtigung der Berichtigung. Bei konzentriert arbeitenden Schülern, denen nur gelegentlich ein Flüchtigkeitsfehler unterläuft, genügt sogar die mündliche Korrektur, wenn der Fehler selbst erkannt wurde. Wir sparen dadurch kostbare Zeit für andere, wichtigere Arbeiten. Die Gefahr der Einprägung eines falschen Schriftbildes ist bei einem selbst erkannten Fehler nicht vorhanden.

Bleiben die Konzentrationsfehler im normalen Rahmen, wird eine einmalige Berichtigung, ob schriftlich oder mündlich, als Erziehungsmaßnahme ausreichen. Sollten die Konzentrationsfehler bei einem Schüler jedoch überhandnehmen und längere Zeit andauern, liegt also eine permanente Störung der Konzentrationsfähigkeit vor, wird der Lehrer versuchen, die Ursachen in einem Gespräch mit dem Kinde oder nach Rücksprache mit den Eltern zu finden (etwa körperliche Indisposition, Angstgefühle, Schockerlebnisse usw.). Oft bleiben dem Schulpraktiker wie den Eltern, die nicht speziell psychologisch vorgebildet sein können, die tatsächlichen Ursachen verborgen, so daß eine Untersuchung und Behandlung durch einen Schulpsychologen angebracht wäre.

Auch die strukturspezifischen Fehler lassen wir zunächst berichtigen, und zwar in der gleichen Weise wie die Konzentrationsfehler. Da sie aber auf das Versagen der Anwendung von Lösungsmitteln zurückzuführen sind, werden wir uns nicht mit einer einfachen Berichtigung begnügen dürfen. Nach beobachteter Wiederkehr gleicher oder ähnlicher Falschschreibungen ist eine *Fehlerbehandlung* erforderlich, die das Kind befähigt, der *Sache* auf den Grund zu gehen. Aus der Verschiedenartigkeit der Fehler ergibt sich auch eine unterschiedliche Behandlungsart.

e) Fehlerbehandlung ohne Arbeitsmittel

1. Allgemeine visuell-ganzheitliche Fehlerbehandlung

Wie kann ich einem Kinde die Sicherheit im Reproduzieren eines ganz bestimmten Wortschriftbildes beibringen, nachdem es dieses falsch reproduziert hat und wenn die Anwendung der anderen Lösungsmittel noch unsicher ist? Es geht dabei um die strukturierte Schriftbildauffassung und um die Verankerung eines Schriftbildes im visuellen Gedächtnis. Die Behandlung ist nicht übertragbar, sie kann also nur mit dem jeweilig falsch geschriebenen Wort und nicht mit beispielhaften ähnlichen Wörtern vorgenommen werden. (Eine Ausnahme bildet die Behandlung der rein visuellen Fehler, auf die wir im nächsten Kapitel eingehen.)

Je öfter ein Wortbild gliedernd wahrgenommen und geschrieben wird, desto besser prägt es sich ein. Die Wiederholung führt zur Gewöhnung und die Gewöhnung zur Geläufigkeit. Demnach müssen wir dafür sorgen, daß das Wortbild mehrfach wahrgenommen und geschrieben wird. Die Einsicht, durch die Wiederholung einer Übung zur Automatisierung zu gelangen, um die es uns beim Rechtschreiben letztlich geht, könnte zu dem einfachen und scheinbar sichersten Weg der Wiederholung führen: Man läßt das betreffende Wort zehn-, zwanzig- oder gar dreißigmal hintereinander aufschreiben. Derartige Aufträge führen nicht zu einem echten Üben. Ihnen fehlt die psychologische Grundlage. Solche „Übungen" haben den Charakter des Drills und führen nicht einmal zu einer Mechanisierung, geschweige denn zu einer Automatisierung. Selbst wenn es dem Lehrer durch besonderes Geschick gelänge, die Kinder von der „Notwendigkeit" einer derartigen Wiederholung zu überzeugen, würde die Monotonie der Arbeit Lustlosigkeit hervorrufen und das Gefühl des Bestraftwerdens erwecken. Daraus entwickelt sich leicht eine ablehnende Haltung gegenüber dem Rechtschreibunterricht. Lust und Freudigkeit sind aber wichtige Voraussetzungen für einen erfolgversprechenden Lernprozeß. Wir können sie von den Kindern beim Rechtschreiberwerb nicht ohne weiteres erwarten, sondern müssen mit unseren didaktischen Mitteln den Weg dahin ebnen.

A. Kern rät, das betreffende Wort „mehrere Male" schreiben zu lassen. Er legt sich auf die Zahl nicht fest. Wir möchten deshalb einen konkreten Vorschlag unterbreiten: Es ist vertretbar, zur visuellen Behandlung eines Fehlers ein Wort drei- bis fünfmal hintereinander aufschreiben zu lassen. In diesem Falle lassen wir Zeitwörter und Eigenschaftswörter auch am Anfang der Arbeit klein schreiben. Zwischen den Wörtern steht ein Gedankenstrich, weil das Komma, strenggenommen, eine Aufzählung darstellen würde. Auch nach dem letzten Wort setzen wir keinen Punkt, wenn danach weitere Wörter folgen: der

Tisch – der Tisch – der Tisch – fahren – fahren – fahren –. Dadurch ermöglichen wir die erforderliche Kleinschreibung nachfolgender Zeitwörter oder anderer Wörter, die ebenfalls klein geschrieben werden müssen. Wenn etwa am Anfang eines zweiten Schuljahres ein Fehler wie *Tich* durch drei- bis fünfmaliges Aufschreiben des richtigen Schriftbildes visuell behandelt wird, scheint das der goldene Mittelweg zu sein zwischen einem einmaligen, für eine beabsichtigte Geläufigkeit nicht ausreichenden Aufschreiben und einem vielfachen, vorwiegend aus lernpsychologischen Gründen abzulehnenden Schreiben. Die Behandlung erfolgt sofort und auf dem kürzesten Wege ohne den Ballast von langen Sätzen, zwischen denen das Wort nur beiläufig betrachtet werden würde.

Ist diese Übung nun auch sinnvoll? Von der beabsichtigten Automatisierung her gesehen, ist eine solche Behandlung durchaus sinnvoll, wenn das Schreiben mit der Artikulation des Wortes einhergeht. Weil der Übung aber der inhaltliche, sprachliche Sinnbezug fehlt, der die Motivierung der Aufgabe unterstützen könnte, darf der Merkeffekt nicht zu hoch eingeschätzt werden.

Nun läßt sich aber eine solche Sinnganzheit im Falle der visuellen Fehlerbehandlung gut herstellen. Wir lassen z. B. schreiben:

Wer sitzt am Tisch?
Ich sitze am Tisch.
Rolf sitzt am Tisch.
Peter sitzt am Tisch.

Auf diese Weise wird das Wort Tisch zwar drei- bis fünfmal geschrieben, es steht aber immer in einem natürlichen Sinnzusammenhang des Satzes und der Überschrift. Diese Sinnganzheit als ein Prinzip des in den unteren Klassen vorherrschenden allgemeinen Rechtschreibunterrichts trägt wesentlich zur visuellen Einprägung des Wortbildes bei. Zudem werden noch andere Wörter gleichzeitig geübt: sitzt, sitze, Rolf, Peter.

Wenn wir bedenken, daß es sich hierbei um eine Fehlerbehandlung und nicht um eine allgemeine Rechtschreibübung handelt, ist diese Form nicht rationell genug; denn wir müssen den Kindern zur Vermeidung neuer Fehler die Beispiele selbst geben und die Sätze an der Tafel oder auf einem Zettel vorschreiben. Wir wollen die Vor- und Nachteile beider Wege zusammengefaßt gegenüberstellen:

Visuelle Fehlerbehandlung	
durch drei- bis fünfmaliges Aufschreiben des betreffenden Wortes allein	durch drei- bis fünfmaliges Aufschreiben des betreffenden Wortes in ganzen Sätzen, die in einem Sinnzusammenhang stehen
Vorteile: • sofortige Wiederholung der Wahrnehmung und Schreibung eines Schriftbildes • rationell • neue Fehlerquellen ausgeschaltet	Vorteile: • angemessene sofortige Wiederholung der Wahrnehmung und Schreibung eines Wortbildes • Merkeffekt durch die Sinnganzheit gesteigert • lustbetonte Übung
Nachteile: • nicht unbedingt lustbetonte Übung • keine Sinnganzheit	Nachteile: • nicht rationell • Gefahr neuer Fehlerquellen

Vor- und Nachteile der beiden Möglichkeiten scheinen ausgeglichen zu sein. Beide Behandlungsweisen sind also vertretbar. Wir möchten aber noch eine Synthese dieser zwei Methoden vorschlagen, die womöglich alle Nachteile ausschaltet.
Der Fehler soll in folgendem Satz vorgekommen sein: Rolf sitzt am *Tich*. Nachdem das Kind die richtige Schreibung des Wortes Tisch an der Tafel gesehen hat, sagen wir etwa folgendes zu ihm: „Rolf sitzt am Tisch. Wer sitzt noch am Tisch?" Entweder kann das Kind diese Frage gleich mit mehreren Beispielen beantworten, oder wir helfen: „Ulrich sitzt auch am Tisch. Nun sage, wer außerdem noch am Tisch sitzt! Nenne fünf Namen aus der Klasse! Du sprichst leise jedesmal den ganzen Satz vor dich hin, schreibst aber nur die Wörter ‚am Tisch' auf und setzt immer dahinter einen Gedankenstrich!" Bei der Gelegenheit ist nebenher gleich die grammatisch richtige Form „am Tisch" geübt, für die oft „an Tisch" gesprochen und geschrieben wird. Nach der Arbeit lassen wir uns die Beispiele schnell hersagen. Diese Übung ist lustbetont, die Sinnganzheit ist vorhanden, es wird rationell gearbeitet, und die Gefahr neuer Rechtschreibfehler ist vermieden.
Einen beachtenswerten Merkeffekt erzielen wir bei der visuellen Be-

handlung von Fehlern durch eine sinngeladene *Erinnerungssituation.* Jeder Mensch befindet sich laufend in Situationen sehr unterschiedlicher Art. Die meisten entrinnen dem Gedächtnis im Laufe der Zeit. Aber eine bestimmte peinliche, erregende, spannende, gefahrvolle, traurige, spaßige Situation vergißt er sein Leben lang nicht. Selbst im Alter gibt das Gedächtnis Einzelheiten besonderer Situationen wieder. Irgend etwas hat uns beeindruckt, irgend etwas hat sich uns ins Gedächtnis eingeprägt, oft sind es, objektiv betrachtet, Kleinigkeiten, Nebensächlichkeiten. Diese Fähigkeit, sich auch an Einzelheiten im Rahmen einer bestimmten Situation genau zu erinnern, die dem topographischen Gedächtnis zuzuschreiben ist und sich im Schulalter besonders bemerkbar macht, können wir in den Dienst der Rechtschreibung stellen.

Zu diesem Zweck hat sich ein Merkbüchlein (Diarium) bewährt, das jeder Schüler besitzen sollte. Wir nennen es Wörterheft oder Rechtschreibmerkheft[8]. Dieses Heft teilen wir mit seinen Seiten nach dem Alphabet auf. Für jeden Buchstaben, je nach Stärke des Heftes, reservieren wir zwei bis drei Seiten. Jede Seite wird durch einen senkrechten Strich in zwei Hälften aufgeteilt. Jeder vom Kind selbst oder vom Lehrer entdeckte Fehler wird unter dem betreffenden Buchstaben in das Wörterheft richtig eingetragen, dazu das Datum. Was in diesem Heft steht, wurde irgendwann einmal falsch gemacht. Jetzt merkt man sich die richtige Schreibung dieser Wörter, und die Gefahr einer Wiederholung dieser Fehler ist nicht mehr groß. Die Erfahrung hat gezeigt, daß im allgemeinen manche schwierigen Wörter nur zweimal, von schwächeren Kindern vielleicht dreimal eingetragen werden mußten. Beim dritten Mal haben auch sie sich spätestens die Schreibung gemerkt. Übrigens ist es eine Art Wettkampf: Wer hat überhaupt die wenigsten Wörter im Heft? Bei wem stehen diese Wörter nur einmal darin? Nach einer gewissen Zeit läßt man sich die im eigenen Heft stehenden Wörter von einem Partner diktieren. Damit kann nachgewiesen werden, inwieweit die rechte Schreibung ehemaliger Fehlerwörter jetzt beherrscht wird.

Vollgeschriebene Hefte bewahren wir auf. Es ist für ein Kind interessant zu sehen, welche Fehler es früher gemacht hat. Es ist dann richtig stolz, sie jetzt überwunden zu haben (Erfolgserlebnis). Wenn wir die im zweiten oder dritten Schuljahr begonnenen Wörterhefte in den folgenden Schuljahren weiterführen, werden wir zwar wegen des

[8] Auf immer wieder vorgetragene Wünsche und Vorschläge von Kollegen hat der Verfasser ein Rechtschreibmerkheft, ergänzt durch einen Teil mit Rechtschreibregeln, veröffentlicht (Kallmeyer Verlag).

ständig anwachsenden Wortschatzes der Kinder neue Fehler nicht verhindern können, aber die Wiederholung ehemaliger Fehler ist doch weitgehend ausgeschaltet. Schon allein dadurch läßt sich die Gesamtfehlerzahl einschränken.

Die Eintragung ins Wörterheft bewirkt also eine Art Erinnerungssituation. Bewußt und mit dem Vorsatz, künftig solche Fehler zu vermeiden, werden die richtigen Schriftbilder ehemals falsch geschriebener Wörter eingetragen. Durch diese bewußte, einsichtige und von einem echten Motiv getragene Handlung prägt sich die Schreibweise einzelner Wörter oft besser ein, als wenn sie mehrfach hintereinander aufgeschrieben werden.

Bei besonders schwierigen Schreibweisen, mit denen sich mehrere oder gar alle Kinder einer Klasse abzuplagen haben, können wir gelegentlich durch eine *allgemeine Erinnerungssituation* die Merkfähigkeit steigern.

Dazu zwei Beispiele aus der Arbeit in der Hauptschule:

In verschiedenen schriftlichen Arbeiten war von vielen Schülern einer fünften Klasse „gar nichts" zusammengeschrieben worden. Eines Morgens schrieb ich in riesigen Lettern auf der linken Seite der Wandtafel „gar" und weit entfernt davon auf der rechten Seite „nichts" an. Dazwischen zeichnete ich einen Zaun. Ich gab dazu weiter keinen Kommentar. Die Kinder wußten sofort, was gemeint war: „gar nichts" wird getrenntgeschrieben, und das muß man sich eben merken. Dazu wurde noch der Satz gesprochen: „Gar hat mit nichts gar nichts zu tun!" Dieser Merksatz ließ sich auch auf „gar nicht" übertragen. In dieser Klasse wurden diese Wörter nie wieder falsch geschrieben.

In einer achten Klasse war nach der Durchnahme der Kleinschreibung von Redensarten im übertragenen Sinne in einem Diktat von den meisten Schülern geschrieben worden: „Halten Sie mich bitte auf dem *Laufenden*". Ich ließ den stärksten und den kleinsten Schüler vor die Klasse treten. Der kräftige Schüler mußte den kleinen auf die Schultern nehmen und mit ihm ein paar Schritte laufen, während ich den kleinen festhielt. Das gab viel Spaß, und die Klasse hatte sofort begriffen, worum es ging. Wir stellten heraus: Es ist mit dieser Redensart nicht der Laufende gemeint, sondern gemeint ist: Geben Sie mir bitte laufend die neuesten Nachrichten. Die Schreibweise „auf dem laufenden halten", obwohl dem denkenden Rechtschreiben zugehörig und logisch lösbar, prägte sich durch die Spielsituation unvergeßbar ein. Auch bei ähnlichen Fällen der Kleinschreibung von Redensarten im übertragenen Sinne wurden kaum noch Fehler gemacht.

Natürlich können wir derartige Mittel nicht bei allen, noch nicht einmal bei den meisten Wörtern und Schreibformen, die sich die Kinder zu merken haben, einsetzen. Dazu fehlt die Zeit. Außerdem kann ein methodenfindiger Lehrer leicht ins Fahrwasser methodischer Mätzchen geraten. Alles mit Maßen zur rechten Zeit! Oft ergeben sich solche Erinnerungssituationen auch von selbst. Wenn wir diese Art der Fehlerbehandlung nicht zum Prinzip erheben, sondern sie je nach Gelegenheit und lohnendem Ziel anwenden, kann so mancher hartnäckige Fehler durch eine einmalige Behandlung für immer ausgemerzt werden. So gesehen, ist es keine Zeitvergeudung, im Gegenteil: Der Zeitaufwand für eine solche einmalige Situation ist geringer und der Merkeffekt meist größer als bei langen Wiederholungsübungen.

2. Behandlung rein visueller Fehler

Rein visuelle Fehler werden naturgemäß zunächst, wie im vorigen Kapitel erläutert, allgemein visuell behandelt, indem wir Übungen mit dem betreffenden Wort allein ansetzen, um es durch wiederholte Wahrnehmung und Schreibung reproduktionssicher zu machen. Nehmen wir das Fehlerwort *vertig*. Wir setzen eine mündliche Übung an, bei der nur jedesmal das Wort „fertig" geschrieben und durch einen Gedankenstrich vom nächsten getrennt wird.

Gesprochen: Das Haus ist fertig. –
Das Bild ist fertig. –
Die Hausarbeit ist fertig. –
. . .
Geschrieben: fertig – fertig – fertig – fertig –

Die meisten Gruppen der rein visuellen Fehler haben einen relativ geringen Wortbestand (die Wörter mit v, mit x, mit chs, mit qu, mit oo usw.). Bei Fehlern dieser Art empfehlen sich neben der visuellen Einzelbehandlung anschließend Übungen mit den übrigen Wörtern dieser Schreibweise, um künftigen Fehlern vorzubeugen.
Aus rechtschreibpsychologischen Gründen ist die Gegenüberstellung von Wörtern mit gleichklingenden Lauten oder Lautverbindungen (x – chs, a – aa – ah, ai – ei usw.) erst am Ende getrennter Übungen zur Überprüfung des Könnens gerechtfertigt. Am Anfang und während des Einprägens müssen die Wörter mit gleichklingenden Lauten oder Lautverbindungen streng auseinandergehalten werden. Z. B. wird erst die Übung der Wörter mit x und Tage später eine Übung der Wör-

ter mit chs angesetzt. Andernfalls richten wir mehr Verwirrung an als vielleicht vorher bestand. (Berücksichtigung der „Ranschburgschen Hemmung").[9]
Bei vielen Wörtern, deren Rechtschreibung nur auf visuellem Wege möglich ist, bestehen Verwandtschaften, sogenannte Wortfamilien. Deshalb bietet sich in diesen Fällen zusätzlich eine etymologische Fehlerbehandlung an:
Beispiel:

Fehler: *gefärlich*
Wortfamilie: fahren

Zeitwörter	Hauptwörter	Eigenschaftswörter
fahren	die Fahrt	gefährlich

Wenn wir den Kindern den Wortbestand für solche etymologischen Übungen nicht selbst geben – meist fehlt die Zeit dazu –, müssen Wörterbücher oder andere Arbeitsmittel hinzugezogen werden.

3. Behandlung phonetisch-phonologischer Fehler

Hier geht es nicht primär um das Gesamtschriftbild, sondern um die Einzelheit, die Besonderheit, die nicht nur in dem einen Wort zu finden ist. Sie tritt mit der gleichen phonetischen Schwierigkeit in mehreren Wörtern auf. Deshalb behandeln wir solche Fehler auch nicht nur an ein und demselben Wort. Um bestimmte phonetisch-phonologische Fehler auszumerzen, müssen wir zur Übung mehrere Wörter mit den gleichen Teilschwierigkeiten zur Verfügung stellen. Zunächst geht es also um die Bereitstellung des Wortmaterials.
Beispiel: Es wurden die Wörter „ließ" und „Licht" falsch geschrieben *(liß, Liecht)*. Bei weiteren Beobachtungen sind gleiche Fehler der Verwechslung von i und ie festgestellt worden. Daraus entnehmen wir, daß dem Schüler entweder die Funktion der Buchstaben i und ie nicht klar ist oder daß er die Laute noch nicht deutlich unterscheiden kann. Der Schüler muß also die Erkenntnis gewinnen, zu der die anderen bereits gelangt sind: Wenn ich in einem Wort ein kurzes i höre oder spreche, schreibe ich i, bei einem langen i schreibe ich ie. (Von den Fürwörtern mit ih und den Ausnahmen wie Bibel, Tiger usw. sehen wir zunächst noch ab.) Die Zuordnung von Laut und Buchstaben muß jetzt besonders geübt werden.
Hier ein Beispiel zur Wortbereitstellung:
Wörter mit kurzem i

das Zimmer	finden
die Lippe	trinken

[9] P. Ranschburg, Über die Bedeutung der Ähnlichkeit beim Erlernen, Behalten und bei der Reproduktion.

der Bleistift	schimpfen
der Wind	still
das Licht	billig

Die Übung

Oberster Grundsatz für eine spezielle Fehlerbehandlung mit beispielhaften Wörtern ist die inhaltliche und sprachliche Bekanntheit dieser Wörter. Damit vermeiden wir die Gefahr des Verbalismus. Auf eine Sinnganzheit können und müssen wir wegen der Intensivierung einer solchen Übung verzichten. Ein weiterer Grundsatz besteht darin, nicht mit den beiden verschiedenen Wortgruppen i und ie die Übung zu beginnen. Der ständige Wechsel von Wörtern mit kurzem und langem i (ie) würde die Kinder nicht zu der beabsichtigten Einsicht in die Buchstabenfunktion führen. Mit den andersartigen Wortgruppen i und ie müssen getrennte Übungen veranstaltet werden. Zwischen diesen Übungen sollten ein bis zwei Tage liegen, damit das Kind zunächst für sich die i-Schreibung beim kurzen Laut und dann die ie-Schreibung beim langen Laut lernt. („Ranschburgsche Hemmung", vgl. S. 191.)

Wir fangen beispielsweise mit der i-Wortgruppe an. Zuerst werden die Wörter gelesen, notfalls inhaltlich geklärt, dann abgeschrieben. Beim Lesen muß das Kind wiederholt mit jedem Wort den kurzen Laut i aussprechen und gleichzeitig in jedem Wort das dazugehörige graphische Symbol schreiben. Es gelangt dadurch zur Klarheit über das Verhältnis zwischen dem Laut i und dem Zeichen i. Zur Festigung der Einsicht in diese Buchstabenfunktion schließen sich weitere Übungen mit den gleichen Wörtern an, wie Auswendigaufschreiben, eventuell ein Partnerdiktat, auch Aufträge zum Ordnen der Wörter nach Haupt-, Zeit- und Eigenschaftswörtern. Es können auch noch Übungen zur Mehrzahlbildung und bei Zeitwörtern die Bildung der du- oder er-Form folgen. Eine sofortige Überprüfung derartiger Arbeiten durch den Lehrer ist natürlich unerläßlich.

Eine recht beliebte und wirkungsvolle Fehlerbehandlungsform ist das Schreiben von Reimwörtern wie singen, r. . . . ., kl. . . . ., spr. . . . . Indem die Kinder mehrere Wörter gleicher Klangweise nach Andeutung bilden, wird der Laut, auf den es ankommt, wiederholt gesprochen, gehört und der entsprechende Buchstabe geschrieben. Dadurch gelangen wir zu einer lustbetonten Intensivierung der Zuordnungsübung von Laut und Buchstaben. (In diesem Falle könnten beispielsweise die gleichen Wörter auch bei Übungen mit dem g-Laut zur Unterscheidung des k-Lautes verwendet werden.) Reimwörter-

schreiben ist an sich eine Art Analogieübung (vgl. S. 138). Wir bedienen uns analoger Klang- und Wortformen aber nicht um der Analogie willen, sondern um eine bestimmte phonetisch-phonologische Fehlerbehandlung zu konzentrieren. – Weil durch die Form von Analogieübungen wegen der Lautuntreue unserer Schrift die Anfälligkeit der Schüler zu falschen Analogiebildungen noch erhöht werden kann, müssen sich Reimübungen auf lauttreue Beispiele beschränken (heben, schw. . . ., kl. . . ., w. . . .). Wenn wir etwa Übungen mit dem stimmlosen s-Laut (ß) als Unterscheidung zum stimmhaften s-Laut ansetzen, dürfen nur solche Reimwörter verwendet werden, die keine falsche Entsprechung zulassen. Richtig: fließen, g. . . . ., sch. . . . .; falsch: Fraß, M. ., Sp. .; denn hier besteht die Gefahr, daß die Kinder auch *Graß* und *Gaß* schreiben, weil die Wörter gleichklingen. (Die Lösung des Problems der Andersschreibung bei gleichklingenden Lauten ist eine Aufgabe der logischen Fehlerbehandlung.)
Gleiche oder variierte Übungsformen wenden wir an, wenn das Kind ein oder zwei Tage später mit der ie-Wortgruppe übt. Erst wenn wir beobachten, daß dem Kind nach diesen getrennten Übungen die Zuordnung von Laut und Buchstaben klar geworden ist, können wir zur Überprüfung des Erworbenen Wörter mit i und ie durcheinander diktieren oder vom Partner diktieren lassen.
Bei der Behandlung phonetisch-phonologischer Fehler aus dem Bereich der Mitlaute sind Ordnungsaufgaben dieser Art zur Festigung der Laut-Buchstaben-Beziehung besonders geeignet:
Ordne so:

P am Anfang des Wortes	p am Anfang des Wortes	p in der Mitte des Wortes

4. Behandlung von Logikfehlern (Regelfehlern)
Auch hier geht es um die Einzelheit, die sich in vielen Wörtern wiederholt, also übertragbar ist. Dazu ist zunächst wieder der Übungsstoff zusammenzutragen. Nach mehrfacher Falschschreibung des Wortes vergessen *(vergeßen)* ist eine Behandlung der s-Lautschreibung erforderlich. Wir erkundigen uns zuerst, ob dem Schüler phonetisch die Unterscheidung zwischen dem stimmhaften und dem stimmlosen s klar ist (reisen – aber reißen). Wenn nicht, muß hier begonnen werden, und getrennte Übungen mit s und ß sind zuerst notwendig. Ist der Unterschied sprachlich und rechtschreiblich klar, geht es um die zweifache Schreibung des stimmlosen s-Lautes: ß oder ss?
Schwächeren Schülern geben wir auch in diesem Falle zunächst

möglichst viele bekannte Wörter mit ß und später mit ss, damit sie sich die Schreibweise genügend visuell einprägen. Die logische Fehlerbehandlung jedoch, die wir bei den meisten Schülern anwenden können, nachdem das logische Lösungsmittel in der Klasse als Rechtschreibhilfe allgemein bekannt ist, schlägt am besten diesen Weg ein: Wir gehen von der Schwierigkeit aus, vor der ein Kind steht. Bei vielen Wörtern mit einem stimmlosen ß (ss) erkennt es kein Prinzip, weiß es keinen Ausweg. Deshalb bieten wir am Anfang ungeordnet Wörter beider Schreibweisen. (Hierin unterscheidet sich die Art der logischen Fehlerbehandlung wesentlich von der phonetisch-phonologischen Behandlung.)

Beispiel

die Straße	der Fuß	gießen	naß
die Kasse	das Schloß	fassen	süß
die Grüße	die Tasse	schließen	heiß
der Schlüssel	der Kuß	messen	flüssig
die Füße	das Faß	schießen	fleißig
die Schüssel	die Gasse	hassen	groß

Abschreib- und Aufschreibübungen sind auch hier der erste Auftrag. Ihnen schließt sich vielleicht ein Partnerdiktat an. Ausschlaggebend ist die Aufgabe zum Ordnen der Wörter. Durch diesen Auftrag gewinnt das Kind während des Schreibens allmählich die Einsicht in das System der Schreibung des stimmlosen ß (ss).

Erste Aufgabe:
Ordne die abgeschriebenen Wörter so:

Langer Selbstlaut	Kurzer Selbstlaut
die Straße	die Kasse
die Grüße	der Schlüssel
die Füße	die Schüssel
der Fuß	das Schloß
gießen	die Tasse
schließen	der Kuß
schießen	das Faß
süß	die Gasse
heiß	fassen
fleißig	messen
groß	hassen
	naß
	flüssig

Nach dieser Übung erkennt das Kind eine Beziehung zwischen dem langen Selbstlaut und der ß-Schreibung. Wir lassen sie uns erläutern: Nach einem langen Selbstlaut folgt ß. Die Beziehung zwischen dem kurzen Selbstlaut und ss ist nicht so eindeutig. Immerhin ist zu erkennen, daß nach einem kurzen Selbstlaut vorwiegend ss folgt. Die ß-Schreibung bildet bei dieser Gruppe von Wörtern eine Art Ausnahme. Zur völligen Klärung des Sachverhalts schließt sich deshalb ein neuer Auftrag zum Ordnen an:

Ordne jetzt nur die Wörter mit kurzem Selbstlaut so:

Kurzer Selbstlaut und ss	Kurzer Selbstlaut und ß
die Kasse	das Schloß
der Schlüssel	der Kuß
die Schüssel	das Faß
die Tasse	naß
die Gasse	
fassen	
messen	
hassen	
flüssig	

Durch Üben und Ordnen nach diesem Prinzip gelangen die Schüler selbständig zu der vollständigen Lösung, die wir nötigenfalls nur noch klarer und kürzer zu formulieren brauchen: Nach einem langen Selbstlaut folgt ß, nach einem kurzen Selbstlaut ss; am Ende eines Wortes wird daraus ein ß. (Wir sehen allein an diesem Beispiel, wie wichtig es ist, im zweiten und dritten Schuljahr gründlich genug die Unterscheidung von langen und kurzen Selbstlauten geübt zu haben.)

Das mit dem Übungsstoff Erarbeitete muß nun noch auf seine Festigkeit hin erprobt werden. Das geschieht durch das Diktat des Lehrers oder des Partners. Dabei brauchen keineswegs nur die Wörter verwendet zu werden, mit denen das Kind die vorangegangenen Übungen bestritten hat. Wenn das Prinzip erkannt ist, wird das Kind in der Lage sein, die Lösung auch bei rechtschreiblich noch nicht geläufigen Wörtern zu finden, wenn diese inhaltlich und sprachlich bekannt sind. Sollten dabei noch zu viele Fehler auftauchen, muß nach kurzer Zeit die Behandlung wiederholt werden. In ähnlicher Weise werden wir bei allen anderen Rechtschreibschwierigkeiten verfahren, die auf logische Weise zu überwinden sind (Endlautschreibung, Buchstaben-

verdoppelung, Ableitungen vom Stammwort, Silbentrennung, später Groß- und Kleinschreibung, Getrennt- und Zusammenschreibung, Zeichensetzung).
Wir haben gesehen, daß die Eigentümlichkeit unserer Rechtschreibung auch für die Fehlerbehandlung ihre Bedingungen stellt, die wir didaktisch-methodisch zu befolgen haben. Bei der Arbeit ohne Arbeitsmittel bleiben allerdings noch wichtige lernpsychologische Voraussetzungen unbeachtet, z. B. die Eigentätigkeit, die Selbstkontrolle, das individuelle Arbeitstempo. Außerdem kann auf diese Weise nicht rationell genug gearbeitet werden. Wenngleich die Zusammenstellung des Übungsstoffes durch den Lehrer den Vorzug der Aktualität und der persönlichen Mithilfe genießt, kann sie ihm auf die Dauer nicht zugemutet werden. Jeder Lehrer, der mit beiden Füßen in der praktischen Schularbeit steht, weiß, daß es unmöglich ist, alle für eine individuelle Fehlerbehandlung notwendigen psychologischen und sachlogischen Voraussetzungen zu schaffen und dabei von Fall zu Fall qualitativ und quantitativ den richtigen Übungsstoff selbst zu bieten. So wie bei der Vermittlung neuen Rechtschreibstoffes müssen wir zwangsläufig auch bei der Fehlerbehandlung, die ja im Dienst eines rechtschreiblichen Fortschritts steht, den Weg der Rationalisierung durch Aktivierung beschreiten. Eine echte Aktivierung der Fehlerbehandlung ist aber ebenfalls ohne Verwendung geeigneter Arbeitsmittel und Lernhilfsmittel nicht realisierbar.

f) Fehlerbehandlung unter Verwendung von Arbeitsmitteln und Lernhilfsmitteln

Die in diesem Kapitel beschriebenen Arbeitsmittel und Lernhilfsmittel erfüllen zwar nicht in jedem Falle die Voraussetzungen für eine *planvolle individuelle* Fehlerbehandlung, sie lassen sich aber alle sinnvoll in den Dienst der Fehlerbekämpfung stellen. Eine Auswahl:
Paul Bischoff, Die Rechtschreibkartei. Ein Lern- und Übungsmittel zur Vorbeugung spezieller Fehler und zur individuellen Fehlerbehandlung.[10]
Georg Kallmeyer Verlag.
Dieses Klassenarbeitsmittel ist eine Hilfe bei der Verwirklichung der rechtschreibmethodischen Grundsätze der Aktivierung, Individualisierung und Rationalisierung. Die individuell unterschiedlichen Fehler, die wir in der Klasse beobachtet haben, und die erkannten Fehler-

[10] Ausführliche Erörterung eines mit Hilfe der Rechtschreibkartei individualisierenden und rationalisierten Rechtschreibunterrichts in: P. Bischoff, Individuelle Behandlung von Rechtschreibfehlern, 4. Auflage, Wolfenbüttel, 1974.

neigungen lassen sich durch einfache Zuteilung entsprechender Arbeits- und Kontrollkarten individuell überwinden. Der Aufbau der Kartei, die nach Schwierigkeiten differenzierten Aufgaben und die Übungen zur Selbstkontrolle mit Hilfe von Lösungskarten ermöglichen in erster Linie eine planvolle individuelle Behandlung der sachstrukturbedingten Fehler (der phonetisch-phonologischen, der logischen und der rein visuellen Fehler). Der Arbeitsanreiz, der in den einzelnen Karten gegeben ist, und die ständige Kontrollübung halten die Kinder aber auch zu einer besonderen Konzentration an, so daß diese Arbeit zugleich – wenn auch indirekt – eine allgemeine Behandlung der Konzentrationsfehler ist und vorbeugend wirken kann.

Die Rechtschreibkartei I zur Behandlung phonetisch-phonologischer Fehler (etwa 2. bis 4. Schuljahr) unterstützt den Rechtschreiberwerb einerseits durch Förderung der Artikulation und des Lautbewußtseins und andererseits durch Vertiefung der Kenntnis der Buchstabenfunktion. – Die Rechtschreibkartei II zur individuellen Behandlung leichter logischer und rein visueller Fehler (etwa 4. bis 6. Schuljahr) trägt dazu bei, das rechtschreibliche Können durch Pflege der Anwendung leichter logischer Hilfsmittel zu fördern und zu festigen. – Die Rechtschreibkartei III zur individuellen Behandlung schwieriger logischer Fehler (etwa 7. bis 9. Schuljahr) hilft den Schülern, die komplizierteren Fälle der Rechtschreibung zu lösen und dadurch eine Handhabe für den Zweifelsfall zu bekommen.

Jede Kartei enthält 6 mal 32 verschiedene Aufgabenkarten und 3 mal 32 entsprechende Lösungskarten. Auf der Vorderseite jeder Aufgabenkarte befinden sich senkrecht angeordnete Wortgruppen eines bestimmten Rechtschreibfalles oder voneinander unabhängige Sätze. Durch eine entsprechende Überschrift kommt dem Schüler das jeweilige Rechtschreibproblem, das ihn zu Fehlleistungen geführt hatte, zum Bewußtsein (z. B. ss und ß – wir hören oft in einem Wort einen scharfen s-Laut und schreiben manchmal ss und manchmal ß. Hier übst du, wie du die Lösung finden kannst). Durch im Schwierigkeitsgrad ansteigende Aufgaben wird zur Lösung des Problems hingeführt. Wenn der Schüler die am unteren Rande der Aufgabenkarte erfragte Lösung gefunden hat, wird er durch die Aufgaben auf der Rückseite aufgefordert, diese an anderen Beispielen zur Probe anzuwenden. Mit Hilfe der Kontrollkarten wird die Leistung selbständig überprüft. Bei vorwiegend richtiger Lösung entsteht das für einen dauerhaften Rechtschreiberwerb so wichtige Erfolgserlebnis.

Durch die selbständige Arbeit mit bestimmten Karteikarten wird nicht

nur auf die unterschiedlichen Fehlleistungen einer Klasse Rücksicht genommen, sondern auch auf das oft divergierende Arbeitstempo. Jeder Schüler hat Zeit und Ruhe, sich mit dem Inhalt einer Karte und mit den Aufgaben zu befassen, also ungestört und ohne Zeitdruck den Versuch zu unternehmen, seine spezielle Schwierigkeit selbst zu überwinden.
Mit dem Einsatz der Rechtschreibkartei wird der Rechtschreibunterricht rationalisiert: Selbst bei mehrfach auftretenden gleichen Fehlern innerhalb einer Klasse braucht das betreffende Rechtschreibproblem nicht oder nicht noch einmal im ganzen behandelt zu werden. Die Einzelbehandlung ist außerdem viel intensiver und nachhaltiger. Durch die Selbstkontrolle der Schüler unter Verwendung der grünen Kontrollkarten werden dem Lehrer langwierige und den Unterricht aufhaltende Korrekturarbeiten erspart. Er braucht sich lediglich auf Stichproben zu beschränken.

Hermann Knapp, Arbeitsheft – Zeichensetzung leicht gemacht. Verlag F. W. Becker, Arnsberg.
Das 52 Seiten umfassende Heft enthält die gesamte Zeichensetzung vom Punkt am Ende eines Satzes bis zu den schwierigen Fällen der Komma-Schreibung. Alle Interpunktionsfälle sind nach einem klaren und für den Übenden übersichtlichen Prinzip aufgebaut, das in einer Einführung erläutert wird: Es wird zunächst das Beispiel geboten, an dem erkannt werden kann, wie die Zeichensetzung erfolgt. Die Erklärung bringt die Begründung der Zeichensetzung. Es schließt sich dann die Regel an, die auswendig gelernt werden soll. Nun folgt die Übung, die bereits mit einigen Beispielen die Überprüfung des Gelernten darstellt. Der Schüler soll die fehlenden Satzzeichen der Beispiele setzen. Dazu findet er auf der nächsten Seite die Lösung als Kontrolle. Zu jedem Fall der Zeichensetzung sind mehrere Reihen für weitere Beispiele, die der Schüler selbst suchen soll, freigelassen. Die Sätze im „Beispiel" und auch die Sätze der „Übung" sind inhaltlich unabhängig voneinander. Gelegentlich wird ein Zitat benutzt. Die weiteren Beispiele, die der Schüler nach der Lösung anfügen soll, muß der Lehrer kontrollieren.

Wilhelm Ostermann, Ich schreibe richtig (eine Rechtschreibhilfe – Fehlerheft – für den Schüler). Schroedel Verlag.
Dem Schüler wird ein Merkheft für die Rechtschreibung in die Hand gegeben. Gegenüber einem Wörterbuch hat es den Vorteil, daß es

individuell gestaltet werden kann. Je nach Bedarf kann der Schüler die für ihn schwierigen Wörter oder Satzbeispiele eintragen. Er findet dazu in dem Heft Überschriften, wie z. B. „Zur Silbentrennung", „Gleich- und ähnlichklingende Selbstlaute" und dazu entweder passende Beispiele oder die notwendige Rechtschreibregel. Das Heft gliedert sich in zwei Teile: In dem ersten Teil werden Rechtschreibbeispiele nach den angegebenen rechtschreiblichen Gesichtspunkten eingetragen, d. h. nach den bestehenden Rechtschreibregeln. Es sind darin alle Rechtschreibfälle von den Schwierigkeiten der gleich- und ähnlichklingenden Laute über schwierige Fälle der Groß- und Kleinschreibung bis zur komplizierten Zeichensetzung enthalten. Der erste Teil dieses Heftes umschließt also den Rechtschreibstoff vom 3. Schuljahr etwa bis zum 9. Schuljahr. Eintragungen in ein besonderes Merkheft schaffen in vielen Fällen eine Erinnerungssituation, die das Einprägen besonderer Rechtschreibfälle fördert.

Ein ähnliches Ziel verfolgt das *Arbeitsheft für sinnvolles Verbessern* von *P. Wachtler*. Michael Prögel Verlag.
Statt der Berichtigung von Fehlern in ganzen Sätzen werden einzelne Wörter und ihre abgewandelten Formen in ein Merkheft eingetragen. Das Heft, im Querformat gehalten, hat ein Greifregister mit der Einteilung „Hauptwörter", „Zeitwörter", „Eigenschaftswörter", „Sonstige Wörter". Mit dieser Einteilung ist bereits eine Merkhilfe für die grundsätzliche Groß- und Kleinschreibung gegeben. Die erste Seite des Heftes enthält klare und verständliche Arbeitsanweisungen für die Benutzung des Arbeitsmittels. Für die Eintragung von Hauptwörtern, die falsch geschrieben wurden, sind folgende Rubriken vorgesehen: „Schreibe das Fehlerwort richtig!", „Einzahl", „Mehrzahl", „Wessenfall", „-chen oder -lein", „Trenne!". Darunter finden sich Beispiele. Beim Zeitwort stehen folgende Spalten: „Schreibe das Fehlerwort richtig!", „Grundform", „Vergangenheit", „Vor- oder Nachsilbe", „Hauptwörtlich gebraucht", „Trenne!". Beim Eigenschaftswort: „Schreibe das Fehlerwort richtig!", „Steigere!", „Vor- oder Nachsilbe oder Zusammensetzung", „Trenne!", „Als Beifügung". Die „Sonstigen Wörter" werden unterteilt in „Schreibe das Fehlerwort richtig!", „Wortart?", „Suche Verwandte!", „Trenne!". Mit diesen Unterteilungen sind die wesentlichen Abwandlungen der einzelnen Wortarten erfaßt. In einem Anhang stehen weitere Arbeitsanweisungen, für deren Ausführung der Schüler das Hausheft verwenden soll. Das „Arbeitsheft für sinnvolles Verbessern", das besser

„Arbeitsheft für sinnvolles Berichtigen" hieße, kann etwa vom 4. Schuljahr an eingesetzt werden und eignet sich auch für Hauptschulklassen. Mit den Arbeitsanweisungen des Anhangs kann der Lehrer seine unterrichtliche Arbeit differenzieren, jedoch muß er die in der Schwierigkeit unterschiedlichen Aufgaben selbst heraussuchen und sie den Kindern stellen.

Schulwörterbücher sind allgemein ein geeignetes Mittel, die Fehlerbekämpfung zu unterstützen. Von dem Angebot geeigneter Wörterbücher seien hier besonders zwei genannt, die nach unserer Auffassung den gegenwärtigen Anforderungen, die an Wörterbücher gestellt werden, am besten gerecht werden, und zwar für die Grundschule das *Westermann-Wörterbuch*, herausgegeben *von Erwin Schwartz* unter Mitarbeit von *Kurt Warwel* und *Kurt Knack*, Westermann Verlag, und für die Hauptschule *Richtig schreiben* von *Max Essner* und *Manfred Jungke*. Hermann Schroedel Verlag.

Das *Westermann-Wörterbuch* hat folgende Gliederung: Wegweiser für das Wörterbuch (Seite 3 bis 9), das Wörterverzeichnis von A bis Z (Seite 10 bis 67), Wörterlisten (Seite 68 bis 73), Hilfen für die Rechtschreibung (Seite 74 bis 79), der Seitenschlüssel (Seite 80). Die Einteilung dieses Wörterbuches zeigt, daß es sich nicht nur um ein Wörterverzeichnis, sondern auch um ein Arbeitsbuch handelt, das die Kinder zur Aktivität anregt. In dem Kapitel „Wegweiser durch das Abc" wird vorausgesetzt, daß das Kind das kleine und große Alphabet in der lateinischen Ausgangsschrift schreiben kann. Alsdann folgen Aufgaben, die der Ermittlung der Stellung der einzelnen Buchstaben im Alphabet dienen. (Z. B.: Wo steht das t? – Vor . . ., hinter . . ., zwischen . . . .) Es folgen Such- und Ratespiele. Verschiedene Aufgaben zum Suchen von Wörtern im Wörterverzeichnis schließen sich an. Durch diese variierte Aufgabenstellung werden die Kinder zu immer neuem Tun angeregt. – In einem neuen Kapitel schließen sich Übungen zum Ordnen von Wörtern nach sachlichen Gesichtspunkten an. Bilder, die Schaufenster darstellen, regen dazu an. Die Ergebnisse der Sammlungen kann das Kind mit vorgegebenen Sammlungen am Ende des Buches vergleichen. Der Hinweis auf die Seitenzahl ist jeweils gegeben. – Die in dem Kapitel „Ordne die Wörter nach dem Abc!" gegebenen Arbeitsanweisungen sind vom Leichten zum Schwierigen aufgebaut und bieten eine sehr geeignete Vorübung für das Hantieren mit dem Wörterbuch. Es wird auch geübt, daß der zweite, dritte und sogar der vierte Buchstabe eines Wortes in einer alphabetischen Reihe eine Rolle spielt. – In dem Kapitel „Knacknüsse" werden Hinweise für das Herausfinden bestimmter Wörter gegeben (z. B. zusammengesetzte Hauptwörter, Wörter in der Mehrzahl, Zeitwörter in der Vergangenheitsform). Passende Aufgaben lassen gleich eine Übung anschließen. – Auf Seite 9 werden Hinweise für die Lösung von Aufgaben im Wörterverzeichnis gegeben. Diese Aufgaben sind im Verzeichnis durch bestimmte Markierungen angedeutet und werden hier erläutert. Da soll ein Kind z. B. bei dem Wort „Adler" weitere Vögel aufzählen, bei einigen Wörtern soll die Zusammensetzung mit anderen Hauptwörtern vorgenommen werden, bestimmte Zeichen, wie „R 1", deuten auf den rechtschreiblichen Teil hin, und es soll die passende Rechtschreibregel dazu gefunden werden. – Auf diese Weise wird das Wörterverzeichnis plötzlich lebendig. Es wird nicht nur immer das fragliche Wort gesucht, sondern durch bestimmte Aufgaben die Schreibweise des betreffenden Wortes visuell, phonetisch-phonologisch und logisch vertieft. – Dem Wörterverzeichnis folgen die „Wörterlisten" (Seite 67 bis 73). Hier sind ähnlich dem Bildteil des Kinderdudens Wortkataloge nach sachlichen Gesichtspunkten zusammengestellt (z. B. Haustiere, Tiere im Walde, Bäume und Pflanzen, Handwerker, Bahn und Post usw.). Es fehlen zwar dazu die ausführlichen Bilder, dafür sind aber ein paar typische und mehr illustrierende Bilder für den jeweiligen Sachwortkatalog am Rande der Seite enthalten. Die Wörter sind nicht nach dem Alphabet geordnet. Dies kann eine Aufgabe der Kinder sein, wenngleich sie auch nicht gestellt ist. Dafür stehen aber Aufgaben, wie beispielsweise bei dem Sachkatalog „Tiere im Wald": „Suche heraus, welche Tiere fliegen, welche Tiere kriechen, welche Tiere klettern, Tiere, die der Jäger jagt!" Diese Wörterlisten umfassen zwar nicht alle Sachgebiete, die in der Grundschule behandelt werden, sie lassen sich aber für Sprach- und Rechtschreibübungen gut an den jeweiligen Sachunterricht anschließen. Der besondere Vorteil dieser Wörterlisten besteht auch darin, daß nicht nur Hauptwörter, sondern auch Zeitwörter zusammengestellt sind, und zwar für Wortfeldübungen (Seite 73). – Der Teil „Hilfen für die Rechtschreibung" (Seite 74 bis 79) enthält, dem Prinzip des Westermann-Sprachbuches entsprechend, Zusammenstellungen von besonderen Rechtschreibschwierigkeiten mit Beispielen und Regeln. Diese „Hilfen" sind zugleich Vertiefungsübungen, die sich beim Suchen bestimmter Wörter im Wörterverzeichnis anschließen können. – Der „Seitenschlüssel" auf der letzten Seite des Buches schließlich gibt noch einmal Anregungen für Alphabetisierungsübungen. –

Das Wörterbuch *Richtig schreiben* von *Essner/Jungke* (28., völlig neu bearbeitete Auflage 1973) ist folgendermaßen gegliedert: Allgemeines Wörterverzeichnis (Seite 5 bis 152), Rechtschreibung und Zeichensetzung (Seite 153 bis 173), Übungen am Wort (Seite 174 bis 205), Fremdwörter und Abkürzungen (Seite 206 bis 224). – Der Untertitel des Werkes „Wörterbuch und Arbeitsmittel zur Rechtschreibung" weist bereits darauf hin, daß es sich nicht nur um ein Wörterverzeichnis, sondern auch um ein allgemeines Rechtschreibebuch handelt. Das Wörterverzeichnis ist im Stil des Dudens gehalten. Grundsätzlich erscheinen der Genitiv und der Plural bei den Substantiven. Die Verben stehen im Infinitiv, dazu Wortverwandtschaften. Bei Adjektiven sind ebenfalls Wortverwandtschaften genannt, z. B. das substantivierte Adjektiv. Graufelder verweisen im Wörterverzeichnis auf schwierige Rechtschreibgebiete (Groß- und Kleinschreibung, Zusammen- und Getrenntschreibung). – Im Kapitel „Rechtschreibung und Zeichensetzung" sind folgende Rechtschreibfälle zusammengefaßt: 1. groß – klein? 2. zusammen – getrennt? 3. Straßen und Plätze. 4. ig und lich. 5. i – ie – ih – ieh. 6. das – daß. 7. Silbentrennung. 8. Zeichensetzung. Alle Kapitel enthalten klare Übersichten über die jeweiligen Rechtschreibfälle. Es schließen sich alphabetisch geordnete weitere Beispiele an, die man als lückenlos bezeichnen kann. Für die Unterkapitel 6 bis 8 entfällt aus sachlichen Gründen die alphabetische Zusammenstellung. – Die „Übungen am Wort" zielen auf 9. Beugung von Zeitwörtern, 10. Steigerung von Eigenschaftswörtern, 11. Mehrzahlbildung, 12. Sinnverwandte Wörter, 13. Wortfamilien. Obwohl die Beugung der Zeitwörter mehr ein Gebiet der Grammatik ist, wird sie in der alphabetischen Zusammenstellung der wichtigsten starken und unregelmäßigen Verben auch im Rahmen dieses Buches begrüßt, um so mehr, als die Konjugationen in dem allgemeinen Wörterverzeichnis fehlen. – Die ebenfalls in dem allgemeinen Wörterverzeichnis vermißte Steigerung der Eigenschafts- und Umstandswörter wird durch eine Übersicht der schwierigen Fälle auf Seite 182 ersetzt. – Die Pluralbildung in einigen schwierigen Fällen, wie nach den Endungen -in oder -nis, ist auf den zwei folgenden Seiten des Buches zusammengefaßt. – Das folgende Kapitel mit den alphabetisch geordneten „Wortfeldern" gehört zwar auch nicht unmittelbar in den Bereich der Rechtschreibung, dient aber mit seinen Beispielen zur Findung des treffenden Ausdrucks zugleich auch dem Rechtschreiberwerb. – Mit dem folgenden ausgezeichneten Kapitel der „Wortfamilien" wird das Erlernen der Rechtschreibung etymologisch unterstützt. Es finden sich auf diesen Seiten viele Wörter, die im allgemeinen Wörterverzeichnis nicht enthalten sind. – Der letzte Teil des Buches „Fremdwörter und Abkürzungen" enthält eine ausführliche Zusammenstellung grammatikalischer Bezeichnungen, alphabetisch geordnete Schreibweisen mit schwierigen Vorsilben, Fremdwörter aus dem politischen Leben und schließlich eine lückenlose Skala der gebräuchlichen Abkürzungen. – Mit diesem Teil der speziellen Rechtschreibung von Seite 153 an wird einerseits das allgemeine Wörterverzeichnis um ein beträchtliches erweitert, andererseits werden Schülern und Lehrern viele Anregungen zur Vertiefung und Sicherung bestimmter rechtschreiblicher Leistungen gegeben, obwohl auf direkte Arbeitsanweisungen in diesem Buch verzichtet wird.

Literaturhinweise

Adlmann, Josef	„Fehlerverhütung – Fehlervermeidung = Fehlerüberwindung im Rechtschreibunterricht". In: Pädagogische Welt, Heft 1 und 3, 1960.
Bischoff, Paul	Individuelle Behandlung von Rechtschreibfehlern, 4. Aufl., Wolfenbüttel 1974.
Hillebrandt, Friedrich	„Die Funktionsfehler beim Rechtschreiben". In: Schule und Psychologie, Heft 5, 1958.
Ingenkamp, Karlheinz	Lese- und Rechtschreibschwäche bei Schulkindern. Weinheim 1966.
Kern, Artur	Das rechtschreibschwache Kind. Freiburg 1963.
Ders.	Kleine Fehlerkunde. Freiburg 1954.
Kießling, A.	Die Bedingungen der Fehlsamkeit. Leipzig 1925.
Meyer, Hans und Ruth	Lese-Rechtschreibschwäche und ihre Behandlung im Unterricht (I) und (II). 4. Aufl., Hannover 1974.
Müller, Richard G. E.	Ursachen und Behandlung von Lese-Rechtschreibe-Schwächen. 2. Aufl., Berlin-Charlottenburg 1969.
Müller, Rudolf	Anleitungsbuch zum Material für gezieltes Rechtschreibtraining. Weinheim 1969.
Ders.	„Rechtschreibung und Fehleranalyse". In: Schule und Psychologie, Heft 12, 1965.
Plickat, Hans-Heinrich	„Rechtschreibfehler und Rechtschreibreform". In: Unsere Volksschule, Heft 1, 1965.
Ranschburg, Paul	„Über die Bedeutung der Ähnlichkeit beim Erlernen, Behalten und bei der Reproduktion". In: Journal für Psychologie und Neurologie, Bd. V, Leipzig 1905.
Schenk-Danzinger, Lotte	Handbuch der Legasthenie im Kindesalter. Weinheim 1968.
Tamm, Helmut	Die Betreuung legasthenischer Kinder. Weinheim 1973.
Valtin, Renate	Empirische Untersuchungen zur Legasthenie. Hannover 1972.
Weimer, Hermann	Fehlerbehandlung und Fehlerbewertung. Leipzig 1931.
Ders.	Psychologie der Fehler. Leipzig 1929.

Arbeitsmittel und Lernhilfsmittel

Bischoff, Paul	Die Rechtschreibkartei I–III zur individuellen Fehlerbehandlung. (Georg Kallmeyer Verlag)
Ders.	Rechtschreibmerkhefte 1 bis 3 zur Fehlerberichtigung und Vorbeugung von Fehlern. (Georg Kallmeyer Verlag)
Classen, Heinrich/ Hilleringmann, Gisela	LRS-Arbeitshefte. (Verlag Dürrsche Buchhandlung)
Knapp, Hermann	Arbeitsheft – Zeichensetzung leicht gemacht. (Verlag F. W. Becker)
Kramer, Werner/ Jakobs, Hans	Zum Nachschlagen für Sprachformen, Rechtschreibung und Zeichensetzung. (Klett Verlag)
Ostermann, Wilhelm	Ich schreibe richtig. Eine Rechtschreibhilfe – Fehlerheft – für den Schüler. (Schroedel Verlag)
Schmiedeberg, Joachim/ Mißberger, Vera	Rechtschreib- und Sprachübungen. (Ferdinand Dümmlers Verlag)
Tamm, Helmut und Helge	Lies mit uns, schreib mit uns. (Beltz Verlag)
Wachtler, P.	Arbeitsheft für sinnvolles Verbessern. (Michael Prögel Verlag)

Wörterbücher

Altmeyer/Behr/Schölling	Wörterbuch für die Grundschule. (Stockmann-Verlag)
Augenreich, Erich	Ich weiß etwas, was du nicht weißt. (Verlag Diesterweg)
Dudenredaktion	Kinderduden. Bibliographisches Institut, Mannheim.
Essner/Jungke	Richtig schreiben. (Schroedel Verlag)
Dies.	Sieh nach und schreib richtig! Für die Grundschule. (Schroedel Verlag)
Geffert/Kappe/Pröve/ Schmidt	Unser Wortschatz. (Westermann Verlag)
Häfner, Karl	Suche selber. (Klett Verlag)
Heumann, Hans	Deutsche Rechtschreibung, Grundwörter, Häufigkeitsfehler. (Tellus-Verlag)
Ders.	Unser Grundschulwörterbuch. (Tellus-Verlag)
Kade, Franz	Mein erstes ABC. (Dümmlers Verlag)
Lemke, Otto	So ist's richtig. (A. Henn Verlag)
Schwartz, Erwin	Westermann-Wörterbuch für die Grundschule.

Anhang zum Kapitel B IIIb (Begriffserläuterungen)

Der auf Seite 63 angesprochene und als *phonetisch-phonologisch* bezeichnete Lehr- und Lernbereich umfaßt die Aufgaben, die den Schülern die Buchstabenfunktion einsichtig machen und durch Training gliedernden Hörens und artikulierten Sprechens die Fähigkeit vermitteln sollen, Sprechsprache in Schriftsprache normgerecht umsetzen zu können. Es sind also im Unterricht *auditive* und *phonetische* Aufgaben zu erfüllen bzw. *audio-phonetische* Leistungen vom Schüler zu erbringen.

Die Basis der schriftlichen Darstellung von Sprache bildet das Phonemsystem. Die Phonologie als linguistische Teildisziplin hat die Vielzahl der dialektal und individuell gefärbten Sprechlaute auf ein Inventar reduziert, dessen 40 bis 42 lautliche Einheiten als Lautabstraktionen, Lautvertreter, Standardlaute oder Normlaute bezeichnet werden können, also Mittelwerte der einzelnen Sprechlaute sind. In ihnen sind alle jeweils möglichen Sprechlautvarianten zu einem bestimmten lautlichen Mittelwert, zu einem Phonem, vereint, wobei als Kriterium für die Notwendigkeit eines solchen Mittelwertes die bedeutungsunterscheidende Funktion gilt. Ein Phonem (Normlaut) ist die kleinste bedeutungsunterscheidende Lauteinheit einer Sprache (vgl. S. 59). Es ist im Deutschen z. B. notwendig, Mittellautwerte oder Normlaute vom d-Laut und vom t-Laut zu schaffen, die dann als Phoneme gelten, weil sie bedeutungsdifferenzierenden Charakter haben: Ende – Ente; oder Mittelwerte vom langen ä-Laut und vom langen e-Laut: stählen – stehlen. Aber es ist für die Bedeutung unerheblich, ob bei dem Wort „rot" ein Zäpfchen-R oder ein Zungen-R gesprochen wird; hier wäre also eine an der Hochlautung orientierte Lautnormierung nicht erforderlich.

Weil das Training des differenzierenden Hörens (die auditive Aufgabe) und das Training der Aussprache der Sprechlaute (die phonetische Aufgabe) auf die lautlichen Mittelwerte der Hochsprache, auf die Phoneme, zielen, ist dieser Lehr- und Lernbereich auch und gerade als *phonologisch* begründet zu bezeichnen, so daß von einem *audio-phonetisch-phonologischen* Bereich die Rede sein könnte. Schließlich muß beim Schreiben die Abbildung der Phoneme durch die Grapheme erfolgen; es ist also zudem noch eine Zuordnungsleistung zu vollbringen, die *phonologisch-graphematisch* zu nennen wäre.

Streng genommen, müßte man demnach insgesamt von einem *audio-phonetisch-phonologisch-graphematischen* Lehr- und Lernbereich

sprechen. Aber nicht nur die ungewöhnliche und für den praktischen Gebrauch ungeeignete Länge dieses Begriffes führt zu dem Verzicht auf eine solche Formulierung, sondern die differenzierten und umfassenden Forschungsrichtungen der Phonetik und der Phonologie lassen die kürzere Benennung „phonetisch-phonologisch" zu: In dem Begriff „phonetisch" sind nämlich heute die Aspekte der Sprechlauterzeugung und der Artikulation ebenso enthalten wie die Aspekte des aktiven Hörens, der „Signalverarbeitung" und der Kommunikation (vgl. die verschiedenen Forschungsschwerpunkte der akustischen, physiologischen, psychologischen und phänomenologischen Phonetik). Damit erübrigt sich die spezifische Bezeichnung „auditiv". Der Begriff „phonologisch" schließt – zumindest indirekt – die Graphemebene unserer Sprache mit ein, denn als graphematisches Symbolsystem für die gleichfalls Symbolfunktion ausübende gesprochene Sprache ist sie lediglich eine andere, ergänzende Art des Symbolisierens gleicher gedanklicher Inhalte zum Zwecke der Kommunikation in allen Varianten. Deshalb kann auch auf die Zusatzbezeichnung „graphematisch" verzichtet werden.
Auch die Erkenntnisse der Morphologie, deren didaktische Auswertung hier mit hineinwirkt (z. B. artikulatorischer Ablauf von Morphemen wie „. . .eln, . . .ern" usw.), brauchen in dem Terminus nicht gesondert berücksichtigt zu werden, weil schließlich auch die Morpheme aus Phonemen bestehen, für deren Funktion ja bereits der Ausdruck „phonologisch" zutrifft. So ergibt sich der obengenannte, zwar verkürzt formulierte, aber doch all die erwähnten Aspekte einschließende Begriff „phonetisch-phonologisch".

*

Zum Schluß möchte ich meinen Mitarbeitern herzlich für ihre Beiträge zu dieser vierten, überarbeiteten Auflage danken.
Ich bedanke mich aber auch sehr für die Anregungen, die ich während meiner Lehrtätigkeit in der Schule, in Lehrerfortbildungskursen, in Fachseminaren und in Übungen an der Pädagogischen Hochschule Niedersachsen, Abteilung Braunschweig, von Kollegen und Studenten erhalten habe.

P. Bischoff